Gulyás István

A MODERN FILOZÓFIAI KOZMOLÓGIA ALAPJAI

Az idő, a tér és az univerzum
axiomatikus elmélete

novum 🔺 pro

Ez a **könyv**
e-könyvként
is elérhető

w w w . n o v u m p u b l i s h i n g . h u

© 2018 novum publishing

ISBN 978-3-99064-476-8
Lektor: Sósné Karácsonyi Mária
Borítókép: NASA/ESA
Borító, tördelés & nyomda:
novum publishing
Illusztrációk: Gulyás István

A szerző által a kiadó rendelkezésére bocsátott képek a legjobb minőségben kerültek nyomtatásra.

www.novumpublishing.hu

1. kép: **Gulyás István**
Született: 1948.10.17-én Budapesten
(A szerző 2016-ban)

„A tudomány emberének – bármely tudományterületen ténykedjék is – kötelessége és egyben elemi szakmai érdeke, hogy precízen definiáljon minden – nem közismert jelentésű – fogalmat, hogy így ismerje és ismertethesse a fogalom által fedett „dolog" mibenlétét, lényeges tulajdonságait. Csak így adatik meg, hogy fogalmai a valóságot legalább megközelítően jól írják le és értelmes elmélet megalkotására legyenek használhatók, egyben megkönnyítsék az elmélet ellenőrzését is. – Ez persze olykor igencsak munkaigényes dolog.

Ugyanakkor nem helytálló az, hogy az elméleti fizikus számára tökéletesen helyettesíti a definíciót a „dolog" mérhetősége.[1] Mert a valóságot legalább megközelítően jól leíró elméletet precíz és ellentmondásmentes fogalomrendszer (alap- és definiált fogalmak) nélkül nem lehet alkotni.

A gondolkodó ember jó esetben a megalapozott új ismeretet, s nem a tekintélyt tiszteli. Hiszen az emberiség számára csak így lehetséges a haladás."

Gulyás István

---

1 Ld. Novobátzky, Einstein relativitáselmélete, 22. oldal.

TARTALOMJEGYZÉK

11

15

19

23

ELŐSZÓ

Főleg közgazdaságtant, matematikát és filozófiát tanultam a Budapesti Közgazdaságtudományi Egyetemen. 1981-ben kaptam meg diplomámat.

Bár tanulmányaimat követően általában közgazdászként dolgoztam, szabadidőmben nagy érdeklődéssel fordultam – egyebek mellett – a filozófia, a fizika, a kozmogónia, a kozmológia és az ontológia kérdései felé. E tudományterületeken, és az axiomatikus-deduktív elméletrendszerek, valamint módszertanuk terén autodidaktaként fejlesztettem ismereteimet.

Eközben, az évek során meglepődve azt tapasztaltam, hogy az idő mibenléte, főbb vonásai tisztázatlanok, az idő fogalma definiálatlan, miközben szerepe minden tudományban és az emberek mindennapi életében alapvető. Később, a vonatkozó irodalmat áttekintve az is kitűnt, hogy az idő bizonyos tulajdonságairól (kezdetéről, irányának megfordíthatóságáról stb.) a természettudományok és a filozófia művelői ellentétes nézeteket vallanak – lényegében évszázadok óta –, s hogy ezek az ellentétes nézetek makacsul tartják magukat ma is. Sőt! Mára az a visszás helyzet alakult ki, hogy miközben a fizikusok, a kozmológusok már az univerzum téridő-szerkezetét igyekeznek meghatározni, mi több az idő „alakját" vizsgálják, a méréstudomány és a méréstechnika pedig az időtartammérés pontosságát „csúcsra járatja" – lásd atomórák kifejlesztése, a Planck-idő bevezetése és használata stb. –, aközben például egy közismert fizikus mindössze csak azt tudta írni az időről szóló könyvében, hogy: volt kezdete „akármi legyen is az"[2]; más pedig – filozófi-

---

2 Stephen W. Hawking: Az idő rövid története; 1988.; 12. oldal; Maecenas Könyvek, Budapest – Talentum Kft., 1998; Hungarian translation: Molnár István, 1989, 1993, 1995, 1998.

ai megközelítésből – azt, hogy: az idő csupán egy képzelet, nem valóságos, s nincs semmi realitása[3]. Más fizikus e fonák helyzet kialakulásáért a filozófusokat kárhoztatta. Például Stephen W. Hawking úgy tartotta: a világmindenség és az idő főbb tulajdonságai azért tisztázatlanok ma is, mert a fizikával és kozmológiával foglalkozó „...tudósokat túlságosan elfoglalta az új elméletek megalkotása", ugyanakkor viszont „a filozófusok képtelenek voltak lépést tartani a tudományos elméletek fejlődésével...",[4] „legfőbbképpen a fizikáéval nem"[5], így nem járultak hozzá a helyzet tisztázásához. „Micsoda bukás az Arisztotelésztől Kantig terjedő nagyszerű filozófiai tradíciókhoz képest!" – állapítja meg nem kis malíciával Hawking[6], és Kantnak A tiszta ész kritikája című művét „fölöttébb obskúrus"[7] műnek titulálja e fölöttébb obskúrus művében.

Bár előszóban nemigen szokás vitázni, s e könyvben sem ez a célom, mégis röviden kifejtem álláspontomat itt ezügyben.

Nem osztom Hawking nézetét. Ha egy tudósnak elmélete kifejtéséhez – legyen az fizikai, kémiai, biológiai, avagy közgazdasági stb. – múlhatatlanul szükség van pl. az időfogalom feltárására és definíciójára, akkor azt tegye meg, ne várjon másra – feltéve, hogy képes rá. Nem logikus azzal mentegetnie mulasztását, hogy ez szerinte a filozófusoknak lenne a feladata. Ha pedig elméletéhez nincs szükség pl. az időfogalom definíciójára, akkor szükségtelen hibáztatnia másokat. Newton sem definiálta „Philosophiae Naturalis Principia Mathematica" című, 1687-

3 McTaggart, J. M. E. (1908): The Unreality of Time, Mind 17.
4 Stephen W. Hawking: Az idő rövid története; 1988.; 177. oldal; Maecenas Könyvek, Budapest – Talentum Kft.,1998; Hungarian translation: Molnár István, 1989,1993,1995, 1998.
5 Stephen W. Hawking – Leonard Mlodinow: A nagy terv; 11. oldal; Bantam Books, New York, 2010; Akkord Kiadó, Budapest, 2011.
6 Stephen W. Hawking: Az idő rövid története; 1988.; 177. oldal; Maecenas Könyvek, Budapest – Talentum Kft.,1998; Hungarian translation: Molnár István, 1989,1993,1995, 1998.
7 Obskúrus=homályos.

ben megjelent művében (többek között) az idő, de a tér, a hely, a mozgás fogalmát sem. Arra hivatkozott ugyanis, hogy – szerinte – ezeket mindenki ismeri. („I do not define time, space, place and motion, as being well known to all."[8]) Newton tehát e fogalmakat alapfogalomként kezelte axiómákon[9] is alapuló elméletrendszerében, következésképp definiálatlanul hagyta – jóllehet más tudósok munkáiban sem volt megtalálható ezek definíciója. Ámde emiatt legalább nem hibáztatta a filozófusokat.

Úgy gondoltam, egyetemi tanulmányaim, majd az axiomatikus elméleti rendszerek terén szerzett ismereteim és gyakorlatom[10], valamint a matematikai, fizikai, a filozófiai, ontológiai, kozmogóniai és kozmológiai kérdések iránti érdeklődésem és több éves kutakodásom elegendő municiót adnak ahhoz, hogy megkíséreljem az idő természetét feltárni, fogalmát meghatározni. Nekibuzdulásomban szerepet játszott az is, hogy a sógorommal, dr. Kármán Péter villamosmérnök főiskolai docenssel folytatott szokásos beszélgetéseink egyike (2011 karácsonya) alkalmával határozott meglátásom keletkezett az idő fogalmát illetően, melyet akkor nyomban ki is fejtettem. Ezek után 2012. januárban belevágtam az említett kísérletbe. Ennek során az időnek egy axiomatikus-deduktív elméletrendszere bontakozott ki alap- és definiált fogalmakkal, a tapasztalatokon alapuló axiómákkal és ezek révén levezetett, bizonyított tételekkel. A munka véglegesítése előtt hasznos észrevételeket kaptam feleségem-

---

8 Lásd: Sir Isaac Newton: Principia; Definitions, Scholium, 1687; Fordította: Andrew Motte: 1729; http://gravitee.tripod.com/definitions.htm

9 **Axióma** (görög): sarkigazság; gyakorlati tapasztalatok széleskörű általánosításán alapuló tétel, amelyből valamely tudományos elmélet összes állításai levezethetők, de amelyet maga az elmélet közvetlenül nem igazol. (Bakos Ferenc [szerk.]: Idegen szavak és kifejezések szótára [ISZSZ]; Akadémia Kiadó – Kossuth Könyvkiadó, 1984; 81. oldal.)

10 http://mek.oszk.hu/07300/07350/html/;
http://mek.niif.hu/08600/08635/08635.pdf;
http://mek.oszk.hu/07500/07500/07500.pdf;
http://mek.oszk.uz.ua/08800/08895/08895.pdf;

től, Kármán Márta matematika, fizika, kémia szakos tanártól, valamint ismerősömtől, Lang Zsolt matematikustól, és kedves, öreg, már alig százéves barátomtól, Hajagos Antaltól† – melyért köszönetemet fejeztem ki és fejezem ki ezúton is.

A könyv I. és II. rész B) fejezete – az idővel kapcsolatos létaxiómákra épülő axiomatikus elméletrendszerrel[11] – készült el először. E könyv szerkezete egyébként nagyjából tükrözi az elméletrendszer kialakulásának folyamatát. Viszont a B) részek elkészülte után kerítettem sort a bevezető jellegű A) részek megírására, melyben – felvezető funkciójának megfelelően – egy analitikus jellegű elemzés után induktív következtetés révén jutunk el a B) részekben definiált fogalmak (idő, tér, univerzum stb.) és az axiómák tartalmához. Szükségesnek találtam ugyanis, hogy az olvasó számára az A) részekben lévő rövid történeti ismertető és egy képzelt diszkusszió[12] révén kellően megalapozzam a B) részekben olvasható definíciókat és axiómákat.

* * *

E könyv II. részében tehát az idő természetének kiderítése mellett az időutazás lehetőségének vizsgálata céljából az „idő" szóval jelölt fogalom tartalmát veszem górcső alá. Eközben viszont elkerülhetetlené vált a térfogalom (a könyv III. részében)és az univerzumfogalom (a könyv IV. részében) értelmezése és néhány fontos tulajdonságának kifejtése is.

---

11 **Axiomatikus elméletrendszer**: véges sok axiómának és ezek logikai következményeinek együttese – gyakran deduktív rendszernek is nevezik. (Hársing László: Bevezetés a tudományelméletbe; Bíbor Kiadó, Miskolc, 1999.; 33. oldal.)

12 A „diszkusszió *(latin)*: 1. vita, megvitatás, eszmecsere, tanácskozás 2. *(matematika)* valamely feladat megoldásának vizsgálata". (ISZSZ Akadémia Kiadó – Kossuth Könyvkiadó 1984.; szerk.: Bakos Ferenc; 191. oldal. Én e terminust a felvetett kérdés kimerítő vizsgálata értelemben használom.)

Az „idő", a „tér", a „hely", a „mozgás" és a „változás" szavakkal az anyagi világ objektumainak – élő és élettelen létezőinek – bizonyos tapasztalt sajátosságai, konkrét tulajdonságai absztrakt fogalmát jelöli az emberi civilizáció több ezer éve – köznapi és tudományos értelemben egyaránt. E fogalmakat, akárcsak pl. a „szám" szó által jelölt fogalmat, mely a létezők mennyiségi viszonyairól szól, a létezők konkrét tulajdonságainak absztrakciója és általánosítása révén alakította ki az emberiség.

Azt azonban nem mondhatjuk, hogy legalább mára határozott álláspont és egyetértés lenne a tudományokban az „idő", a „tér" és az „univerzum" szavak által jelölt fogalmak tartalmát illetően. E hiátus pótlására írtam meg végül is ezt a könyvet.

***

Mint említettem, e könyv szerkezeti felépítése nagyrészt tükrözi a könyvben kifejtett elméleti rendszer megalkotásának folyamatát – minthogy ez az elméleti rendszer nagyobbrészt e könyv írásával párhuzamosan alakult ki –, sokszor nem kis, ám kellemes meglepetést okozva számomra is. Meggyőződésem, hogy a mondanivaló eme kifejtési módja elősegíti az egyes témák anyagának megértését, emellett betekintést nyújt az elméletalkotás folyamatába is.

A könyv írása során elsősorban a könnyebb érthetőséget tartottam szem előtt, ezért gyakrabban vettem fel már korábban előadottak fonalát, bocsátkoztam, ha röviden is, ismétlésbe, éltem az előre- vagy visszautalás lehetőségével. Ez természetesen kissé redundánssá teszi e művet, ám azt gondolom, ha a redundancia nem értelmetlen jelek sorával bővíti az ismereteket hordozó adatokat, hanem szerepe az ismeretelsajátítást szolgáló ismétlés, emlékeztetés, akkor sem tudományos, sem didaktikai szempontból nem bűn. Természetesen a redundancia rontja a kifejtés eleganciáját, ámde e problémát Albert Einstein boltzmanni hivatkozásával hárítom el magamtól, miszerint: „...az elegancia a szabók és csizmadiák dolga."

Végezetül tudatom kedves olvasómmal, hogy e könyv teljesen új, **modern szemléletben** tárgyalja a filozófiai kozmológia címbeli témakörét. Az itt kifejtett elméleti rendszer tehát olyan axiomatikus-deduktív rendszer, mely nagyrészt mentes a matematikai formalizmustól. Ezek mellett e könyvben írottak megértésének mindössze az érettségi vizsga anyagának ismerete és némi kitartás a feltétele.

Gulyás István
filozófus, matematikus,
közgazdász

I AZ IDŐ, A TÉR ÉS AZ UNIVERZUM LÉTELMÉLETI ALAPJAI

A) MI A LÉT, MIK A LÉTEZŐK?

1 A lét és a létezők fogalma

A *lét* a *lételméletnek*[13] (görögből származtatva az *ontológiának*), mint *filozófiának* a *terminusa*[14] (alapvető fogalma). Egyes filozófusok és teológusok *tág értelmezésében* léte van mindennek, *ami csak van, ami különbözik a semmitől* – függetlenül attól, hogy anyagi, avagy szellemi természetű. Nem anyaggal bíró valami, azaz szellemi természetű, az ember által kigondolt s így szubjektív „dolog". Sok más mellett például ilyen a ‚Hófehérke és a hét törpe', a ‚2x2=4', az ‚evolúció elmélete', valamint az ‚Isten' gondolata/fogalma is. Ám az ilyen szubjektív eredetű fogalmak akkor is objektíve vannak – de csak az emberekkel együtt, azok tudatában –, ha csak azóta vannak, amióta az ember „lemászott a fáról" és fogalmakban, összefüggésekben gondolkodni és beszélni kezdett. Ám minden egyes ember halá-

---

13 „A lételmélet kifejezés önmagában is utal arra, hogy a szóban forgó filozófiai alaptudomány érdeklődési körébe minden beletartozik, ami egyáltalán van. Azt, ami van, vagyis ami különbözik a semmitől, filozófiai szakkifejezéssel létnek vagy létezőnek nevezzük, a létezők összességével és alapjával foglalkozó filozófiai tudományt pedig általános lételméletnek." (Turay Alfréd: Lételmélet; Katolikus Hittudományi Főiskolai Jegyzetek, 1984. javított kiadás).

14 Terminus = 1. Műszó, szakkifejezés. 2. Filozófiai fogalom, mint a következtetésekben szereplő ítéletek eleme.

lával az ő gondolatai, fogalmai megszűnnek, méghozzá véglegesen, ha elmulasztotta azokat embertársainak továbbadni. (Ez fordul elő például, ha valaki elmulasztja írásba foglalni a tervezett végrendeletét és meghal, vagy például halála előtt egy író tervezett novelláját, egy tudós elmélete gondolatait mulasztja el kiadatni. Ilyen „sírba vitt" gondolatokról, művekről sok esetet ismerünk a szaktudományok történetében is). Ezen túl abban a pillanatban megszűnik az emberiséggel együtt annak minden leírt, avagy csak kitervelt gondolata, fogalma, amint pl. a Földbe – pechünkre – egy nagyobb aszteroida csapódik, vagy egy megatűzhányó tör ki és így az az élővilágot, köztük az emberiséget is kipusztítja – amint hajdan megtörténhetett ez a dinoszauruszokkal.

Az előbb vázolt **tág értelmezéssel szemben ebben a könyvben a lét** – csakúgy, mint a MÉKSZ[15] (Kossuth Kiadó, Budapest, 1975.) 854. oldalán – az **anyagot**, a (külső), **a tudaton kívül lévő, attól független valóságot** jelöli. A lét hordozói tehát esetünkben az anyaggal, kiterjedéssel bíró, változó és múlékony **létezők**.[16]

---

15 MÉKSZ = Magyar Értelmező Kéziszótár (Kossuth Kiadó, Budapest, 1975.).

16 A létező e könyvben voltaképp szintén alapfogalom, azonban lényegét közvetlenül itt ismertetem, majd a következőkben – közvetetten, a létaxiómáim révén – ki is egészítem.

Bár e könyv megírásával fő célom az idő, a tér és az univerzum fontosabb sajátosságainak bemutatása axiomatikus-deduktív rendszerben, nem pedig a lételmélet (az ontológia) állításainak kimerítő taglalása és vizsgálata, mégis, már most előre kell bocsátanom, hogy az anyagtalan, az emberek által kreált – azaz szubjektív – gondolatokat, állításokat – mint például: a ,vasorrú bába', a ,télapó' fogalmakat, vagy egy verset, egy dalt, egy mesét, egy regényt vagy egy elméletet (pl.: ,a2+b2=c2', ,általános relativitáselmélet'...), vagy a Bibliában írottakat stb. – nem tekintem az anyagi létezőket meghatározó és tőlük független létezőknek. Anyagi létező viszont többek közt – természetesen – az ezekről szóló, anyaggal bíró, tárgyiasult könyv, CD stb., amely persze, ha tartalmilag teljesen üres lenne, akkor is anyaggal bíró létező lenne, a gondolati „termékekkel" szemben. E megkülönböztetés oka az, hogy a tudományok mai állása szerint az említett gondolati „termékek" biztosan nem létezhettek a földi élővilág, illetve az emberiség földi megjelenése előtt, míg a Föld és az anyaggal bíró minden más létező már akkor is létezett. Ugyanez vonatkozik arra az esetre is, ha léte végén pl. a felfúvódó Nap elnyeli a Földet, vagy ha a Föld majd egy nagyobb aszteroidával ütközik. Ezt az emberiség és az emberi tudat a gondolatokkal nem élheti túl, miközben a Naprendszer, a galaxisunk és az univerzum más anyaggal bíró objektumai létezni fognak. Vagyis: az anyagi létezők nem a tudat puszta illúziói, ellenben az említett emberi gondolatok, állítások, melyek többé-kevésbé puszta fikciók, amíg az emberiség van, addig és általuk vannak csak (ennyiben objektívek), az anyaggal bíró létezőkhöz, azok fontos sajátosságait tekintve azonban semmi másban nem hasonlítanak. Ezen felül a szellemi „termékek" csak az anyagból álló ember agyának „termékei", melyek az anyagi létezőket többé-kevésbé híven mutatják, avagy merő fikciók. Ezek tehát a megszületett, létező ember agyában fogannak meg – az anyagi emberi agytól függő, agyi szülemények. S a dolog nem állhat fordítva, akképp, hogy valamiféle szellemi „termékek" határoznák meg az anyagból álló, létező embert, és a többi anyagi létezőt és világát. Anyagi létező lehet szellem nélkül (pl.: a Föld és az alkotó elemi részecskéi, valamint az ember alkotta mesterséges tárgyak, továbbá a Hold, a Nap és a Naprendszer bolygói, a csillagok és a galaxisok, ezek elemi részecskéikkel, valamint pl. az agyhalott ember) ámde a szellem/a tudat nyilvánvalóan nem létezhet anyag, anyaggal bíró létező nélkül. A szellem/a tudat az élő és egészséges emberi agy egyik lényeges, immanens sajátossága, mely nélkül élő és egészséges ember nincs. A különbség ontológiai státuszukban van: Anyag nincs létező nélkül, létező nincs anyag nélkül (ez oda-vissza igaz), míg (emberi) tudat nincs létező (pl. felnőtt, egészséges) ember nélkül, ámde létező (legyen élő, de pl. agyi beteg vagy élettelen) ember és más élettelen létező van tudat nélkül (itt a fordított eset nem állhat elő). Tehát a szellemi „termékek"/a tudat nem anyagi és nem önálló dolgok. Anyaga minden létezőnek van (legyen az élő vagy élettelen), ezzel szemben gondolattal/tudattal (szubjektummal) csak a létező (fejlett és egészséges) élőlény rendelkezik. Olyan, hogy tudat/szubjektum van anyagi létező nélkül, nincs. A tudat a magasan fejlett, működő agy sejtjeinek és a sejteket alkotó molekulák, atomok, elektronok stb. sajátos mozgásformája, változása, mely a magasan fejlett, működő és élő, egészséges idegrendszer/agy nélkül nem létezik. Ezért nem tekinthetjük a szellemi dolgokat/a szubjektumot önálló létező(k)nek – s e könyv tárgyának.

2 A létezők tapasztalható és nem tapasztalható tulajdonságai

Az anyagi létezők (legyenek élők vagy élettelenek) *létét/létezését és más tulajdonságait* – ha másképp nem, legalább műszerrel és/vagy közvetve – *általában tapasztalja az ember.* Érzékeink révén sokféle létező léte gyakran közvetlenül is megismerhető, megfigyelhető, „kézzel foghatóan" is tapasztalható, mert érzékelhetjük a létét igazoló különféle tulajdonságát. Például: kitapinthatjuk némelyek anyagának minőségét, másoknak láthatjuk formáját, kiterjedését, színét, érezhetjük ízét, illatát, hőmérsékletét, tapasztalhatjuk súlyát, rugalmasságát vagy keménységét és a környezetében lévő létezőkkel való kölcsönhatását, stb. A létezőknek eszerint az ember által általában tapasztalható anyagi sajátosságai és egyéb, objektív anyagi voltukból fakadó tulajdonságai vannak. A létezők néhány főbb *létalap*ja[17] tehát múlékonyságuk, anyagi és kiterjedt voltuk, míg az élő létezőknek, az élettelenekkel szemben, meg kell legyen még az a tulajdonságuk is, hogy – valamilyen szinten – érzékelni képesek a környezetüket, és ha szükséges, reagálnak is arra, illetve annak változásaira, továbbá táplálkozni, növekedni/fejlődni és szaporodni is képesek fajuk fenntartása érdekében.

Vannak azonban, az ismert létezők nagy többségének, *az ember által egyáltalán nem, vagy csak alig észlelhető tulajdonságai* is. Ilyen például a létezők és létállapotuk élettartamukhoz viszonyított lassú és/vagy kicsiny mértékű változása/múlékonysága, főleg élettartamuk csekély töredéke (pl.: egy év, egy nap, egy óra, egy perc stb.) alatt. Hasonlóan vagyunk a létezők kiterjedésével összefüggő tulajdonságokkal is. Ugyanis a szűkebb-tágabb környezetünknek (mikro- és makrovilágunknak) még ma is csak töredékét, csak bizonyos régióit vagyunk

---

17 Létalap: valakinek, valaminek a létezéséhez feltétlenül szükséges tényező, feltétel (MÉKSZ 855. oldal).

képesek észlelni, detektálni – tapasztalni. Más létezőknek, mint amilyenek például az atomok és azok építőelemei (pl.: a protonok, a neutronok, az elektronok, a leptonok, a kvarkok, a neutrínók stb.) még a nagyságát/méreteit, alakját, szerkezetét sem tudjuk tapasztalni (általában még műszerekkel sem), többnyire csak logikailag, de mindenképp hozzávetőlegesen tudjuk kikövetkeztetni létüket és tulajdonságaikat. Ugyanígy vagyunk például az univerzum méretével, szerkezetével, alakjával, élettartamával, anyagösszetételével stb. is.

Végül is a létezők ezen utóbbi tulajdonságai képezik e könyvben a vizsgálat tárgyát. Ehhez azonban – mint ez későbbiekben be fog igazolódni – múlhatatlanul szükségünk van a lételmélet (az ontológia) tárgyunkhoz kapcsolódó princípiumainak[18] (alapfogalmak, definíciók, axiómák) és a belőlük helyes gondolkodással (logikusan), mi több, ellentmondásmentesen levezethető tételek összefoglalására. Csak így tudjuk felépíteni az idő, a tér és az univerzum modern, koherens axiomatikus elméletét, mely alapvetően támaszkodik a tényleges emberi észlelések, tapasztalatok, és bizonyos, tudományosan megalapozott kísérletekkel, megfigyelésekkel ellenőrzött szaktudományi megállapítások nyújtotta ismeretekre.

---

18 Princípium = (itt) alapelv.

B) LÉTELMÉLETI PRINCÍPIUMOK

1 A lételmélet alapjai

1.1 Princípiumok

1.11 Alapfogalmak

A 'valami', a 'semmi'[19], a 'létező', a 'létállapot' valamint az 'anyag', a 'mozgás', a '(relatív)nyugalom', a 'tömeg' szavak által jelölt fogalmakat e fejezetben nem definiálom, ismertnek tekintem, ezért alapfogalomként kezelem. (Természetesen definiálom ezeket majd közvetetten a létaxiómák és ekvivalenciáik megadásán keresztül.) Az előbbieken túl ebben az I. rész B) fejezetben nem definiálom a 'kiterjedés', a 'tér'[20] szóval jelölt fogalmakat sem – ezeket is alapfogalomnak tekintem. Felteszem, hogy e fogalmakat az olvasó a témánk tárgyalásához szükséges mértékig ismeri. Mégis némi ismertetéssel szolgálok majd ezekről is. Többségük szabatos meghatározására pedig az II–IV. rész B) pontjaiban kerítek sort. (Aki szükségét látja, az lapozzon előre és tekintse meg az ott leírtakat.)

Mindazonáltal a létezőkről a mindennapi tapasztalataink és az igazolt tudományos ismeretek alapján, vázlatos ismertetésként már most elmondhatók röviden az alábbiak:

---

19 A semmi = a létezők és minden tulajdonságuk teljes hiánya.

20 Az idő modern elméletében nem mellőzhető, hogy a létező mellett a térről és az anyagról is ejtsünk szót a szükséges mértékig, tekintve, hogy ezek egymással szorosan összefüggenek.

a. Egy létező vagy élő[21] vagy élettelen.
b. Az élő mindig természetes.
c. Az élettelen vagy természetes vagy mesterséges (azaz: ember alkotta dolog).
d. Létező, „mint olyan", minden konkrétum nélkül, csak úgy általában, nincs. Csak konkrét létezők vannak.
e. Mindazonáltal a 'létező' a különféle konkrét létezőkből elvonatkoztatott és általánosított, objektív tartalmat hordozó fogalom.

1.12 Definíciók

1.121 Létezés, létmomentum/létpillanat, létszakasz/létmozzanat, léttartam/élet/élettartam

Lássuk előzetesen néhány alapvető létfogalom definícióját:

Definíció$_L$: Létezés
Létezés alatt bármely létező és létállapotainak keletkezését, változását, valamint múlását/elmúlását/elpusztulását értem (**D$_L$**). P$_T$:[22] $T_{II.6}$, $T_{II.10}$.

Megjegyzés:
Természetesen a keletkezés és a múlás/elmúlás/elpusztulás is változás, mégpedig az előbbi a változás ama speciális fajtája,

---

21 Az élők egyébként rendelkezhetnek élettelen – elhalt – részekkel is, pl. köröm, szőr, pata, szarv, hámsejtek, csiga és a kagyló háza, fa kérge stb.
22 P$_T$: T$_1$, T$_2$, ...,T$_M$ utáni felsorolás azt mutatja meg, hogy a D definíció, vagy a T tétel vagy az A alaptétel (axióma) mely következő (T$_1$, T$_2$, ...,T$_M$) tételekben lett premisszaként felhasználva.

amikor a létező egy vagy több – tőle lényegileg különböző – létezőből létrejön, míg az utóbbi az, amikor a létező valamely változata elmúlásával lényegét veszti, így utolsó létállapotához képest nemlétezővé válik, s belőle egy vagy több – tőle lényegileg különböző – létező jön létre.

Definíció$_{LM}$: Létmomentum
A *létmomentum* (*létpillanat/létállapot*) egyetlen zérustartamú, nulldimenziós része[23] a létezésnek ($\mathbf{D_{LM}}$). P_T: $T_{II.2}$, $T_{II.3}$, $T_{II.6}$.

Definíció$_{LSZ}$: Létszakasz
Létszakasz (*létmozzanat*) a létezés zérustartamú, de végtelen számú elmúlt létmomentumaiból álló, véges hosszú egydimenziós virtuális szakasza[24] ($\mathbf{D_{LSZ}}$). P_T: $T_{II.3}$, $T_{II.6}$.

Definíció$_{LT}$: Léttartam
Léttartam (*élet/élettartam*) a létező minden elmúlt és épp aktuális (jelenlegi) létpillanatának az összessége/halmaza ($\mathbf{D_{LT}}$). P_T: $T_{II.2}$, $T_{II.3}$.

1.13 A létaxiómák és ekvivalenciáik (I.1–I.9)

Az élő és élettelen létezőkre, valamint az életükre/létükre/létezésükre nézve igazak a következő – a mindennapi tapasztalatainkkal, valamint a tudományos megfigyelésekkel és kísér-

---

23 Csakúgy, mint a matematikában értelmezett absztrakt, nulldimenziós pont, azaz pl. a valós számok halmazát modellező számegyenes valamely pontja.

24 Akárcsak a matematikában értelmezett absztrakt, egydimenziós, mondjuk a valós számok halmazát modellező számegyenesnek valamely szakasza (pl.: az (1, 3] vagy pl. a (10, 30] félig zárt intervalluma stb.).

letekkel is megegyező – tényállítások, illetve ezek ekvivalens állításai. Ezeket ezért **létaxiómáknak** fogom nevezni:

1. A létezőknek van anyaguk, a semminek nincs

A **létezőknek van anyaguk**, a **semminek**[25] **nincs;** illetve: az anyag mindig létezőkben ölt testet $(A_{I.1})^{26}$. P_T: $T_{I.1}$, $T_{I.3}$,$T_{III.1}$, $T_{III.2}$, $T_{IV.2}$, $T_{IV.16}$, $T_{IV.23}$.

Ekvivalencia[27]: Ami létezik/létező, annak van anyaga, a semminek nincs; és aminek anyaga van, az létezik/létező[28] és nem semmi (Eme alaptörvény neve: **a létezők anyaggal bírnak.**) $(A_{I.1/E})$. P_T: $T_{I.1}$, $T_{II.10}$.

---

25 Semmi = e könyvben a létezők és minden tulajdonságuk teljes hiánya. (Ld. még MÉKSZ., Akadémia Kiadó – Kossuth Kiadó, 1202. old.)

26 Az axiómák és tételek alsó indexes számozásánál az index elején pl. I, II, III római számmal azt a fejezetet jelölöm, ahol az adott állítás található, és ez után következik, ponttal elválasztva, szintén az alsó indexben, az állítás fejezeten belüli sorszáma arab számmal. Például az első fejezet 5. axiómáját így jelölöm: AI.5. Az ekvivalenciák és a corolláriumok indexe azonosan képzett, kiegészítve az ekvivalencia vagy a corollárium jelével, és ha van, a sorszámával. Például a második fejezet 9. tételét és ekvivalenciáját vagy corolláriumát így jelölöm: TII,9/E; TII,9/C2.

27 Ekvivalencia (latin) = 1. egyenértékűség. Ekvivalens (latin) = I. 1. egyenlő értékű, egyenértékű 2. azonos, egyforma, egyenlő (ld.: Akadémia Kiadó – Kossuth Kiadó, MÉKSZ. 212. oldal). E könyvben az Ekvivalencia vagy Ekvivalens = adott axiómának vagy tételnek tartalmi azonossága, valamely axiómával vagy tétellel, csak más megközelítésben, más megfogalmazásban előadva.

28 Minden ,létező'-nek van ,anyag'-a és az anyag mindig valamely létezőben ölt testet. Következésképpen a ,létező' és az ,anyag' fogalma itt logikai szinonimái egymásnak. Természetesen ahogy anyag, úgy létező „mint olyan", minden konkrétum nélkül, csak úgy általában, nincs. Mégis az ,anyag' a különféle létezők konkrét anyagától elvonatkoztatott és általánosított, objektív tartalmat hordozó fogalom, csakúgy mint a ,létező', mely a különféle, anyaggal bíró létezők absztrakciója, általánosítása.

2. A létező létezése folytonos és minden létállapota véges, az elpusztult létező és/vagy létállapot nem állítható helyre

A létező létezése folytonos és minden létállapota[29] véges, az elpusztult létező és/vagy létállapota elmúlik helyreállíthatatlanul, megismételhetetlenül ($A_{I.2}$). P_T: $T_{II.12}$.

Ekvivalencia: a létező létezése folytonos, az elpusztult létező és/vagy létállapota nem állítható helyre, nem támadhat fel, nem születhet újjá ($A_{I.2/E}$). (Az alaptörvény neve: *a megszűnt létező és/vagy létállapota helyreállíthatatlan*.) P_T: $T_{II.12}$, $T_{III.2}$.

3. Minden létező (és/vagy része) térben (a saját és/vagy más létező/létezőrész terében) mozog és változik

Minden létező (és/vagy része) térben (a saját és/vagy másik létező/létezőrész terében) mozog, vagy relatíve nyugalomban van[30] és folyamatosan, vagy relatíve szakaszosan változik[31] ($A_{I.3}$) (Az alaptörvény neve: *a létezők és/vagy részeik térben mozognak és változnak*). P_T: $T_{I.2}$, $T_{II.4}$, $T_{II.9}$, $T_{II.11}$, $T_{II.15}$, $T_{II.16}$, $T_{II.19}$, $T_{III.5}$, $T_{IV.13}$.

---

29 A létező vagy részének létállapota = pl. alakja/formája és/vagy felülete és/vagy kiterjedése/tere és/vagy, anyagösszetétele/fizikai/kémiai/ biológiai sajátossága és/vagy szerkezete/anyageloszlása és/vagy mozgásállapota és/vagy tömege és/vagy sűrűsége/súlya és/vagy halmazállapota és/vagy hőmérséklete és/vagy fényessége és/vagy mágneses/ gravitációs tere stb. mely a léte folyamán folyamatosan (létmomentumonként) változik.

30 Relatív nyugalom = egy másik létezőhöz és/vagy annak valamely részéhez képest fennálló nyugalom. Pl. a mozgó villamosban ülő utasok. Ekkor a villamoshoz képest (azaz relatíve) nyugalomban vannak, azonban az útról nézve a villamossal együtt mozognak.

31 Relatíve szakaszosan változik = Ekkor csak látszólag nem folyamatosan, valójában folyamatosan, de nagyon lassan és igen kismértékben változik.

4. A létezők minden létmomentumbeli létállapota konkrét

A létezők minden létmomentumbeli létállapota konkrét ($A_{I.4}$).
P_T: $T_{II.4}$.

Ekvivalencia: Ami létezik, annak létállapota minden létmomentumában konkrét; aminek minden létmomentumában konkrét a létállapota, az egy létező ($A_{I.4/E}$)Ezen alaptörvény neve: *a létállapotok konkrétak*.) P_T: $\varnothing$.

5. Minden létező léttartama (amíg a létező el nem pusztul) folyamatosan gyarapodik

Minden létező élettartama (amíg a létező el nem pusztul) állandóan hosszabbodik új létmomentummal, melyhez mindig új létállapota tartozik, eközben megelőző létmomentuma és létállapota elmúlva, elmúlt létszakaszait és létállapotait gyarapítja ($A_{I.5}$). P_T: $T_{II.4}$, $T_{II.5}$, $T_{II.6}$, $T_{II.11}$.

Ekvivalencia: a létező aktuális létmomentuma és létállapota mindig elmúlik, múltbeli létmozzanatát és létállapotát gyarapítva, s az elmúlt létmomentum és létállapot helyébe – a léte alatt – mindig új lép.[32] ($A_{I.5/E}$). (Az alaptörvény neve: *a létező léttartama – léte alatt – folyamatosan gyarapszik*.) P_T: $T_{II.11}$.

6. A létezés/létállapot múlása egyirányú

Minden létező létezése/létmozzanata/létállapota egyirányú, mely a létező/létmozzanata/létállapota keletkezésétől/születésétől újabb létmozzanata/létállapota, majd annak elmúlása irányába tart ($A_{I.6}$). (Ezen alaptörvény neve: a *létezés/létmozzanat/létállapot múlása egyirányú*.) P_T: $T_{II.5}$. $T_{II.8}$.

---

32 Másképp fogalmazva: a létező(k) aktuális létmomentuma pillanatról pillanatra új létmomentumra cserélődik, úgyszólván kontinuus módon „halad előre", mint pl. egy napóra mutatója, és „maga mögött hagyja" múltként a létező(k) elmúlt létmomentumait, létállapotait.

41

7. A létező/létállapot nem keletkezhet semmiből és nem válhat semmivé

Minden létező egy vagy több másik (generáló) létezőből, illetve minden létező minden létállapota egy előző (generáló) létállapotból születik/keletkezik, és minden létezőből/létállapotból – legkésőbb a létező/létállapot elpusztulásával/elmúlásával – egy vagy több másik (generált) létező, illetve egy másik (generált) létállapot születik/keletkezik ($A_{I.7}$). (Eme alaptörvény neve: **a létezés-megmaradás vagy másképp: a genezis[33] törvénye.**)

P_T: $T_{II.4}$, $T_{II.5}$, $T_{IV.3}$, $T_{IV.12}$, $T_{IV.18}$.

Ekvivalencia$_1$: Valami[34] (létező/létállapot) csak valamiből (másik létezőből/létállapotból) keletkezhet, a semmiből nem, továbbá valami (létező/létállapot) nem válhat semmivé ($A_{I.7/E1}$).

P_T: $T_{II.2}$, $T_{II.19}$.

Ekvivalencia$_2$: A létezés örök[35], mert bármely létező/létállapot keletkezését megelőzően és elmúlását követően is mindig, folyamatosan volt/van létező/létállapot ($A_{I.7/E2}$). P_T: $T_{II.2}$, $T_{III.3}$, $T_{IV.23}$.

Ekvivalencia$_3$: A létezők/létállapotok halmaza (részhalmaza) nem üres ($A_{I.7/E3}$). P_T: $T_{I.1}$, $T_{II.2}$.

---

33 A genezis szó itt létrehozó, nemző értelemben használt, nem tévesztendő össze a Genezis szó jelentésével, amely a vallás területén használatos és jelentése: a bibliában Mózes első könyve, amely a világ (isteni) teremtését tárgyalja. (Ld. még: ISZSZ, Akadémia és Kossuth Kiadó, 1984; 294. oldal.)

34 Valami = e könyvben konkrétan/közelebbről meg nem határozott létező (tárgy, dolog). (Ld. még MÉKSZ., Akadémia Kiadó – Kossuth Kiadó, 1458. old.)

35 Örök = e könyvben az egymást követő létezők ama tulajdonsága, melynek a létezők összes léttartamát tekintve nincs sem kezdete, sem vége. (Ld. még MÉKSZ., Akadémia Kiadó – Kossuth Kiadó, 1057. old.)

8. A létezőnek van tömege; aminek van tömege, az létező.

Minden létezőnek van tömege; aminek van tömege, az létező $(A_{I.8})$. (Eme alaptörvény neve: *a létező tömeggel bír*.) P_T: $T_{I.3}$, $T_{IV.10}$, $T_{IV.23}$.

9. Ha egy létező elpusztul vagy valamely létállapota elmúlik, elveszíti léte és/vagy létállapota lényegét; ha egy létező elveszíti léte és/vagy létállapota lényegét, elpusztul vagy létállapota elmúlik.

Ha egy létező elpusztul vagy létállapota elmúlik, elveszíti léte és/vagy létállapota lényegét; ha egy létező elveszíti léte és/vagy létállapota lényegét, elpusztul vagy létállapota elmúlik $(A_{I.9})$. (Ezen alapelv neve: *a létezőnek/a létező létállapotának van lényege*.) P_T: $T_{II.1}$, $T_{II.2}$, $T_{II.3}$, $T_{II.4}$, $T_{II.6}$, $T_{II.8}$, $T_{II.10}$, $T_{II.11}$, $T_{II.12}$, $T_{IV.3/C1}$, $T_{IV.13}$.

***

Megjegyzések a létaxiómákhoz:

I. Megjegyzés:

Nota bene! Az e könyvben, pl. itt is megfogalmazott létaxiómák (alaptörvények/alapelvek) mind több ezer éves emberi tapasztalás, majd tudományos kutatások, kísérletek, megfigyelések és logikai szükségszerűséggel megállapított, nyilvánvalóan igaz állítások – azaz: evidenciák. Ez vonatkozik az egyes törvények ekvivalens állításaira is. Igazak ezek az állítások, ha anyaggal bíró élettelen létezőkről, de akkor is, ha élő létezőkről, élőlényekről beszélünk. Igaz ez a mikrovilág, a makrovilág, az univerzum létezőire egyaránt.

Máig felhalmozott mindennapi és tudományos ismereteink, valamint a modern eszközeink birtokában, hipotetikusan sem tudunk *olyan létezőt vagy létezői tulajdonságot* említeni

43

1. amely létezőnek van teste (bármilyen kicsiny vagy nagy legyen is az), de anyaga (egyszerű vagy összetett) nincs; vagy anyaga ugyan van, de teste nincs,
2. amelynek létezése (bármennyire rövid vagy hosszú is az) ne lenne folyamatos, de véges, avagy a létezése folyamatos és véges annak, ami mégsem létező,
3. ne mozogna, ne változna – gyorsan vagy lassan –, vagy ha mégis, akkor nem lenne létező,
4. folytonos változása dacára – bármelyik pillanatbeli – létállapota ne lenne konkrét, vagy ha mégis, akkor nem lenne létező, vagy
5. amelynek léttartama (léte legyen rövid vagy hosszú) – míg el nem pusztul – ne hosszabbodna, vagy ez úgy állna fenn, hogy egy nem-létezővel fordulna elő, vagy
6. hogy létezése ne lenne egyirányú, azaz léte vagy létállapota kezdetétől pusztulásáig tartó, vagy ha egyirányú, akkor léte vagy létállapota a pusztulásától tartana keletkezéséig,
7. hogy a létező vagy a létállapota a semmiből keletkezne és/vagy – pusztulásakor/elmúlásakor – semmivé válna,
8. hogy a létezőnek ne lenne tömege,
9. hogy egy létező és/vagy létállapota fennállana, noha elvesztette lényegét.

Ilyen esetek ugyanis nem fordulnak elő! Következésképpen csak az ellentétes esetek előfordulására lehetne példákat hozni. Mivel azonban az ellentétes esetek számossága végtelen és bárki tudhat példát hozni e körből, ezért a tisztelt olvasóra bízom a példálózást. Megéri egy kicsit elgondolkodni mindezen.

Ha valaki mégis tud a szerintem elő nem forduló esetek valamelyikére, az elő nem fordulást cáfoló és tapasztalható példát küldeni nekem e-mailben (gulyas@ginprofessional.hu), az megdönti e könyv valamennyi, a példával kapcsolatba hozható állítását. Az ilyen esetről készséggel beszámolok a nyilvánosság előtt.

Tehát a 7. $A_{1.7}$ axióma a következő állításokat tartalmazza:
„minden létező egy vagy több másik (generáló) létezőből, illetve minden létező minden létállapota egy előző (generáló)

*létállapotból születik/keletkezik, és minden létezőből/létállapotból – legkésőbb a létező/létállapot elpusztulásával/ elmúlásával – egy vagy több másik (generált) létező, illetve egy másik (generált) létállapot születik/keletkezik (A$_{I.7}$).
(Eme alaptörvény neve: a létezés-megmaradás vagy másképp: a genezis^{36} törvénye.)*

Ezzel kapcsolatban megemlítem a következőket:

Az emberiségre is, minden egyedére is, igaz ez az axióma – is. Ugyanis minden ember, mint élő létező – a tudomány állása és a tapasztalataink szerint –, szülőktől ("generáló létezőktől") származott és származik ma is. Ez ténylegesen megfelel az axiómának. Az "első" ember is – a tudomány állása (ld. darwini evolúció, genetika, DNS-kutatások, régészet eredményei) és tapasztalataink szerint – előember szülőktől származott. Igaz az is, hogy az emberiség minden egyedéből – legkésőbb elpusztulásakor – egy vagy több másik ("generált") létező keletkezik/születik. Halála előtt élő emberi létezőként gyermeke születik vagy születhet, halálakor pedig holtteste biztosan élettelen létezővé válik, majd a holttest szerveinek elbomlása után azokból **élettelen létezők garmada keletkezik, azaz:** víz- és más pl. szervesanyag molekulák, valamint csontok keletkeznek, végül ezek is (hosszabb-rövidebb idő alatt) atomjaikra bomolnak. Ezek is mind "generált" létezők. Ez is tényszerűen megfelel az axiómának. A teljes atomokra bomlás előtt élettelen létezőként az emberi holttestet és/vagy a szerveit, vagy a víz- és más pl. szerves anyagmolekulákat és/vagy a csontokat más élőlények (állatok, rovarok, férgek és akár növények is) elfogyasztják, azaz saját testükbe,

---

36 A genezis szó itt létrehozó, nemző értelemben használt, nem tévesztendő össze a Genezis szó jelentésével, amely a vallás területén használatos és jelentése: a bibliában Mózes első könyve, amely a világ (isteni) teremtését tárgyalja. (Ld. még: ISZSZ, Akadémia és Kossuth Kiadó, 1984; 294. oldal.)

mint „generált" létezők beépítik. Ez is tényszerűen megfelel az axiómának. Az állatokat, rovarokat, férgeket és növényeket – melyek testükbe építették az emberi maradványokat – más állatok vagy emberek fogyaszthatják el, s ezzel a körforgás folytatódik. Az el nem bomlott fosszíliák pedig az élettelen anyagú Föld szervetlen anyagává válnak, majd (hosszú idő múlva) a kontinensek vándorlása következtében a Föld köpenyébe beforduló kontinensrésszel együtt a Földköpenybe olvadnak és szervetlen anyagokra bomlanak. És ez sem a végállomás! Gondoljunk a tűzhányókból a földfelszínre kerülő szervetlen anyagokra, melyek növényeket fognak táplálni. És így tovább... És mindez tényszerűen megfelel az $A_{I.7}$ axiómának és ismereteinknek, és megfelel a logikai szükségszerűségnek is. Azaz a folyamat: „generáló" létező(k) » „generált" létező(k) = „generáló" létező(k) » „generált" létező(k), és így tovább a végtelenségig.

Az állatvilág és a növényvilág egyedeire, mint élő létezőkre ugyanez áll. Ez is tényszerűen megfelel az $A_{I.7}$ axiómának és ismereteinknek.

Az első, és minden további élő egyed – a mai tudományos ismeretek és a kísérleti tapasztalataink szerint – nem élő létezőkből (szervetlen atomok és molekulák DNS-t alkotó szerves fehérjemolekulákká válása révén) keletkezett/keletkezik[37] (jóllehet a keletkezés módját még nem ismerjük). Ez is tényszerűen megfelel az $A_{I.7}$ axiómának és ismereteinknek.

Az atomok – a mai tudományos ismeretek, valamint a csillagászati megfigyelések és kísérleti tapasztalataink szerint – szubatomi elemi részecskékből folyamatosan keletkeztek és keletkeznek ma is, az univerzumbeli csillagok „életében" és pusztulásakor. Például a szupernóvaként felrobbanó csillagokból por (pl. szilikátok stb.) és a *periódusrendszer összes atomja* (pl. a szén, az oxigén, a hidrogén, a vas stb.) szétszóródik a „vi-

---

37 Ennek részletesebb kifejtését lásd a IV. B) rész 2.21 pontjában az $A_{IV.6}$ axiómához tartozó lábjegyzetben.

lágűrben", ahol más csillagrobbanások lökéshullámai és a gravitáció miatt sűrűsödő por- és gázfelhőkben újabb csillagok és bolygórendszerek keletkeznek. Mindez tényszerűen megfelel az $A_{I.7}$ axiómának és ismereteinknek.

Az univerzum és összes galaxisa, csillaga, bolygója stb. is az előbb említett *periódusrendszerbeli* atomokból áll, tehát belőlük keletkezett/keletkezik, és az atomokból jött létre minden más élő és élettelen létező, s vált/válik pusztulása után – hosszabb-rövidebb idő elteltével – újból atommá és annak elemi részeivé. Például a Föld és a Hold is más létezőkből keletkezett porfelhő sűrűsödése és csomósodása révén, majd az így létrejött Ősföld és a Theia nevű, kb. Mars nagyságú bolygó ütközésével. Ezek a bolygók, valószínűen, legkésőbb a Nap „halála" miatt fognak elpusztulni. De a körfogás akkor is folytatódik.

Az első $A_{I.1}$ axióma szerint: a *létezőknek van konkrét anyaga*, a *semminek*[38] *nincs;* illetve: *az anyag mindig konkrét létezőkben ölt testet.* Ez az alaptétel evidens rögtön, ha az előbb említett létezőkre gondolunk, hiszen azok az említett *periódusrendszerbeli* atomokból és részecskéikből állnak, melyeknek szintén van anyaguk.

A többi axióma diszkutálására[39] azonban nem kerítek itt sort, mert hasonló módon azok igazságát is bárki kis gondolkodással beláthatja és megfogalmazhatja.

---

38 Semmi = e könyvben a létezők és minden tulajdonságuk teljes hiánya.
   (Ld. még MÉKSZ., Akadémia Kiadó – Kossuth Kiadó, 1202. old.)
39 Diszkutál (latin) = itt: megvizsgál, elemez, kifejt.

II. Megjegyzés:

Mindazonáltal megemlítem, hogy e létaxiómák a logikai alapműveletek[40] és a közéjük tartozó induktív következtetések (ez esetben tudományos indukció)[41], valamint a logikai törvények[42] alkalmazásával keletkeztek – mint a legtöbb axióma.

Kapcsolódóan az előbbiekhez megemlítem, hogy a Typotex kiadó 2003-ban és 2010-ben is megjelentette a **Newton válogatott írásai** című könyvet. Ebben Newton a **Gondolkodási szabályok a filozófiában** című fejezetben[43] az alábbiakat fejtette ki – a XVII. században:

„**I. SZABÁLY**: *Ne tételezzünk fel több okot a természeti dolgokban, mint amennyi igaz és elégséges a jelenségek megmagyarázására.*

Ezért a filozófusok azt mondják, hogy a Természet semmit nem tesz hiába, márpedig hiábavaló lenne az, ami helyett kevesebb is megteszi; mert a Természet kedveli az egyszerűséget, és nem szereti a fölösleges okokkal való pazarlást.

II. SZABÁLY: *Ennélfogva ugyanazon természeti következményeket, amennyire csak lehetséges, ugyanazon okoknak kell tulajdonítanunk.*

---

40 Logikai alapműveletek: 1.) állítás és tagadás; 2.) azonosítás és megkülönböztetés; 3.) analízis és szintézis; 4.) absztrakció és konkretizáció; 5.) indukció és dedukció; 6.) az alapműveletek egysége. Logikai törvények: 1.) azonosság törvénye; 2.) ellentmondás elkerülésének törvénye; 3.) a harmadik kizárásának törvénye; (ezeket Arisztotelésztől származtatják – G.I.) valamint 4.) az elégséges alap törvénye (ez utóbbit Leibnitznek tulajdonítják – G.I.). [Ld. Tankönyvkiadó, Budapest, 1974; Dr. Baló József Logika c. főiskolai tankönyve, 74-78., illetve 33–47. oldalán.]

41 Ld. előbb i.m. 104. oldalán.

42 Ld. előbb i.m. 98. oldalán.

43 Newton, I.: Principia Philosophiae Naturalis/ Isaac Newton válogatott írásai. Hungarian translation: Fehér Márta, Heinrich László jogutódja. Hungarian edition: Ropolyi László, Szegedi Péter. (Typotex kiadó, Budapest, 2003, második kiadás, 85–88, oldal.)

Így például a légzést az emberben és az állatban; a kövek zuhanását Európában és Amerikában; a tűzhelyen égő tűz és a nap fényét; a fény visszaverődését a Földön és a bolygókon.

III. SZABÁLY: *A testek azon tulajdonságai, amelyek nem mutatnak fokozati növekedést [intension] vagy csökkenést [remission], és amelyek a tapasztalataink körébe eső minden dologhoz hozzátartozni látszanak, mindennemű test univerzális tulajdonságainak tekintendők.*

Minthogy ugyanis a testek tulajdonságait csakis a tapasztalatból ismerjük, mindazt univerzálisnak kell tartanunk, ami általánosan tapasztalható; és ami nem csökkenhet, az nem is tűnhet el teljesen. Természetesen nem mondhatunk le a tapasztalati evidenciákról álmok vagy hiú ábrándok kedvéért; és nem adhatjuk fel a Természet analógiáját, mert a Természet mindig egyszerű és összhangban van magával. A testek kiterjedését csakis érzékeink révén ismerjük, noha az érzékelés nem terjed ki minden testre, de mivel minden érzékelhető dologban észlelünk kiterjedést, ezért valamennyi többi testnek is tulajdonítunk kiterjedést. A testek sokasága kemény, erre tanít a tapasztalat; és mivel az egész keménysége a részekéből ered, ezért jogosan következtetünk arra, hogy nem csak az érzékelhető dolgoknak, hanem az összes többinek az egyedi részecskéi kemények. Azt, hogy minden test áthatolhatatlan, nem okoskodás, hanem érzékelés alapján tudjuk. Azokat a testeket, amelyekkel találkozunk, áthatolhatatlanoknak találjuk, ennélfogva arra következtetünk, hogy az áthatolhatatlanság mindennemű test univerzális tulajdonsága. Azt, hogy minden test mozgatható és bizonyos erőkkel (amelyeket *vires inertiate*-nak nevezünk)[44] van felruházva, hogy képes legyen megmaradni mozgásában vagy nyugalmában, azt csakis az általunk látott testeknél megfigyelt hasonló tulajdonságokból következtetjük. Az egésznek a kiterjedése, keménysége, áthatolhatatlansága, mozgékonysága és *vis inertiate*-ja a részei kiterjedéséből, keménységéből, áthatolhatatlan-

---

44 Vires inertiate = tehetetlenségi erő.

ságából, mozgékonyságából és *vis inertiae*-jából ered; ahonnan *arra következtetünk, hogy minden test legkisebb részecskéi ugyancsak kiterjedtek, kemények, áthatolhatatlanok, mozgékonyak és vis inertiae-val felruházottak. Ez pedig minden filozófia alapja*[45].

Továbbá: az, hogy a testek felosztott de érintkező részecskéi elválaszthatók egymástól, megfigyelési kérdés; és azokban a részecskékben, amelyek tovább nem osztottak, elménk képes további kisebb részeket megkülönböztetni, amint ez matematikailag bizonyított. Ám az, hogy az így megkülönböztetett de még nem felosztott részecskék a Természet ereje által ténylegesen oszthatók és egymástól elkülöníthetők-e, azt nem tudjuk bizonyossággal megállapítani. Ha azonban csak egyetlen kísérlet is bizonyítaná, hogy egy kemény és szilárd test eltörésekor egy eddig osztatlan részecske felosztódott, akkor e szabály értelmében arra következtethetnénk, hogy a még felosztatlan és a már felosztott részecskék egyaránt a végtelenségig oszthatók és ténylegesen elkülöníthetők.

Végül, ha a kísérleti tapasztalat és a csillagászati megfigyelés alapján kitűnik, hogy minden földi test a Föld felé gravitál, mégpedig a testben lévő anyag mennyiségével arányosan, és a Hold hasonlóképpen anyagának mennyisége szerint gravitál a Föld felé, továbbá, hogy másfelől: a tengerünk a Hold felé gravitál, valamint, hogy az összes bolygók mind egymás felé gravitálnak, az üstökösök pedig hasonlóképpen a Nap felé, akkor

---

45 Az itt felsorolt típusú logikai műveleteket a mai logikatudomány a *tudományos induktív következtetések* nevű logikai alapműveletek közé sorolja. Ld. előbb i.m. 100-101. oldalán. Ezen a következtetési módon alapulnak az e könyvben említett létaxiómák is, melyek logikai szükségszerűséggel érvényesek minden anyaggal bíró létezőre/testre, akkor is, ha van közöttük olyan, melyet még nem is láttunk/tapasztaltunk, így nem is ismerhetünk, vagy amely csak majd a jövőben lesz. Egy dolgon múlik csak e létaxiómák univerzális érvénye, hogy valamennyi tapasztalt, vagy még nem tapasztalt „dolog, jelenség" anyaggal bíró létező legyen.

e szabály alapján univerzálisan érvényesnek kell tartanunk, hogy *mindennemű test fel van ruházva a kölcsönös gravitáció princípiumával.* Mert a jelenségekből levonható következtetés nagyobb erővel szól minden test univerzális gravitációja mellett, mint áthatolhatatlansága mellett, amelyről az égitestek körében nincs semmiféle tapasztalatunk vagy megfigyelésünk.[46] Ezzel nem állítom, hogy a gravitáció a testek lényegéhez tartozik; a testek *vis insita*-ján egyszerűen azok *vis inertiae*-jét értem. Ez ugyanis megváltozhatatlan. Nehézkedésük azonban csökken, amint távolodnak a földtől.

IV. SZABÁLY: *A kísérleti filozófiában azokat a kijelentéseket, amelyeket általános indukcióval vontunk le a jelenségekből, pontosan vagy nagyon nagy mértékben igaznak kell tekintenünk, függetlenül bármely ellenük szóló hipotézistől, ami csak elképzelhető, mindaddig, amíg csak olyan más jelenség nem bukkan fel, amely által vagy pontosabbá tehetők vagy pedig kivételek által korlátozottnak bizonyulnak.*

Ezt a szabályt kell követnünk, hogy az induktív érvelés ne legyen megkerülhető hipotézisek által."[47]

III. Megjegyzés:

Az I–II. megjegyzésben olvasható gondolatok mind vonatkoznak az e könyvben fellelhető összes (lét)axiómára – G.I.

---

46 Ezzel kapcsolatban fontos azt tudnunk, hogy Newton idejében még sem az atomokról, sem azok szerkezetéről és más jellemzőikről nem tudtak semmit, és nem jött létre a kvantummechanika tudománya sem.

47 Fehér Márta filozófus fordítása. (Ld.: Newton, I.: Principia Philosophiae Naturalis/Isaac Newton válogatott írásai. Hungarian translation: Fehér Márta, Heinrich László jogutódja. Hungarian edition: Ropolyi László, Szegedi Péter; Typotex kiadó, Budapest, 2003, második kiadás, 85–88, oldal.)

1.2 A létezők néhány attribútuma[48]

A létezők néhány főbb tulajdonságát a következő tételekben fogalmazom meg.

1.21 A létezők halmaza is létező

Tétel$_{I.1}$: A létezők összetartozó csoportja (halmaza) is létező.[49]

Bizonyítás[50]:

Tegyük fel, hogy a tétel ellenkezője az igaz! Azaz: a létezők öszszetartozó csoportja (halmaza) nem létező. Ám, ha e halmaz nem létező, akkor nincs anyaga ($A_{I.1}$), és akkor nincsenek „benne"

---

48 Attribútum = valamely dolog ama tulajdonsága, amely nélkül az nem létezhet, nem gondolható el és nem lehet az, ami.

49 Ilyen létező-halmaz pl. a bábolnai ménes, vagy Magyarország lakossága, vagy az emberiség, vagy a földi élőlények, vagy pl. a Naprendszer, avagy pl. a Tejút, az Androméda-köd, mint galaxis, de ilyen létező az univerzum maga is.

50 A tételbeli állítás helyességének bizonyítása direkt vagy indirekt módon történik – a bizonyító tudományok és a logika bevett módszerei szerint. Ekkor a tételek igazságát a már igaznak elfogadott axiómákból (A) és/vagy definíciókból (D) és/vagy tételekből (T) fakadó – logikailag helyes – következményként való levezetéssel, igazolással demonstráljuk. Ennek megfelelően direkt bizonyításnál a tétel állításának igazságát, indirekt bizonyításnál – ugyanezt – a tételbeli állítás ellenkezőjének hamis vagy képtelenségre vezető voltával (deductio ad absurdum) mutatjuk ki (azaz a tétel inverzét cáfoljuk). Egy tétel bizonyítási folyamatában, a tétel igazságát alátámasztó érvként, rendre idézem az axiómák és/vagy definíciók és/vagy tételek szövegének ide vonatkozó lényegét, míg az ellenőrzés megkönnyítését biztosítandó kerek zárójelben megadom ezen princípiumok jelét és sorszámát is (pl. így: AI.2, DI, TII.3).

anyaggal bíró halmazelemek, azaz létezők sem ($A_{I.1/E}$), vagyis e halmaz üres az $A_{I.7/E3}$ axióma állításával szemben. Tehát az inverz állítással arra a képtelenségre juthatunk csak, hogy a létezőkből álló halmaz nem tartalmaz létezőket. De akkor az eredeti tétel az igaz ($T_{I.1}$). Q.e.d. T_P: $A_{I.1}$, $A_{I.1/E}$, $A_{I.7/E3}$. P_T: $T_{I.1/C}$, $T_{II.11}$, $T_{IV.1}$, $T_{IV.3}$.

Corollárium$_{I.1/C}$[51]: **A létezők halmaza a létezők minden tulajdonságával rendelkezik.**

A $T_{I.1}$ tételből már nyilvánvaló a korollárium igazsága. ($T_{I.1/C}$). P_T: $T_{IV.3}$, $T_{IV.20}$.

1.22 A létezők (vagy részeik) a térben mozognak és változnak, van anyaguk és tömegük

Tétel$_{I.2}$: **Ami (vagy része) a térben mozog, vagy relatíve nyugalomban van és (relatíve vagy abszolúte) folyamatosan változik, az egy létező.**

Bizonyítás: Tegyük fel, hogy a tétel ellenkezője az igaz! Azaz: *ami* (vagy része) a térben mozog, vagy relatíve nyugalomban[52] van és (relatíve[53] vagy abszolúte) folyamatosan változik, az nem lé-

---

51 Corollárium [e: korollárium] (latin) = 1. (fil., mat.) a megállapított igazság folyománya; egy előbbi tételből minden bizonyítás nélkül következő tétel. 2. szükségszerű következmény, folyomány, fejlemény.

52 Ami relatíve nyugalomban van, az egy másik létezőn/létezőben nyugszik, ámde azzal együtt mozog (pl. egy kő hever a földön/a földben, ámde a Földdel együtt forog).

53 Ami relatíve változik, az rövidebb-hosszabb léttartama alatt látszólag változatlan, azonban a valóság az, hogy változik, csak nagyon lassan, szinte észrevehetetlenül. Relatíve változik például a hajunk, a körmünk hossza, amilyen lassan nő; vagy a Föld kontinensei, amilyen lassan változnak, mozognak stb.

tező. De ez az állítás ellentmond az $A_{I.3}$ axiómának, miszerint a létező (vagy része) a térben (a saját és/vagy más létező terében) mozog és változik. Következésképpen a tétel igaz ($T_{I.2}$). Q.e.d. T_P: $A_{I.3}$. P_T: $T_{III.3}$.

Tétel$_{I.3}$: Aminek van anyaga, annak van tömege, mert létező; aminek van tömege, annak van anyaga, mert létező.

Bizonyítás:
Aminek van anyaga, az egy létező ($A_{I.1}$), és ami létező, annak van tömege ($A_{I.8}$). Továbbá aminek van tömege az létező ($A_{I.8}$), és ami létező, annak van anyaga ($A_{I.1}$). Másképp: aminek van anyaga, annak van tömege, mert az létező, és fordítva: aminek van tömege, annak van anyaga, mert az létező. Következésképpen a tétel igaz ($T_{I.3}$). T_P: $A_{I.1}$, $A_{I.8}$ P_T: $T_{IV.9}$.

II. AZ IDŐ

A) MI AZ IDŐ?

1 Az idő „arctalan"

A létezők – ha másképp nem, legalább műszerrel és/vagy közvetve – tapasztalható tulajdonságaival ellentétben az időnek nem tapasztaljuk sem alakját, sem terjedelmét, sem színét, sem szagát, sem ízét, sem súlyát stb. Úgy is fogalmazhatnánk, hogy az idő az ember számára lényegében „arctalan". Ennek következményeit tapasztalhatjuk a következő 2. pont alatt felsorolásra kerülő, a tudomány ezeréves világából származó, az időről vallott nézetek áttekintése kapcsán.

2 Tudósok vélekedése az időről

E rész funkciója az idővel kapcsolatos nézetek lényegének vázlatos bemutatása – adott tudomány néhány reprezentáns képviselőjének felfogásán keresztül. Ennek során, bár némely gondolkodó meglátásához fűzök megjegyzést, nem célom az ismertetett nézetek kimerítő bírálata, minthogy – egyező vagy eltérő – álláspontom a saját időelméletemből markánsan megmutatkozik.

Lássuk hát, mit írt az időről például Isaac Newton, Ernst Mach, Albert Einstein, Stephen W. Hawking és Dobó Andor!

I. Newton (1642–1727). Angol tudós. Az újkori történelem egyik kiemelkedő fizikusa, matematikusa, csillagásza, filozófusa. A „*Principia*"[54] című, 1687-ben megjelent művében *nem definiálta az időt* (a teret sem). Arra hivatkozott, hogy eme fogalmak mibenlétét meghatározás nélkül is mindenki ismeri. Axiomatikus elméletrendszerében alapfogalomként kezelte hát ezeket. Mindazonáltal néhány jellemvonásukat – ahogy az illik – ismertette. Ezt írta: „*Az abszolút, való, matematikai idő saját természeténél fogva egyenletesen folyik, és független minden külső hatástól.*" Azonban Newtontól nem tudjuk meg, hogy milyen is az általa említett „abszolút" idő „természete", honnan tudható, hogy ez az idő valóban egyenletesen folyik, és hogy miért is független a folyása minden külső hatástól. Azt sem tudatja velünk Newton, hogy ez az idő miért valódi és mit jelent az, hogy egyszersmind matematikai. Utóbbi kettő tulajdonsága e newtoni időnek pedig mintha eleve ellentmondó is lenne. *Továbbá Newton azt is kifejti, hogy a „való idő helyett gyakran használt az olyan időmértékegység, a különféle mozgó dolgok szerint véve, mint egy óra, egy nap, egy hónap és egy év.*" Newton azonban nem ad eligazítást arra nézve sem, hogy voltaképp milyen alapon lehet „a való idő helyett" időmértékegységként használni az egy óra, *egy nap, egy hónap és egy év időegységet, és hogy e mértékegységek miért nem például a „való" idő rövidebb tartamait jelentik.*

Vagyis Newton szerint az abszolút idő mindentől független, azaz önálló létező – ám ennek sem adja magyarázatát.

Ernst Mach (1838–1916) *nem definiálta az időt.* Szerinte az idő fogalma csak torz kifejezése ama ténynek, hogy a dolgok teljesen általánosan összefüggnek egymással és hatnak egymásra.[55]

Albert Einstein (1879–1955) relativisztikus fizikájában szintén *mellőzte az idő természetének feltárását és fogalmi meghatározását*, amint ez kitűnik az 1905-ben megjelent

---

54 Lásd: Sir Isaac Newton: Principia; Definitions, Scholium, 1687; Fordította: Andrew Motte: 1729; http://gravitee.tripod.com/definitions.htm

55 E. Mach: Die Mechanik in ihrer Entwicklung historisch-kritisch dargestellt. Brockhaus, Leipzig 1933. 229. oldal.

munkájából[56], illetve az 1921-ben kiadott „*A speciális és általános relativitás elmélete*" című, nagyközönségnek írott könyvéből.[57] A speciális relativitáselméletben például alapvetően *az események* térbeli és időbeli „helyét" idő- és térkoordinátákkal, egymáshoz képest egyenletesen és forgásmentesen mozgó tér-koordinátarendszerekben (inerciarendszerekben/vonatkoztatási rendszerekben), illetve egy-egy ezekhez tartozó időtengelyen határozta meg – a vákuumban és gravitációmentes térben véges és izotróp *c* fénysebességet felhasználó Lorentz-transzformáció segítségével. Einstein ezen elméletében ha egy *eseménypár* (pl. egyszerre lecsapó villám) egy relatíve nyugvó vonatkoztatási rendszerben *tényszerűen egyidejű*, akkor egy másik vonatkoztatási rendszerből tekintve – mely a nyugvóhoz képest egyenes vonalban, forgás nélkül és egyenletesen mozog – *egymást követő* (az egyidejűség einsteini relativitásának elve). A mozgó rúd viselkedése kapcsán pedig megállapítja, hogy a nyugvó vonatkoztatási rendszerben *tényszerűen egyidejű eseményeknek* (a rúdvégeknek) a másik – a nyugvóhoz képest egyenes vonalban, forgás nélkül és egyenletesen mozgó – vonatkoztatási rendszerben *különböző a helyük*. Ebből arra következtet, hogy *a rúd mérete rövidül* (hosszkontrakció).

A mozgó és nyugvó óra viselkedése kapcsán, *tényszerűen egyhelyű* – mindkét vonatkoztatási rendszerben origóbeli – *események* (az órák két ütése) *különböző idejűek* az *időköz tágulása* (idődilatáció) miatt – a Lorentz-transzformáció megfelelő egyenletei szerint. (Csak zárójelben jegyzem meg, hogy pl. a mozgó vonatkoztatási rendszerben a nyugvóhoz képest különböző helyű, vagy különböző idejű eseményekről *Einstein eleve*

---

56 Lásd: Zur Elektrodynamik bewegter Körper; von A. Einstein; Annalen der Physik IV. Folge. 17. (Eingegangen 30. Juni 1905.).

57 A. Einstein: „A speciális és általános relativitás elmélete"; 5. magyar kiadás, Gondolat kiadó, Budapest, 1978; fordította: Vámos Ferenc; a bevezetőt és a jegyzeteket írta: dr. Novobátzky Károly Kossuth-díjas, az eredeti könyv német kiadása 1921-ben jelent meg.

azt állítja, hogy a nyugvóban **tényszerűen egyhelyűek illet-
ve egyidejűek**, s a különbözőségek a nyugvó és mozgó rend-
szerben lévők jellemzőiben a véges **c** fénysebesség miatt detek-
tálhatók. Tehát: az egyidejűség relativitásának elve is **Einstein**
eszmefuttatása szerint az előbbi tulajdonságokkal bíró **c** fény-
sebesség miatt számítható a különböző mozgásállapotú vonat-
koztatási rendszerekre nézve.

A mozgó és nyugvó órával kapcsolatban Einstein ezt írja
népszerűsítő könyve 44. oldalán[58]: „Vegyünk most vizsgálat alá
egy **másodperces órát** (fontos itt, hogy a „másodperces" óra el-
nevezés az időegység másodperces mértékét definiálja! – G.I.),
mely állandóan a K' rendszer kezdőpontjában (x'=0) nyugszik.
Az óra a t'=0 és a t'=1 időpontokban ketyeg egyet. A Lorentz-
transzformáció első és negyedik egyenlete értelmében **a két
óraütésnek**

t=0 és
$t=1/(1-v^2/c^2)^{1/2}$

időadatok felelnek meg. A **K rendszerből nézve** az óra **v** se-
bességgel mozog; ebben a rendszerben az óra két ütése között
tehát nem egy másodperc, hanem $1/(1-v^2/c^2)^{1/2}$ másodperc telik
el, azaz valamivel több idő. Az óra – mozgásának következté-
ben – lassabban jár, mint a nyugvás állapotában" – állapítja meg
Einstein. Szerinte tehát egy mozgó óra viselkedése úgy változik
egy nyugvó órához képest, hogy **egyhelyű események** (az óra két
ütése) a két vonatkozási rendszerben a mozgás miatt különböző
idejűek lesznek, **a mozgó rendszer időközének tágulásával,** a
Lorentz-transzformáció megfelelő egyenleteit alkalmazva. Nota
bene! **Einstein** itt **egyrészt** az időegység kitágulásáról (idődilatá-
cióról) beszél „...**az óra két ütése között** tehát nem egy másod-
perc, hanem $1<1/(1-v^2/c^2)^{1/2}$ másodperc telik el, azaz valamivel
több idő." **Másrészt** azt állítja: „**Az óra** – mozgásának következ-

---

58 Lásd előző lábjegyzetben id. művet.

tében – **lassabban jár**, *mint a nyugvás állapotában.*" A Lorentz-transzformáció szerinti számításból – a mozgó óránál – az $1/(1-v^2/c^2)^{1/2}$ másodperces eredmény logikusan következik, ámde *mi bizonyítja tényszerűen*, hogy *az időegység* (azaz a mozgó óra két kettyenése közti idő) *tágult ki?* Ugyanakkor *mi bizonyítja azt tényszerűen*, hogy „*Az óra – mozgásának következtében – lassabban jár, mint a nyugvás állapotában*"? Itt mintha ellentmondana egymásnak az Einstein által említett két tényállítás: egyfelől *az időegység* (a mozgó óra két kettyenése közti idő) *tágulása*, másfelől a *mozgás miatti óralassulás*. Mert az effektus értelmezése azt adja: ha az időegység tágult ki, akkor *nem a mozgó óra kellett, hogy lassabban járjon a „késéshez".* Ámde ha a mozgó óra járt lassabban, mint a nyugvó, akkor *az időegységnek (az időnek) nem volt szükséges kitágulnia* ahhoz, hogy az óra kettyenése később következzen be.

(E kérdésre később még visszatérek.)

Megjegyzés:
Einstein – az imént idézett sorai szerint – magyarázatában *átcsúszik* az időegység-nyúlás fogalomról egy másikra: az óralassulás fogalmára. Ez viszont mindenképpen jelentős interpretációs hiba még egy ismeretterjesztő műben is. A csúsztatás a tudománynak nem, de pl. a vicceknek lehetséges eleme:
„*Kérdi az új rabtól cellatársa a börtönben: – Te miért vagy itt? – Agyoncsapta a villám a feleségem – felelé amaz. – De akkor miért te vagy itt? – kérdezi a zárkatárs. – Hát, mert én fogtam a nyelét.*"

***

Novobátzky Károly (1884–1967) Kossuth-díjas fizikus, akadémikus, egyetemi tanár írta Albert Einstein e könyvének 1978-as magyar fordítása 20. oldalának lábjegyzetében: „Nagyon jellemző, hogy Einstein meg sem kísérel fogalmi definíciót adni a térről és az időről. A kettőnek csakis mérhető elemeiről beszél: egyfelől a koordinátákról, mint távolságokról, másfelől az időpontokról és az időtartamokról. A filozófus ezt talán hiánynak minősíti, de a fizikus feltétlenül helyesli. Planck szerint valamely fizikai mennyiség mérési módjának megadása teljesen pótolja a fogalmi definíciót (ti. a fizikus szempontjából)." (G.I.: Megjegyzem, Novobátzky e fejtegetésével nem érthetek egyet, mert bármely „kulcsfogalom" definiálatlansága, így pl. a kozmológiai kérdések terén is, már lényeges információhiányhoz, s emiatt téves következtetések levonására vezethet – ennek veszélyét a 3. pontban kifejtem.)

Stephen W. Hawking (Oxford; született 1942–ben) vezető angol elméleti fizikus. *„Az idő rövid története"* című, 1988-ban megjelent könyvében a következővel intézi el az idő fogalmát: *„Az idő (akármi legyen is az)..."*[59]. Tehát Hawking *sem definiálja az időt* (a teret sem!). Ennek ellenére kijelenti: „az idő fogalmának nincs értelme a világegyetem keletkezése előtt", és Szent Ágostonra hivatkozva leszögezi: „az idő az Isten által teremtett világegyetem sajátsága, s a világegyetem létrejötte előtt nem létezett."[60] Tehát, bár Hawking nem tudja, hogy mi is valójában az idő, azt mégis határozottan tudja róla – „akármi legyen is az... (Hawking)" –, hogy „a világegyetem létrejötte előtt nem létezett", azaz: volt kezdete. Megjegyzem: ez olyan furcsa logika, mint amikor valaki nem tudja például azt, hogy minő dolgot jelöl a 'sátniv' szó, de azt biztosan tudja róla – „... akármi legyen is az... (Hawking)" –, hogy kezdete az van, amivel persze sokra nem megyünk. Hawking egyebekben Einstein álláspontján van. Az időről nem változott nézete az 1999-ben megjelent „A tér és az idő természete"[61] című, a 2003-ben megjelent „A világegyetem dióhéjban – Az idő rövid történetének foly-

---

59 Stephen W. Hawking: Az idő rövid története; 1988.; 12. oldal; Maecenas Könyvek, Budapest – Talentum Kft.,1998; Hungarian translation: Molnár István, 1989,1993,1995, 1998.
60 Lásd az idézett mű 18. oldalán.
61 Stephen W. Hawking – Roger Penrose: A tér és az idő természete; Talentum Kiadó, Budapest, 1999.

tatása"[62] című, valamint a 2010-ben megjelent „A nagy terv"[63] című könyveiben sem.

Dobó Andor, magyar alkalmazott matematikus (1935-ben Szeged-Átokházán született)[64] **„Az idő természetének kozmológiai vonatkozásai"** című értekezésében[65] 2008-ban bár **nem definiálja az időt,** de a téridő geometriájának matematikai elemzése alapján, valamint *Roger Penrose, Stephen W. Hawking egy* bizonyítására, illetve *Jevgenyij Lifsic, Iszaak Kalatnyikov matematikai vizsgálati eredményeire* tekintettel megállapítja, hogy **„Az univerzumhoz tartozó időnek kezdete és vége van.** *Ha a világmindenségben egyetlen ősrobbanás történt, akkor – miként azt vezető fizikusok kimutatták – univerzumunk élettartama véges."*

Kijelenti azt is, hogy: *„Ezek szerint úgy tűnik, igaza lehet Szent Ágostonnak, amikor arra a kérdésre, hogy mit csinált Isten, mielőtt megteremtette a világot, azt válaszolta, hogy nem csinált semmit."*

Ugyanakkor Dobó – egyebek közt a húrelmélet és a *kvantummechanika* „sokvilág-értelmezésével" egyezően – egy megszámlálható számosságú, ősrobbanással kezdődő univerzumokból álló, végtelen halmaz képező világmindenségre nézve **lehetségesnek tartja,** hogy **„A világmindenséghez tartozó időnek nincs kezdete és vége."**[66] Megjegyzi: „ha idő mindig volt és mindig lesz, akkor nincs igaza *Szent Ágostonnak,* hiszen *Isten* már azelőtt is dolgozott, hogy megteremtette volna számunkra azt a világot, amelyben élünk."[67]

---

62 Stephen W. Hawking: A világegyetem dióhéjban – Az idő rövid történetének folytatása; Akkord Kiadó, Budapest, 2002.

63 Stephen W. Hawking – Leonard Mlodinow: A nagy terv; Bantam Books, New York, 2010; Akkord Kiadó, Budapest, 2011.

64 https://doboandor.files.wordpress.com/2012/07/dobc3b3-andor.pdf

65 Lásd Dobó Andor régi honlapján: http://www.friweb.hu/doboandor/index_h.html/ a Matematika oldalon, vagy az új honlapján: http://doboandor.wordpress.com/.

66 Ld.: idézett mű 5. oldalán.

67 Ld.: idézett mű 6. oldalán.

Mindazonáltal cikke végén egyértelművé teszi állításainak hipotetikus jellegét és megjelöli ennek okait is: „Már korábban is jeleztem, hogy nem szívesen foglalkozom kozmológiai kérdésekkel, mivel túl sok benne a spekulatív elem, a fantázia és fikció, minek folytán könnyen mellé lehet fogni. Vannak, akik úgy vélik, a felmerülő kérdések megválaszolásához már kellően sokat tudunk, szerintem viszont nem eleget ahhoz, hogy átütő legyen a bizonyítás ereje, s ne maradjanak kételyek utána. Ha túl sok a „ha", túl sok a bizonytalanság!"[68]

Nota bene! A fizikusok és más tudósok mentségére legyen mondva: ameddig „csak" a fizikai, kémiai, biológiai, közgazdasági stb. változások matematikai leírására és mérésére vállalkoznak, addig valóban nincs szükség másra, mint csak az időpontok, időtartamok és mérési módszerük meghatározására. Azonban ha olyan ontológiai, illetve kozmológiai kérdésekre is választ szeretnének adni, mint például volt-e kezdete és lesz-e vége az időnek és a világegyetemnek, vagy milyen irányú az idő, vagy megfordítható-e az idő menete, vagy létezhet-e időutazás, s ha nem, akkor miért nem stb., akkor nem nélkülözhető, hogy pontosan definiálják az időt, kimerítően leírják a mibenlétét, lényeges vonásait. Azonban többen a tudósok közül az idő természetének pontos leírása, fogalmának definiálása nélkül is elmerészkedtek eme kérdések megválaszolásának területére, ami így lényegében eszköztelen és ezért – a „trial and error" közbeni véletlen találat lehetőségét leszámítva – eddig döntően sikertelenségre ítélt vállalkozás volt.

A filozófusok is különféleképp vélekedtek az idő természetéről, illetve bizonyos vonásairól. Lássuk:

Arisztotelész (i.e. 384–322.) görög tudós és filozófus azt vallotta, hogy *„egy és csakis egy idő létezik"*.[69]

---

68 Ld.: idézett mű 6. oldalának utolsó előtti bekezdésében.
69 TTL. GY-K.; 307. oldal; (1966, Akadémia Kiadó, Budapest)

Epikurosz (i.e. 341–270) görög filozófus azt hangsúlyozta, hogy *„az idő nem létezik önmagában, önmaga által, csak érzékelhető tárgyakon keresztül"*[70].

Szent Ágoston (i.sz. 354–430.) észak-afrikai hippói püspök, egyháztanító és filozófus a „Szent Ágoston vallomásai" című műve tizenegyedik könyvében[71] mintegy 20 oldalas elemzésben keresi az idő mibenlétét, főbb vonásait, mérési lehetőségét. A XIII. fejezet címében állítja, hogy *az időnek volt kezdete*, hiszen „A teremtés előtt nem volt idő, mert ez maga a teremtmény." A XIV. fejezetben kérdi és állítja: „Mi hát az idő? Ha senki sem kérdezi, tudom; ha kérdik tőlem, s meg akarom magyarázni, *nem tudom*." Hosszas elmélkedés alapján azt azért megállapítja, hogy *háromféle idő van: múlt, jelen, jövő* – az emlékezet, a figyelem és a várakozás szerint. Ám *a múltban és a jövőben nincs semmi, csak a jelenben van, de az is „gyorsan elillan"*. A XXIII. fejezet címében felteszi újból a kérdést: „Mi az idő?", és a XXVI. fejezetben válaszol rá: „Azért úgy vélekedem, hogy *az idő* mindenesetre *valami tartam*. Minek a tartama? *Nem tudom*. Nagyon csudálnám, ha nem a léleké volna." A XXVIII. fejezet címében pedig közli: *„A lélek az idő mérője"*, hisz a múltban és a jövőben nincs semmi, ami mérhető lenne; és a jelen kiterjedés nélküli, így az ott lévők is azonnal elmúlnak, azaz nem mérhetők. Tehát leszögezi: a lélek az idő mérője. (G.I.: megjegyzem, hogy Szent Ágoston itt téved. Ugyanis az idő mérésekor soha nem az időpillanatot mérjük – az ő korában sem mértük –, hanem az egyik jelenidőponttól valamely következő jelenidőpontig eltelő időtartamot. Egyébként pedig a jelenidőpontot, minthogy az „kiterjedés nélküli", amint ezt maga Szent Ágoston e művében megállapította, nyilvánvalóan nem is lehet mérni – e „tévedése" Szent Ágostonnak szükségszerűen vezeti őt el ama teista konklúziójáig, miszerint: „A lélek az idő mérője".)

70 Ld. előbbi lábjegyzetet.

71 Eredeti kiadvány: Szent Ágoston vallomásai/ [magyarra fordította Vass József] Budapest, Szent István Társulat [1995]; http://mek.niif. hu/04100/04187/.

Gottfried Wilhelm Leibnitz (1646–1716) szerint *az idő* és a tér *valami viszonylagos*.[72] Newton abszolút tér- és időfelfogását nem fogadta el, de *ő sem definiálta sem az időt*, sem a teret. **Immanuel Kant** (1724–1804): *Nem definiálta az időt*. „*A tiszta ész kritikája*" című művében[73] (1781) megállapítja, hogy: „Az *idő... nem empirikus fogalom*, melyet valamely tapasztalatból levonhatunk." Mert *az idő a priori*[74]. Ugyanis „Csak az idő föltevése mellett gondolhatjuk, hogy némely dolog azonegy időben (egyszerre) vagy különböző időben (egymás után) van."

Továbbá Kant szerint: Ha a világegyetemnek nem volna kezdete, akkor bármely eseményt végtelen hosszú időtartam előzne meg (tézis). De ez szerinte képtelenség. Ámde ha volna kezdete, akkor a kezdet bekövetkezését előzné meg végtelen hosszú időtartam (antitézis). De akkor, szerinte, nem indokolt, hogy bármelyik időpont a világegyetem kezdeteként legyen kitüntetve. Tehát végső soron *az idő és a világegyetem*, szerinte, *végtelen*.

McTaggart „Az idő valótlansága"[75] című művében (1908) az *események* „múlt-jelen-jövő" jellemzőjű időbeliségének ún. A-sorozatát, illetve „előbb-később" jellemzőjű időbeliségének B-sorozatát vizsgálta. Ennek alapján kimutatta, hogy az idő fogalma csak az A-sorozat segítségével lenne kifejezhető, és szerinte A-sorozat nélkül nem létezik idő.

Megállapította: az *idő elválaszthatatlan a változás* fogalmától. Nem beszélhetünk időről, ha semmi nem változik a világban. Szerinte viszont csak akkor lehet változásról beszélni, ha a világ *eseményeinek* van olyan tulajdonsága, amely megváltozik. Pusztán abból azonban nincs változás, ha egy *esemény* megszűnik *esemény* lenni, és abból sem, ha egy *eseményt* egy

---

72 http://www.kirjasto.sci.fi/leibnitz.htm
73 Filozófiai írók tára; Kant: A tiszta ész kritikája; Akadémia Kiadó, Budapest, 1981; Franklin-társulat, Budapest, 1913.
74 A priori = a tapasztalatot megelőző, attól független; a posteriori = a tapasztalaton alapuló, attól függő.
75 McTaggart, J. M. E. (1908): The Unreality of Time, Mind 17.

másik vált fel. Akkor mi más módja lehet még a változásnak? Például, ha egy *esemény* említett jellemzői változnak meg. Szerinte az *események* megváltozó jellemzőinek egyetlen osztálya van: az A-sorozat szerinti, azaz a „múlt-jelen-jövő" jellemző-hármassal bírók.

Illusztrálja is ezeket: Vegyünk egy tetszőleges *eseményt* – írja –, például Anna Királynő halálát. Vizsgáljuk meg, milyen változások történhetnek ennek az *eseménynek* a jellemzőiben. Ez egy halál; Stuart Anna halála; ilyen és ilyen okai voltak; ilyen és ilyen hatása volt. Ezek a jellemzők soha nem változnak meg. McTaggart szerint egyetlen tekintetben történik csak változás: először ez az *esemény* a távoli jövőben volt, majd egyre közelebbi lett, mígnem jelenbelivé vált. Végül múltbelivé lett, és mindörökké az is marad, sőt minden pillanattal egyre távolabbi múltba kerül. Szerinte ez az egyetlen jellemzője az *eseménynek*, amely megváltozhat. Tehát, ha van változás, az csakis az A-sorozatban kereshető. Viszont ha nincs A-sorozat, akkor változás sincs és idő sincs.

Ezt követően bizonyítást közöl arra, hogy A-sorozat pedig a valóságban nem létezik. Lényege: a múlt, a jelen és a jövő inkompatibilis *eseményjellemzők*. Minden *eseményre* igaz valamelyik, de csak az egyik. Ugyanakkor *mindegyik esemény* rendelkezik mindhárom tulajdonsággal, mert ha egy M *esemény* jövőbeli, akkor jelenbeli és múltbeli lesz. Ha jelenbeli, akkor jövőbeli volt, és múltbeli lesz. Tehát minden *eseményhez* mindhárom jellemző hozzátartozik. De ez nem egyeztethető össze azzal, hogy e jellemzők inkompatibilisek.

Mindezek folyományaképp azt állította, hogy az *idő csupán egy képzelet; nem valóságos; nincs semmi realitása*.

Megjegyzés: McTaggart érveinek és bizonyításának helytálló vagy nem helytálló voltával e helyütt nem kívánok foglalkozni – ezt mások megtették.[76] Az időnek puszta eseménysorral

---

76 Például B. Russell és E. Szabó László. Lásd következő lábjegyzetben.

való azonosításának kérdésére pedig a következő pontban még visszatérek. Itt és most csak a következőkre hívom fel a figyelmet: **Nem minden eseményhez** tartozik „múlt-jelen-jövő" időbeliség-jellemzőhármas. Általában egy ember halálához, így például Stuart Anna halálához is, nyilvánvalóan igen. (Ugyanis biztosan nem vagyunk örökéletűek.) A Space Shuttle Challenger 1986. január 28-i **felrobbanása eseménynek** azonban nem állíthatjuk, hogy volt ilyen értelmű jövője – aktív pályafutását, felrobbanása helyett, végezhette volna ugyanis, mint több más régi repülő szerkezet, egy roncstelepen vagy múzeumban álldogálva is. Annak pedig, hogy a lottón ötös találatot érek el, se jövője, se jelene, se múltja nem lehet – igen nagy valószínűséggel – hisz szokásom szerint soha nem lottózom.

E. Szabó László (2002) **„A nyitott jövő problémája** – Véletlen, kauzalitás és determinizmus a fizikában"[77] című könyvében **nem definiálja az időt.** Mindazonáltal kijelenti: „A hétköznapi gondolkodás szerint a **létezés szoros összefüggésben áll az idővel.** Gondoljuk csak el, mennyire természetesnek találjuk a következő két gondolatot: Minden, ami létezik, a jelenben létezik. A múltbeli dolgok már nem léteznek, a jövőbeli dolgok még nem léteznek. Minden, ami létezik, időben létezik. Az idő múlásával egyszer csak nem létező dolgok létezővé válnak, majd az idő múlásával nem létezővé lesznek.

A hétköznapi szemlélet számára tehát a múltbeli illetve jövőbeli események ontológiai státusza különbözik a jelenbeli események ontológiai státuszától. A tudományos/filozófiai gondolkodás számára azonban felmerül a kérdés: valóban így van-e."[78]

Azonban, hogy mi a fizikus és filozófus E. Szabó László határozott álláspontja minderről, azt e művéből nem tudjuk meg.

---

77 E. Szabó László: A nyitott jövő problémája – Véletlen, kauzalitás és determinizmus a fizikában; Typotex kiadó, Budapest, 2004.

78 Ld.: idézett mű 10. oldalának 6. pontjában.

3 Az 'idő' szó alkalmatlan tudományos terminusnak, mert nem utal a definiensre. Ez máig nehezítette a szó által jelölt tartalom feltárását és helytálló meghatározását

A II. A) fejezet 2. pontjában olvashattuk, hogy híres fizikusok és filozófusok nyilvánították direkt vagy indirekt módon az 'idő' szóval jelölt fogalmat lényegében definiálhatatlannak, vagy legalábbis definiálásra, avagy kielégítő ismertetésre érdemtelennek – miközben tudományos terminusként[79] folyamatosan használták. Ennek eltakarására azt mondogatták: az ‚idő' szó jelentését – úgymond – mindenki ismeri, ezért nem kell definiálni (pl. *Newton*). Egyesek pedig jó esetben megvallották: nem tudják, hogy mi az idő (pl. *Szent Ágoston, Stephen Hawking* vagy *G. W. Leibnitz*). Rosszabb esetben kijelentették, hogy az időnek nevezett valami nem is létezik, illúzió (pl. *McTaggart*) – jóllehet minden óra vagy „óraszerű dolog" (pl. a periodikusan forgó Föld, vagy rezgő atom stb.) mutatja, hogy állandóan múlik, s e nem létező valami múlásának követésére az emberiség egyre komolyabb erőfeszítéseket téve mind pontosabb időmérő, azaz óraszerkezeteket készített és készít manapság is (ld. pl. atomórák). Vagy: megint más gondolkodók szerint az idő csak a priori fogalom (pl. *Kant*).

Pedig ha nem definiáljuk az idő fogalmát, akkor nem tudhatunk olyan kérdésekre válaszolni, mint például: mi az idő, van-e kezdete és vége; múlik-e, és hogyan múlik, mitől múlik? Egyirányú-e, és ha igen, akkor miért; megfordítható-e az iránya vagy sem? Mérhető-e, és hogyan és mi alapján mérhető? Átléphetünk-e a jelenből a múltba vagy a jövőbe, és ennek kapcsán megváltoztatható-e a történelem menete, vagy szerezhe-

---

79 Terminus (latin) = itt: 4. valamely fogalmat pontosan megjelölő, a tudományban alkalmazott kifejezés, műszó (ISZSZ. Akadémia Kiadó, Budapest, 1984; 844. oldal)

tő-e közvetlenül konkrét, a jelenben felhasználható információ pl. a jövőből? Stb.

Ezek után indokoltnak látszik a mindennapi életben és tudományos terminusként is évezredek óta használt 'idő' szót megvizsgálni: alkalmas-e a tudományos terminus szerepének betöltésére egyáltalán, továbbá, hogy használatának körülményei mennyiben játszhattak szerepet definiálásának elmaradásában.

Mielőtt rátérnénk eme problémák részletes tárgyalására, célszerű összefoglalni – a modern logika és a tudományelmélet ismereteire is támaszkodva – a tudományos terminus (műszóval, szakkifejezéssel, vagy egyszerűen egy arra „lefoglalt" köznyelvi szóval önkényesen jelölt fogalom) rendeltetésére, képzésére és használatára vonatkozó követelményeket. Két okból is: **egyrészt** mert ezen ismeretek a logika és a tudományelmélet művelőinek könyveiben többnyire az általában vett fogalomalkotásra vonatkoznak, nem kifejezetten a tudományos terminusra fókuszálnak. **Másrészt** azért, mert a tudományos terminusra nézve a követelmények egyetlen könyvben, összefoglalva nem olvashatók sehol. Viszont e követelmények alkalmazására, öszszefoglalt ismeretére okvetlenül szükségünk van. Ezt támasztja alá az a tény is, hogy esetünkben például az 'idő' szó terminusként, sőt tudományos terminusként való évezredes használatában és az általa „kódolt", fedett fogalom évezredek óta fennálló definiálatlanságában olyan, magát makacsul tartó ellentmondás fejeződik ki, amely neuralgikus pontja minden időről szóló tudományos fejtegetésnek (ld. II. A) fejezet 2. pontjában olvashatókat). Emiatt tehát a tudományos terminusok rendeltetésére, képzésére és használatára vonatkozó követelmények megállapítása e helyütt feltétlenül indokolt.

3.1 A tudományos terminus rendeltetése, képzésének és használatának követelményei

Ezek után előrebocsátom, hogy felfogásom szerint a **tudományos terminus** (azaz a tudományos fogalmat jelölő szó) egyik fontos **rendeltetése** a **tudomány egzaktságának elősegítése**, a **tudomány/az elmélet koherenciájának biztosítása**. Ennek érdekében:

Először: a tudományos terminus felhasználásával, valamely tudomány vagy tudományág művelője, oktatója – tudománya tárgyalási univerzumában, adott nézőpontból vett – alapfogalom esetén **ismertetés,** különben pedig **definíció** révén **véglegesen és egyértelműen hozzárendel**

- **egy szóhoz** vagy egy **értelmes szócsoporthoz**, mint jelöléshez vagy másként: **névhez, elnevezéshez,**

- **egy, az előbbi** (előbbiek**) által ténylegesen jelölt**, tág értelemben vett **dolgot**[80]**,** mely **lehet** egy létező vagy gondolatbeli **halmaz is**, akár mindössze egyetlenegy eleme van (pl. 'Milka tehén', 'Föld'), akár sok (pl. 'patások', 'bolygók').

Eme „ökölszabály" másként fogalmazva azt jelenti, hogy egy tudomány(ág)on vagy egy elméleten belül **egy tudományos fogalom**, illetve a jelölése csakis **egyetlenegy dolgot „fedhet",**
többet nem! Mindez nem jelenti azt, hogy egy tudományos fogalomnak ne lehetne **több**[81] – természetesen más és más aspektusból vett –, mégis adekvát definíciója.

---

80 Dolog alatt közelebbről „szabatosan meg nem nevezett tapasztalati, képzeleti, vagy gondolati tárgyat értünk" a Magyar Értelmező Kéziszótár meghatározásának megfelelően.

81 Ld.: Pl.: Pólya György: A gondolkodás iskolája. A matematika módszerei új megvilágításban; 76. oldal 6. pont. (Fordította: Lakatos Imre. (Bibliotheca, Budapest, 1957); de lásd még erről: Madarász Tiborné – Pólos László – Ruzsa Imre: A logika elemei, 184. oldal. Osiris Kiadó, Budapest, 1999.

Például: a négyzet definiálható, mint egyenlő oldalú téglalap, vagy mint derékszögű rombusz – a határátmenetekre is tekintettel. Vagy: a villanyborotva tekinthető testápolási cikknek, de elektromos készüléknek is.[82]

Mindazonáltal az ökölszabály ekkor is érvényben marad: a fogalom és jelölése mindannyiszor ugyanazt az egyetlen dolgot jelenti, csak más-más nézőpontból megközelítve a tényeket, illetve más-más megvilágításban interpretálva azt – mely nyilvánvalóan nem puszta öncél! Itt máris megemlíthető az a tény, hogy jelentős tudományos munkákban találkozhatunk azzal a jelenséggel, hogy például a használt 'idő' terminus jelentése nem egyértelmű, mert egyszer időpontot, másszor ugyanabban a műben időtartamot jelent, ami az említett alapvető hozzárendelési követelménnyel szemben pont az ellenkezőjét valósítja meg; azaz ekkor nem egyértelmű a jelentés-hozzárendelés az 'idő' szóhoz. Erre egy eklatáns példa Einstein „A speciális és általános relativitáselmélet" c. műve[83] 31. oldalának első bekezdésében olvasható – méghozzá egy bekezdésen belül! Íme: „Az pedig, hogy a fénynek az **AM**, illetve **BM** útdarabok befutására **egyforma időre** (értsd: nyilván **azonos időtartamra** – G.I.) van szüksége, a valóságban nem a fény fizikai természetéről szóló feltevés vagy hipotézis, hanem oly megállapodás, amelyet szabad belátásunk szerint tehetünk avégből, hogy az **egyidejűség** (értsd: nyilván az **azonos időpontú bekövetkezés** – G.I.) definíciójához jussunk."

Másodszor: az egzaktság igénye **megköveteli azt is**, hogy az adott tudományban bevezetett **terminusként** felhasznált

---

82 Madarász Tiborné – Pólos László – Ruzsa Imre: A logika elemei, 184. oldal. Osiris Kiadó, Budapest, 1999.

83 A. Einstein: „A speciális és általános relativitás elmélete"; 5. magyar kiadás, Gondolat kiadó, Budapest, 1978; fordította: Vámos Ferenc; a bevezetőt és a jegyzeteket írta: dr. Novobátzky Károly Kossuth-díjas, az eredeti könyv német kiadása 1921-ben jelent meg.

szó vagy értelmes **szócsoport** egyúttal **találó**[84] is legyen, illetve Hársing László szavaival élve: kellő **metaforikus erővel**[85] **bírjon** az általa jelölt dologra nézve, azaz **célszerűen és találóan utalnia kell a fogalom tartalmára, a definiensre**[86].

Az előbbieknek megfelelő módon létrehozott **terminust** – **rendeltetésének megfelelően** – az **adott tudomány**
*   valamely **elméletének egzakt és koherens** (ellentmondásmentes) **felépítésére,**
*   **érthető tárgyalására**[87],
*   **ellenőrizhetőségére,** és
*   **tudományos problémái megoldásának**[88] elősegítésére használjuk.

Ha a tudományos terminus a rendeltetését, azaz az egzaktság megalapozását és a tudományon/elméleten belüli koherencia biztosítását nem töltené be, mert például nem „egyetlen dolgot" jelentene, vagy: mert halmaz esetén a definiens tartalma szűkebb vagy tágabb halmazt jelezne, mint a terminus (a definiendum) jelölte halmaz, akkor az elméletben koherenciazavar, alkalma-

---

84 Nyilvánvalóan nem lett volna találó, ha Newton a testek fizikai egymásra hatását 'erő' helyett mondjuk 'ütés' szóval jelöli, amint enyhén szólva nem lenne találó az állattanban a 'ló' jelöletű állatot 'nyerítő'-nek titulálni, noha mindkét esetben közel járnánk a dolog lényegéhez. Lásd még erről: Madarász Tiborné – Pólos László – Ruzsa Imre: A logika elemei, 182. oldal. Osiris Kiadó, Budapest, 1999.

85 Hársing László: Bevezetés a tudományelméletbe, x. oldal; Bíbor Kiadó, Miskolc, 1999.

86 Madarász Tiborné – Pólos László – Ruzsa Imre: A logika elemei; 182. oldal (Osiris Kiadó, Budapest, 1999.)

87 Peák István: Bevezetés az automaták elméletébe (Tankönyv Kiadó, Budapest, 1977.).

88 Pl.: Pólya György: A gondolkodás iskolája. A matematika módszerei új megvilágításban; 73–78. oldal. Fordította: Lakatos Imre. (Bibliotheca, Budapest, 1957); vagy pl.: Pólya György: A problémamegoldás iskolája (Tankönyv Kiadó, Budapest, 1967.)

zásával pedig káosz keletkezne – menthetetlenül. De ugyanúgy zavart okoz az értelmezésben az is, ha a terminus nem találó, nem frappáns, és ha nem rendelkezik kellő metaforikus erővel.

Belátható, hogy nem találó és nem is frappáns például a 'szám' helyett a 'mennyiségjel', vagy például a 'szabadesés' helyett a 'zuhanás' szó alkalmazása terminusként.

Viszont igényünknek megfelelő terminusok kémiában pl. az 'oxigén', a 'szénhidrogének', a 'szervetlen vegyületek'; biológiában pl. az 'egysejtűek', a 'többsejtűek', a 'DNS'; növénytanban pl. az 'ibolya', a 'jonatán alma', a 'bogyós gyümölcsűek', fizikában pl. az 'erő', a 'szabadesés', a 'tér', a 'mozgás', a 'hely'; matematikában pl. a 'szám', a 'természetes szám', a 'pozitív valós gyök', vagy a filozófiában pl. a 'létezés', a 'tudat', az 'anyag', a 'tudományos világnézet', az 'Isten'; a közgazdaságtanban pl. a 'tőke' vagy a 'szabadpiaci verseny'.

Természetesen annak – mint előbb már jeleztem – elvben nincs semmi akadálya, hogy például a közgazdaságtan 'tőke' jelöletű fogalmát a 'pénzt szülő pénz', vagy mondjuk a 'gazdálkodás egyik forrása' logikai szinonimákat jelölő szavakkal is – minthogy ezek tartalmilag megközelítőleg ekvivalensek – a tárgyalás változatos stílusának biztosítása végett „megnevezzük", azonban az első megnevezés nyilván rövidebb, tömörebb és találóbb is, és még metafórikusabb is az utóbbiaknál a terminusképzésre. Ugyanakkor, hacsak lehet, kerülni kell adott fogalom logikai szinonimáinak párhuzamos használatát és folyamatos váltogatását – elsősorban didaktikai okokból – a könnyebb érthetőség kedvéért. (Ez utóbbi követelményt sajnos nem lehet mindig maradéktalanul megvalósítani. Ugyanis a meggyökeresedett szinonimákat gyakran muszáj változatlanul „életben tartani" a modern és a hagyományos tanok közötti kapcsolat fenntartása, a fogalmak beazonosíthatóságának biztosítása végett.)

Összefoglalva a tudományos terminus (fogalom) rendeltetésével, képzésével és használatával kapcsolatos alapvető követelményeket, a következő követelményeknek **maradéktalanul teljesülnie kell**, hogy a tudomány – ideértve az időtant, mint tudományt is – egzaktságát és koherenciáját a terminusok használata valóban elősegítse:

1. **Egy** tudományos terminus (fogalom) *és a jelölésére szolgáló szó vagy kifejezés* – **egy tudományon, tudományágon vagy egy elméleten belül** – csakis **egyetlenegy** (tág értelemben vett) **dolgot**[89] **jelölhet** („fedhet"), **többet nem(!)**, mely dolog **lehet** egy létező vagy gondolatbeli **halmaz is**, akár mindössze egyetlenegy eleme van (pl. 'Milka tehén', 'Föld'), akár sok (pl. 'patások', 'bolygók'). (Ezért a homonimák alkalmazása terminusként kizárt!) Ezt alapfogalom esetén a terminus jelentésének szabatos ismertetésével, különben pedig a fogalom korrekt definíciójával biztosítani kell. (Pl. a 'tehén' szó, mint terminus, **egymaga nyilvánvalóan nem teljesítheti e követelményt** pl. 'a borját szoptató nőivarú szarvasmarha' és 'az anyanyúl' együttes jelölésére nézve – noha mindkettő anyaállat. De ugyanígy nem teljesítheti e követelményt az 'idő' szó tudományos terminusként, ha használója egyszerre óhajtja, hogy az 'idő' időpontot („**egyidejűség**") és időtartamot (egyenlő „útdarabok befutásához **egyforma időre** van szükség") is jelentsen – ld. az előbb felhozott einsteini idézetet.[90]

2. Ha a terminus egy halmazt jelöl, akkor alapfogalom esetén az ismertetése, nem alapfogalom esetében a definiense **nem szűkítheti** és **nem** is **bővítheti** a terminus által jelölt halmazt. (Pl. a 'patás' szó, mint terminus, **nem** teljesítheti e követelményt egyedül a szarvasmarha jelölésére nézve, tekintve, hogy pl. a ló, a zebra, a szamár, a szarvasmarha, a bölény, a rinocérosz, a teve, a víziló, a kecske, a disznó, a birka, a zsiráf, az okapi, a jávorszarvas, a szarvas, a tapír, az antilop és a gazella is patás

---

89 A dolog fogalom alatt közelebbről „szabatosan meg nem nevezett tapasztalati, képzeleti, vagy gondolati tárgyat" értünk a Magyar Értelmező Kéziszótár meghatározásának megfelelően.

90 A. Einstein: „A speciális és általános relativitás elmélete"; 5. magyar kiadás, Gondolat kiadó, Budapest, 1978; fordította: Vámos Ferenc; a bevezetőt és a jegyzeteket írta: dr. Novobátzky Károly Kossuth-díjas, az eredeti könyv német kiadása 1921-ben jelent meg.

állat. Ezek mindegyikére nézve viszont – patás vagy patások alakban – természetesen megfelelő terminus.)

3. A terminus **találó**[91], **frappáns** és **metaforikus erővel**[92] **bíró kell legyen** az általa jelölt dologra nézve, másképp: **célszerűen és találóan utalnia kell a fogalom tartalmára**, azaz **a definiensre**[93]. (Pl. a fizikában az 'erő' szó helyett az 'ütés', mint terminus, nem megfelelő a találó és a fogalom pontos tartalmára utalás két kritériuma tekintetében.)

4. A terminus **ismertetése vagy definíciója (definiense) logikai értelemben szabályos és egzakt** (azaz **világos** megfogalmazású, **szabatos, pontos és egyértelmű**) kell legyen. (Pl. a 'négyzet' következő definíciója nem egzakt: 'négy egyenlő oldallal határolt derékszögű alakzat', mert az 'oldallal határolt' kifejezésről nem tudni, hogy egyenes, avagy valamilyen görbe oldalakat jelöl, az 'alakzat' szóról sem tudni, hogy síkbeli avagy térbeli, azaz e definiens nem egyértelmű. Ellenben a 'négy egyenlő és egyenes oldalú derékszögű egysíkbeli alakzat' definiens egzakt a négyzetre nézve.)

5. A terminusnak **pontosan illeszkednie kell** a tudomány(ág)on/elméleten belüli terminusok hierarchikus rendszerébe (az előző magyarázza a következőt), azaz **ismertetése vagy definíciója nem tartalmazhat** az érintett tudomány(ág)on/elméleten belül **ismeretlen vagy definiálatlan fogalmat**.

---

91 Nyilvánvalóan nem lett volna találó, ha Newton a testek fizikai egymásra hatását 'erő' helyett mondjuk 'ütés' szóval jelöli, amint enyhén szólva nem lenne találó az állattanban a 'ló' jelöletű állatot 'nyerítő'-nek titulálni, noha mindkét esetben közel járnánk a dolog lényegéhez. Lásd még erről: Madarász Tiborné – Pólos László – Ruzsa Imre: A logika elemei, 182. oldal. Osiris Kiadó, Budapest, 1999.

92 Hársing László: Bevezetés a tudományelméletbe, Bíbor Kiadó, Miskolc, 1999.

93 Madarász Tiborné – Pólos László – Ruzsa Imre: A logika elemei; 182. oldal (Osiris Kiadó, Budapest, 1999.)

6. A terminus nyelvi és logikai szempontból is **ekvivalens** (azonos tartalmú) **szinonimáit csak a legszükségesebb esetben és csak** az előző ismeretekkel való **kapcsolat megteremtése érdekében** szabad használni, **különben nem; és eme tényre fel is kell hívni a figyelmet.**

És ismét figyelmeztetek: Ha egy terminusra nézve akár csak egyetlen e felsorolt 6 kritérium közül nem teljesül, akkor az adott terminus nyilvánvalóan nem alkalmas tudományos terminusként való használatra.

3.2 Az 'idő' szó nem felel meg a tudományos terminus rendeltetése, képzése és használata követelményeinek – ez az idő definiálatlanságának egyik oka

A 3.1 pontban említett követelményekre figyelemmel megállapítható, hogy az 'idő' szóval megadott terminus **nem teljesíti** a tudományos terminusra vonatkozó 3., 4. és 5. követelményt.

- A 3. követelményt az 'idő' szóval megadott terminus azért nem teljesíti, mert **nem utal célszerűen és találóan a fogalom tartalmára.** Az 'idő' szóval ellentétben pl. a 'tér' szóból következtethetünk egy dolog valamilyen irányú **kiterjedésére** és a dolgok közötti **távolságra**, avagy pl. a köztük lévő űr **terjedelmére.** Pl. a 'lét' szóból következtethetünk a **létezőkre**, a létező **dolgokra** és **élőlényekre**, valamint e dolgok **létezésére**, azaz, hogy a dolgok vannak és az élőlények élnek, együtt: **léteznek**, és ami ezzel jár: **mozognak** és **változnak**. De ezekhez a terminusokhoz képest mire utal az 'idő' szó?! Lássuk be, **semmire.** De ekkor már **nem is lehet metaforikus, és nem is lehet frappáns vagy találó** a definiensre nézve – pl. a térrel, a léttel, a létezőkkel és a létezéssel szemben;

- Az 'idő' szó nem teljesíti a **4. követelményt** és
- **az 5. követelményt sem**, mert ha alapfogalomként kezelt, egyetlen elméletben sem ismertetett a tartalma kielégítően, illetve egyetlen elméletben sem definiált.

Mindezek miatt az 'idő' szó nem volt és valójában ma sem alkalmas tudományos terminusként való használatra. És az, hogy vele kapcsolatban a 3. követelmény nem teljesült, nézetem szerint egyik közvetlen oka volt annak, hogy mindeddig nem sikerült definiálni az 'idő' szóval jelölt fogalmat.

Egyébként meg kell jegyezzem, hogy a magyar 'idő' szó terminusnak alkalmatlan volta sorsát osztja az angol 'time', a német 'Zeit', a francia 'temps', az olasz 'tempo', a latin 'tempus' és a görög 'Χρόνος' (ejtsd: Chrónos) szó is.

Az 'idő' szót **csak azért kell** – kivételként – **megtartani a tudományok terminusaként, mert évezredes használatával eltávolíthatatlanul belegyökerezett nemcsak a mindennapok, de a tudományok nyelvhasználatába is**, és most már – bár olyan, amilyen – tovább kell használni, természetesen megadva a definícióját.

4 Mi hát az idő? Eseménysor? Mozgás? Változás?

Akkor folytassuk az időfogalom feltárását! Mi az idő, és melyek az alapvető vonásai? Erre – mint láthattuk – sem a fizikában, sem a filozófiában nincs máig egyértelmű válasz.

E könyvben, célkitűzésemnek megfelelően, nem pusztán mérni kívánom az idő múlását, illetve például az **A** és **B** térpont között helyét változtató test mozgásának időtartamát – mint a fizikusok –, és nem is csak az idő egy-két lehető és lényeges tulajdonságát (pl. van-e kezdete és vége? Mérhető-e? Miért emlékszünk a múltra, a jövőre miért nem? Stb.) firtatom, hanem töviről hegyire *az idő „természetét"* és – minthogy a téma tudományos megnyilatkozásoknak is tárgya[94] – még az időutazás lehetőségét is szándékomban áll alaposan megvizsgálni. Utóbbi esetében konkrétan azt, hogy *átléphetünk-e a jelenből a jövőbe vagy a múltba, és mi módon, illetve, hogy információ küldhető-e a múltba, szerezhető-e a jövőből, és hogy megváltoztatható-e a múlt valamely történése, s így a történelem eredeti menete.* Mindezek okán nem tekinthetek el az idő természetének alapos feltárásától, az idő pontos fogalmi meghatározásától.

Az előszóban az 'idő' szót, mint az emberiség által évezredek óta használt szót neveztem meg. De vajon, minek a megjelölésére használta/használja az ember e szót?

A filozófusok és fizikusok egy része az időt döntően az egymást követő vagy egyidejű eseményekkel, illetve események sorozatával azonosítja (pl.: *A. Einstein, N. Hartmann*,[95] **McTaggart**). De ez a nézet – leszámítva az időmérés kérdéskörét – voltaképp helytelen, mert az időfogalom tartalmának az eseményekre való leszűkítése a fogalom teljes tartalmának feltárása helyett, félrevezető. Hiszen nyilván pl. a másodperc nem a perc, a perc nem az óra, az óra nem a nap, a nap nem a hónap, és a hónap nem az év diszkrét „időszemcséje". Az időskálához (vagy részletéhez) – mint az idő elgondolt modelljéhez – ennek megfelelően nem a természetes számokat, hanem a valós számokat kell hozzárendelni. Gondoljunk csak arra, hogyan mutatják például a napórák, avagy a csillagok állása és a Hold megvilágított-

---

94 Lásd: pl. 1) Albert Einstein megjegyzéseit Gödel tanulmányához a P. A. Schilpp: Albert Einstein als Philosoph und Naturforscher. Kohlhammer (Stuttgart, 1955.) könyv 510–511. oldalán; 2) Stephen W. Hawking: A világegyetem dióhéjban – Az idő rövid történetének folytatása; Akkord Kiadó, Budapest, 2002; 131. oldal.

95 N. Hartmann: Philosophic der Natur. W. Gruyter, Berlin, 1950. (Egyes részei magyarul: Simonovits Istvánné (szerk.): A tér és az idő; Tankönyvkiadó, Budapest, 1966; 139–154 és 198–253. oldal.)

sága az időt. Az idő tehát amolyan folyamféle valami („időfo-lyam", „időár"), és egyáltalán nem diszkrét események sora. Az időpontok halmaza így nyilván kontinuus halmaz, s nem meg-számlálható számosságú. Bár az ember életében vannak fontos események – pl. születés, halál, iskolakezdés, érettségi, házas-ságkötés, gyermek születése stb. –, ámde az ember egész élete, létezése, mint viszonylag hosszú folyamat, mely a fő „hordozó-ja" az említett eseményeknek, teljes tartamával az „időben va-lósul meg", míg az említett események annak csak egyes – bár nem lényegtelen – mozzanatai. Hasonló helyzet állapítható meg a többi élő és élettelen létező esetében, legyenek azok például az atomok vagy a molekulák, a növények vagy az állatok, vagy legyenek például a Naprendszer égitestei, vagy maga az univer-zum. Minderre tehát az időfogalom tartalmi vizsgálatánál te-kintettel kell lennünk, azaz az időfogalom meghatározásakor nem csupán események sorát és viszonyát kell vizsgálnunk.

Nos, folytassuk tovább a kutakodást! Minek a megjelölésére használja tehát az ember az 'idő' szót? Egy biztos: valami **mú-landó és** ugyanakkor múlását tekintve **mérhető dolog** jelölésére, mert például azt is gyakran szokták – s nem csak köznapi érte-lemben – mondani: **„Múlik az idő." „Mérjük az időt."** Megjegy-zem, Az 'idő' szó **etimológiája**[96] szerint[97] is hasonló jelentést kapunk: „_idő_ < ómagyar: _idő_ < ősmagyar: _üdő, ügő_ (ügető, menő, múló) < dravida: _uydi_ (idő, elmúlás, haladás) < _uy_ (szalad, halad)."
      Kutakodásunk területe tehát leszűkíthető és leszűkítendő ama kontinuus dolgokra, amelyek 1.) objektíve **múlnak** és 2.) melyeknek e **múlása** – azaz **a mindenkori „most-tól" elmúlt tartama** – valóságosan is **mérhető**, illetve az ember által évez-redek óta, különféle alkalmas eszközökkel, effektíve **mért** is.
      E vonásokra is tekintettel, mi az tehát, amit az 'idő' szóval je-lölt, és aminek elmúlását, múlandóságát évezredek óta tapasztal-

---

96 Eredettana
97 Ld.: http://wikiszotar.hu/wiki/magyar_ertelmezo_szotar/Id%C5%91

ta, illetve nagy gonddal konstruált eszközökkel, órákkal mérte az ember? Talán pl. egy szekér mozgásának múlását? Ha a mozgás elmúlik, akkor a szekér nyugalomba kerül. De hát a Földhöz képest megálló szekér a Földdel együtt változatlanul mozog[98]. És különben is, a létezők mozgására nem annak (el)múlása a jellemző, hanem elsősorban annak fennállása, és olyan jellemzői, mint pl. a tartama, sebessége, gyorsulása. Alapvetően ezeket szokta vizsgálni az ember, amikor a létezők mozgását vizsgálja és nem azok elmúlt mozgását, a (relatív) nyugalmukat. Másképp fogalmazva: a létező mozgása nem folyton-folyvást múlik, és csak időnként fennáll, hanem épp fordítva: folyton-folyvást fennáll, és csak időnként és időlegesen szünetel a létező relatív nyugalomba kerülésével.

Másrészt: az órával – mint szerkezettel – **sem magát a mozgást mérjük**, hanem valamilyen objektum mozgásának az **időtartamát**. Például egy objektum haladó mozgása azonos az objektum helyváltoztatásával valamely Δt időtartam alatt. Azaz, ha az objektum által Δt = t óra időtartam alatt megtett út hossza **s** km, akkor az objektum mozgását (mozgásának intenzitását) pl. a $v=s/t$ jelölésű átlagsebességével, másképp az időegységre eső megtett út hosszával jellemezhetjük, melynek dimenziója ekkor km/óra. Ha viszont az idő a mozgással (helyváltoztatással, másképp: a megtett úttal) lenne azonos (ekkor $s=t$), akkor a $v=s/s$ dimenzió nélküli viszonyszámot kapnánk, mellyel kétségkívül nem sokra mennénk a mozgás jellemzését illetően.

Mindezekből következik, hogy az 'idő' szóval nyilvánvalóan nem a mozgást jelöljük. Tehát visszajutottunk kiinduló kérdésünkhöz: mi az idő?

Megjegyzendő:

Arisztotelész görög tudós és filozófus (élt i.e. 384–322) **Metafizika** című művében kifejti: „Szubsztancia szerint ko-

---

98 A mozgás relatív helyett a mozgás abszolút állítás az igaz! A relatív esetben ugyanis két test mozgását csak úgy ítélik meg, hogy eltekintenek a környezetükben lévő anyag/testek mozgásától, mintha az nem is létezne.

rábbi ugyanis az, amit mint különállót, a létben elsőbbség illet meg." „A szubsztanciák mellett azonban a szubsztanciák tulajdonságai nincsenek külön, mint pl. hogy valami mozgó, vagy hogy fehér."[99] A mozgás – Arisztotelész szerint – nem létezik különválasztva a mozgó (azaz a létező – G.I) testektől, ahogy a fehérség sem a fehér színű tárgyaktól. A mozgás és a fehérség csak úgy „léteznek", mint szubsztanciák tulajdonságai. (Ebben tökéletesen igaza volt Arisztotelésznek – G.I.)

Szent Ágoston a következőket állapítja meg a mozgásról idézett műve XXIV. fejezetében:

„*Ha valamely test a térben, vagy saját tengelye körül mozog, s vagy az egész testnek, vagy – tengelyforgása esetén – valamely részének indulási és érkezési pontját megjelöljük, meg tudjuk mondani, mennyi idő kellett ahhoz a mozgáshoz, amelyet a test – vagy része – egyik helytől a másikig befutott. Mivel tehát más a mozgás, más az, amivel a mozgás tartamát mérjük, ugyancsak világos, hogy a kettő közül melyiket lehet inkább időnek nevezni! ...„Nem a test mozgása tehát az idő!*"[100] **Szent Ágostonnak** igaza van ebben – G.I.

Akkor, ha nem a mozgást, talán a környező anyagi világ objektumainak valamely változását jelölné az 'idő', és ez az, ami múlik? De tapasztalataink és tudományos ismereteink szerint az anyagi világ mikro és makro objektumai gyors vagy lassú, folytonos vagy relatíve szakaszos, de állandó változásban vannak, mely változás – eltekintve a véges létezők életének elmúlásától (de valójában ez is változás, élőből élettelenbe) – nem múlik el. S hasonlóan a mozgáshoz, a létező változása sem folyton-folyvást múlik, és csak időnként fennáll, hanem épp fordítva: folyton-folyvást fennáll, és csak időnként és időlegesen szünetel a létező relatív változatlanságával (azaz az ember által alig észlelhető differenciális mértékű, de folyamatos változásával).

Ráadásul óraszerkezettel és időegységgel szintén nem a vál-

---

99 Arisztotelész, Metafizika. Felsőoktatási Jegyzetellátó Vállalat, Budapest 1957., 288. oldal.

100 Ld. idézett mű 182. oldal 2. és 3. bekezdés

tozást mérjük, hanem a létezők valamely változásának időtartamát, vagy a létezők változásának sebességét, esetleg a létezők változásának gyorsulását. Tehát az 'idő' szóval nem jelölhetjük a puszta változást sem. Ismét visszajutottunk ahhoz a kérdéshez, hogy mi az idő?

Minek a múlását, múlandóságát tapasztalhatta hát évezredek óta az ember, melyet az 'idő' szóval jelölt és melynek múlását, nagy akkurátusan, többek közt órával mért? Hát például a saját élete, ennek szakaszaként pl. ifjúsága vagy annak percei, órái, mindennapjai stb., avagy a rokonai, ismerősei, elődei, utódai és más emberek életének, mindennapjainak stb. múlását, olykor a létük végleges elmúlását. Tapasztalhatta továbbá a környező élővilág (mikroorganizmusok, növények, állatok) egyedeinek születését, létállapotuk változásait, múlását, és létük elmúlását. Tapasztalhatta még olyan élettelen létezők keletkezését, létének változásait, múlását és elmúlását is, mint például egy hatalmas csillagét, mely elpusztulhat például, mint felrobbanó szupernóva. Tapasztalhatta a csillag halálával például egy szupernóva létrejöttét, létállapotainak változását és múlását, majd a megszűnését, és abból egy táguló, nehézatomokat is tartalmazó köd és egy fehér törpe (csillag) születését – mint egymást követő múló létezők sorát. Vagy tapasztalhatta például a Shoemaker-Lewy 9 üstökös létezését, létállapotainak változását/múlását, és léte megszűnését, amint az több darabra szakadva a Jupiterbe csapódott. Tapasztalhatott még például villámcsapást, melynek igen rövid léttartama megfelelő órával mérhető, és léte szintén elmúlik.

Voltaképp tehát a létezők (az élettelen dolgok és az élőlények) **léte,** máshogy **élete,** illetve annak egy-egy mozzanata (**létmozzanata**) *az, ami objektíve és folyton-folyvást* létmomentumonként **múlik,** s hogy múlhasson, ezért folyton keletkezik is. E létezés (avagy máshogy az idő) jelen momentumának múlása, s ezzel az elmúlt mozzanatok tartamának gyarapodása az, amit az órának nevezett mesterséges szerkezettel (pl. napórával, vízórával, homokórával, mechanikus órával, kvarcórával, atomórával – a történelem és a méréstechnika haladása sze-

81

rint), valamint az önkényesen megválasztott és megállapodás alapján használt időegységekkel (másképp: egységnyi létszakaszokkal) de facto mérhetett és mért is az ember – évezredek óta. Minderről részletesebben is ejtek szót a II. rész B) fejezetében.

Megjegyzés:

1) Szent Ágoston idézett műve XXVIII. fejezetében[101] már majdnem eljut annak felismeréséig, hogy mi is valójában az idő. Nézzük okfejtését: *„Ha példának okáért valamely költeményt akarok betéve elmondani, mielőtt belekezdenék, várakozásom az egészre kiterjed; a belekezdés után pedig mindazt, amit már elmondtam belőle, mint múltat az emlékezet vonja szárnyai alá. E cselekvésem folyamat, tehát két irányhoz tartozik: az emlékezéshez, mert egy részt már elmondottam, és a várakozáshoz, mert a többit még ezután mondom; – figyelmem ellenben állandóan ott őrködik; őrajta halad át a múltba az, ami jövő volt. Minél előbbre halad a cselekvés, annál inkább rövidül a várakozás, növekedik az emlékezés, míg végre a várakozás teljesen megszűnik, mert az egész cselekvés befejeződik és átmegy az emlékezetbe.*

Itt egész költeményről (jobban mondva annak elmondásáról – G.I.) volt szó, de ugyanez érvényes a költemény bármelyik részére és szótagjára, sőt akár hosszabb tartamú cselekvésre is, amelynek ez a költemény (elmondás – G.I.) csak kicsi része lehetne."

És itt következik Szent Ágoston *lényegi megállapítása: Ez „...érvényes az egész* **emberi életre** *is, amely számtalan rész szerint való cselekedetből tevődik össze; érvényes* **a világ egyetemes életére** *is, amelyben csak részek az* **egyes emberi életek.***"

Amint az látható, egyetlen kis logikai lépés választotta el mindössze Szent Ágostont attól, hogy az idő mibenlétét végre megfejthesse, s azt a létezők múló életével, létével, másképp: a létezők létezésével azonosítsa. Ez azonban nem következett be. Mindazonáltal, nézetem szerint, Szent Ágoston volt az a tudós gondolkodó, aki a legalaposabb, egyben logikus és világosan

---

101 Ld.: idézett műve 185. oldalának 2. és 3. pontjában.

érthető elemzését adta az időfogalom tartalmának – több tekintetben ma is helytálló megállapításokkal (pl. a múlt, a jelen és a jövő idő természetéről, szeparáltságáról, az idő irányáról).

2) *E. Szabó László* is kis híján eljut az idő fogalmához, említett, *„A nyitott jövő problémája – Véletlen, kauzalitás és determinizmus a fizikában"*[102] című könyvében. *Jóllehet nem definiálja az időt*, mégis – ugyan „bátortalan", de – figyelemre méltó kijelentéseket tesz az időről:

„A hétköznapi gondolkodás szerint a *létezés szoros összefüggésben áll az idővel*. *Gondoljuk csak el, mennyire* **természetesnek találjuk** *a következő két gondolatot: Minden, ami létezik, a jelenben létezik. A múltbeli dolgok már nem léteznek, a jövőbeli dolgok még nem léteznek.*

Minden, ami létezik, időben létezik. Az idő múlásával egyszer csak nem létező dolgok létezővé válnak, majd az idő múlásával nem létezővé lesznek."

Azonban Szabó elsiklik ama tények mellett, hogy attól, mert állításait „természetesnek *találjuk*", és netán a „hétköznapi gondolkodás szerint" is, attól még azok aggály nélkül egybeeshetnek az idő tudományos/filozófia fogalma fő attribútumainak egy fontos részével. Műve azonban az időfogalom kérdéskörének további elemzésébe és tisztázásába nem bocsátkozik.

3) A Wikiszótár.hu az 'idő' jelentésének meghatározásában, a szócikkhez tartozó 1. pont első mondatában[103] majdnem telibe találja az időfogalom tartalmát. Szerinte: „Az idő... A folyamatos létezés mérhető mennyisége." Azért csak majdnem telitalálat ez, mert az **idő** nem a létezés mérhető mennyisége, hanem *maga a létezés*, mely természeténél fogva folyton-folyvást múlik, s e létezés-múlásnak természetesen van mérhető tartama és mennyisége. Ám a Wikiszótár.hu a következő mondatban már keveri az idő létezés-tartalmát a mozgással, miszerint: Az idő „...

---

102 E. Szabó László: A nyitott jövő problémája – Véletlen, kauzalitás és determinizmus a fizikában; Typotex kiadó, Budapest, 2004, 10. oldal.
103 Ld.: http://wikiszotar.hu/wiki/magyar_ertelmezo_szotar/Id%C5%91.

a fizikai világon belül a mozgások érzékelhető egymásutánisága és egymásmellettisége". Ezáltal viszont el is távolodik az időfogalom helyes értelmezésétől – azt a mozgással azonosítva.

Összefoglalva: A tudósok némelyike, alapos elemzés után, új és hasznos ismerettel gazdagította az emberiséget, míg más, olykor világhírnévnek örvendő tudósok bizonyos dolgokban könynyelmű kijelentéseikkel rendesen melléfogtak. Ennek gyakran egyik fő oka a fogalmak tisztázatlanságában lelhető fel.

Pedig a tudomány emberének – bármely tudományterületen ténykedjék is – kötelessége és egyben elemi szakmai érdeke, hogy precízen definiáljon minden – nem közismert jelentésű – fogalmat, hogy így ismerje és ismertethesse a fogalom által fedett „dolog" mibenlétét, lényeges tulajdonságait. Csak így adatik meg, hogy fogalmai a valóságot legalább megközelítően jól írják le és értelmes elmélet megalkotására legyenek használhatók, egyben megkönnyítsék az elmélet ellenőrzését is. Ez persze olykor igencsak munkaigényes dolog.

Ugyanakkor nem helytálló az, hogy az elméleti fizikus számára tökéletesen helyettesíti a definíciót a „dolog" mérhetősége.[104] Mert a valóságot legalább megközelítően jól leíró elméletet precíz és ellentmondásmentes fogalomrendszer (alap és definiált fogalmak) nélkül nem lehet alkotni.

És fontos még: a gondolkodó ember jó esetben a megalapozott új ismeretet, s nem a tekintélyt tiszteli. Hiszen az emberiség számára csak így lehetséges a haladás.

---

104 Ld. Novobátszky, Einstein relativitáselmélete, 22. oldal.

B) AZ IDŐ AXIOMATIKUS ELMÉLETE

1 Az idő elméletének alapjai

1.1 Princípiumok[105]

1.11 Alapfogalmak

Ebben a II. rész B) fejezetben nem definiálom a 'kiterjedés', a 'tér'[106] valamint az 'idődilatáció/időnyúlás', az 'univerzum' és a 'féreglyuk' szóval jelölt fogalmakat – alapfogalomnak tekintem ezeket. S mint eddig, felteszem, hogy eme fogalmak tartalmát az olvasó az itt szükséges mértékig ismeri. Mégis némi ismertetéssel szolgálok majd ezekről is. Szabatos definíciókra a III. és IV. fejezet B) pontjában kerítek sort. (És ismét megjegyzem: aki szükségét látja, az lapozzon előre és tekintse meg az ott leírtakat.)

---

105 Princípium = (itt) alapelv.

106 Az idő modern elméletében nem mellőzhető, hogy a létező mellett a térről és az anyagról is ejtsünk szót a szükséges mértékig, tekintve, hogy ezek egymással szorosan összefüggenek.

1.12 Definíciók

1.121 Az idő fogalma

Az eddigiek alapján az idő fogalmát a következőképpen határozom meg:

Definíció$_I$: Az idő
Az idő maga a létezés. (**D$_I$**). P_T.: $T_{II.2}$, $T_{II.4}$, $T_{II.5}$, $T_{II.6}$, $T_{II.8}$, $T_{II.9}$, $T_{II.10}$, $T_{III.8}$.

Megjegyzések:
Az idő a létező legalapvetőbb tulajdonságai közül az, hogy van/létezik, de úgy, hogy folyton változik, s minden állapotváltozása/állapotváltozata és maga a létező is múlékony/elmúlik. (Ezért röviden: idő=a létezés=a létező változékonysága/múlékonysága. Az ,=' jel azt mutatja, hogy a két oldalán lévő kifejezések felcserélhetők, egyrészt logikai alapon, másrészt az ,=' jellel kifejezett reláció tranzitivitása[107] folytán. Ekkor úgy is igaz az előbbi: idő=a létező változékonysága/múlékonysága=a létezés stb.).

Wang[108] (1995) idézte Gödelt, aki kijelentette: „amit az idő múlásán a hétköznapi életben értünk... (az – G.I.) a létezésben bekövetkezett változást jelent." De e gödeli kijelentés – ha valóban így szólt – helytelen. Mégpedig azért, mert az idő maga a létezés (ezt tükrözi a **D$_I$** definícióm is). A létezés pedig a **D$_L$** definícióm szerint maga a változás (a keletkezés és a múlás is változás!). A változás a létező létállapotainak folyamatos – részleges

---

107 Tranzitivitás (filozófia, matematika) = olyan viszony pl. a, b, c között, hogy ha a=b és b=c, akkor a=c is fennáll.

108 Wang, H. (1995): Time in philosophy and physics: from Kant and Einstein to Gödel, Synthese 221. o.

vagy teljes – átalakulása, akképp, hogy a létező bármely adott pillanatbeli létállapota elmúlik és új/megváltozott létállapotnak „adja át a helyét". Változás/múlás nélkül tehát nincs létezés, és létezés nélkül nincs változás/múlás. Fontos tehát, hogy nem a létezésben változik valami, amint az Gödel Wang-idézte szavaiból kitűnik, hanem a létező – úgy, hogy a létező minden új létállapota és végül maga a létező is – elmúlik (és mint elébb jeleztem, az elmúlás is változás). Továbbá: az 'idő' maga a folyamatos létmúlás, azonos a létező és létállapota folyamatos változásával/múlásával. Eszerint valójában nem is mondhatnánk azt, hogy „az idő múlik", mert az egyrészt önálló létezőként tünteti fel az időt, ami alaptalan, mert az idő a létező egyik alapvető tulajdonsága, de nem önálló létező. Másrészt „az idő múlik" kijelentés közönséges tautológia[109], ami annyit tesz, mintha kijelentenénk: a múló[110] múlik. Mégis, tekintve, hogy „az idő múlik" állítást több ezer éve használja az ember, ámde nem abban az értelemben, hogy „az idő megszűnik vagy időnként szünetel", hanem abban az értelemben, hogy valamely időegység (év, hónap, nap, óra stb.) elmúlik/múlttá válik/eltelik és ez a jelentéstartalom nyelvünkben igencsak meggyökeresedett, ezért jobb híján tovább használjuk ezt a tautológiát – de tudnunk kell, hogy „az idő múlik" valódi jelentése az, hogy „az *időegység vagy az időpont* múlik/múlttá válik/eltelik".

Tehát: Az 'idő' szó, mint definiendum[111], nem más, mint a létezők „létpillanatról létpillanatra", folyamatosan változó és egyben múló voltának rövid elnevezése. Vagyis: a „múló" és mér-

---

109 Tautológia=azonos vagy hasonló jelentésű szavak indokolatlan ismétlése (ISZSZ, Akadémia kiadó – Kossuth könyvkiadó, 1984; 837. oldal).

110 Mint azt már korábban is említettük, az idő szó etimológiai elemzése szerint is hasonló jelentést kapunk: „idő < ómagyar: idő < ősmagyar: üdő, ügő (ügető, menő, múló) < dravida: uydi (idő, elmúlás, haladás) < uy (szalad, halad)."

111 Definiendum=meghatározandó

hető idő azonos a létezők ama létével, létmozzanatával, illetve létmomentumával, melynek egyik immanens[112] tulajdonsága[113] az, hogy a létező keletkezik/megszületik, majd pillanatról pillanatra létállapota változik/múlik, s végül maga a létező is visszavonhatatlanul elmúlik (a létező megsemmisül/meghal/elpusztul). A létező létének kezdete (azaz a létező születése) és a létének vége (a létező elmúlása/halála) között „pillanatról pillanatra" állapotváltozásokon megy tehát keresztül. Eme létállapotoknak is egyik, a létező természetéből fakadó tulajdonsága az, hogy bekövetkeznek vagy elkezdődnek, majd visszavonhatatlanul elmúlnak, csakúgy, mint az ember alkotta (önkényesen választott) és legalább gondolatban sorszámozott mesterséges időegységek: az évek, a napok, az órák, a percek, a másodpercek stb. A létező múlása és létének tartama a homo sapiens megjelenése óta szükségleteinek és tudásának megfelelően, valamilyen alkalmas „óraszerű" dolog egy periódusával, illetve annak tört részével (azaz: etalonként tekintett mércével) mért, illetve mérhető. (Pl. a Föld nagyjából egyenletes Nap körüli keringése egy átlagos periódusával – e mérce neve év –, vagy a tengelykörüli forgása periódusával – e mérce neve nap –, vagy pl. az ember alkotta óra egy átlagos periódusával (mely óra lehet napóra, vízóra, mechanikus óra, avagy atomóra) – a mérce neve ekkor: egy óra, egy perc, egy másodperc stb.

Noha az idő fontos sajátságaival a későbbiekben még részletesen foglalkozom, mindazonáltal már most leszögezem, hogy mivel az idő nem más, mint maga a létezés, így az idő múlása sem más, mint a létező és változó létállapotainak kontinuus múlása – mely gyakran műszer nélkül, szabad szemmel is látható. Ezért tehát a létező létezése, azaz az „idő múlása" sok lé-

---

112 Immanens=bennerejlő, belsőleghozzátartozó, természetébőlhozzátartozó (ISZSZ, Akadémia kiadó – Kossuth könyvkiadó, 1984; 357. oldal).

113 A további immanens tulajdonsága a létezőnek az, hogy valamilyen anyaga és háromdimenziós kiterjedése, azaz tere van, melyek nélkül létező egyáltalán nem is lehetséges. (De ezekre még később külön kitérünk.)

tező esetében – mérőeszköz vagy bonyolultabb mérőműszer (pl. valamilyen „óra") használata nélkül is – az ember által mindig tapasztalható, figyelemmel kísérhető volt és lesz – szemben a közvélekedéssel. Gondoljunk csak az ember által tapasztalható olyan rövid léttartamú élő létezők és létállapotaik múlására, mint pl. a tiszavirág, az egér, a macska vagy a kutya, avagy egy másik ember, aki a mi felnőttkorunkban született, a szemünk előtt előbb gyermekké, majd felnőtté vált, ámde fiatal korában, valami okból a jelenlétünkben meghalt. De gondolhatunk olyan rövid léttartamú élettelen létezőkre is, mint pl. egy lehulló vízcsepp, vagy egy égből lecsapó villám. De ilyen egy sziklából az erózió miatt letörő és a földre zuhanva miszlikre törő darab, vagy a viharban, a nagy széltől a szemünk láttára tövestől kidőlő fa, vagy mint pl. a Hold és fázisai, vagy egy felvillanó és gyors mozgása végén kihunyó hullócsillag (meteorit) létszakasza stb. Az olyan hosszú élettartamú létezők, mint például egy csillag vagy a Hold, a Föld, a földi kontinensek, a hegyek stb. létállapotai csak relatíve változatlanok. (Valójában e létezők az ember életéhez mérten nagyon kis mértékben és igen lassan változnak, s ezért változásuk az ember által – főképp műszer nélkül – szinte megfigyelhetetlen, s ezért tűnnek változatlannak.)

Megismétlem – az előbbiek okán –, hogy az 'idő' és a 'létezés/változás' szavak egymás logikai szinonimái.

Megjegyzések:

1) Már említettem, hogy ugyan „bátortalanul", de E. Szabó László az időről (említett könyvében) Gödelre hivatkozva kijelentette: „A hétköznapi gondolkodás szerint a **létezés szoros összefüggésben áll az idővel**."[114] Hogy a kettő fogalom tudományos értelemben is szoros kapcsolatban áll, azt már E. Szabó nem merte állítani – könyve alapján ez érthető.

---

114 E. Szabó László: A nyitott jövő problémája – Véletlen, kauzalitás és determinizmus a fizikában; Typotex kiadó, Budapest, 2004, 10. oldal.

2) A **D**$_I$ definíció szerint az 'idő' terminus egy rövidítés, egy „név" – mely azonban *nem jelöl önálló létezőt.* Azon lehetne vitatkozni, hogy az 'idő' szó – ma már – mint egy „jól nevelt" terminus, egyáltalán találó-e, frappáns-e, azaz célszerűen utal-e a jelöletére, a definiensre, avagy sem. Szerintem nem, és megítélésem szerint részben ez okozta az 'idő' szóval jelölt fogalom eddigi definiálatlanságát és mindazt, ami hátrány a tudományokban ebből fakadt. (Ld. a terminusokról szóló, e könyv II. A) 3. pontjában általam kifejtetteket.)

3) Amíg a különféle létezők önálló entitások, addig ezek keletkezése, változása majd elmúlása – azaz rövidebb-hosszabb „élete", léttartama, és annak minden mozzanata, momentuma – bár objektív tulajdonság, ám nyilvánvalóan nem önálló entitás; hiszen az élet, a létezés csak a létezővel együtt van, tőle elválaszthatatlan, nélküle nincs. Vagyis: idő önállóan, létezőktől függetlenül nincs – ahogy létezőtől független 'anyag' és 'tér' sincs, e kettő is csak a létezővel együtt van. Ezek, mint fentebb jeleztem, nem mások, mint a létezőnek egy-egy, természetéből fakadó tulajdonságai (de erről a maga helyén majd ejtek még szót). Voltaképp hát az idő a létezők ama objektív és lényegi tulajdonsága, melyet elvonatkoztattunk a létezőktől és a létezők többi tulajdonságától. Az idő azonban így csak látszólag önálló entitás, valójában azonban nem az. Eszerint a Newton által önálló entitásként jellemzett, azaz a létezőtől/létezőktől független (ilyen értelemben abszolút) idő nyilvánvalóan nincs, de nem léteznek önálló entitásként, a létezőktől független einsteini ún. „helyi idők" sem. (Ez utóbbi kérdéskörre még visszatérünk.)

1.122 A múlt, a jelen és a jövő idő fogalma

1.1221 A jelen idő fogalma, valamint az „Univerzális Most" fogalom és tesztje

A jelen idő fogalmát például a következőképpen határozhatom meg:

Definíció$_{JE}$: Jelen
A jelen (idő) az az **egyetlen, aktuális** (amint létrejött, máris elmúló) létmomentum (D_{LM}), másképp: **időpont vagy pillanat**, amelyben az éppen létező(k) léte (D_{LT}), illetve valamely létmozzanata (D_{LSZ}) elkezdődik vagy folytatódik, vagy befejeződik (D_{JE}). P_T: $T_{II.1}$, $T_{II.3}$, $T_{II.6}$, $T_{II.9}$, $T_{II.11}$, $T_{II.12}$, $T_{II.13}$, $T_{II.14}$, $T_{II.17}$.

1.12211 Az egyidejűség, mint az „Univerzális Most" fogalom és tesztje

E. Szabó László az időről (említett könyve 9. oldalán) kijelenti:[115] „Függetlenül attól, hogy hogyan vagyunk képesek mérni az időt, hogy hogyan állapítjuk meg távoli eseményekről, hogy mikor következnek be, **hétköznapi szemléletünket áthatja egy**, az egész **univerzumot átívelő „most"-nak** az **intuitív fogalma**. (Példaként felhozza a következőket – G.I.) Ha nem vagyok a kollégám szobájában, akkor is értelmesnek gondolom azt a mondatot, hogy <Kollégám az íróasztala előtt ül, e-mailt ír, és éppen ebben a pillanatban lenyomja az @ gombot>. Lehet,

---

115 E. Szabó László: A nyitott jövő problémája – Véletlen, kauzalitás és determinizmus a fizikában; Typotex kiadó, Budapest, 2004, 9. oldal.

hogy sohasem tudom meg, vajon így van-e. Lehet, hogy ha egy távcsővel nézném, akkor is csak 10^{-8} másodperccel később látnám meg, hogy ezt tette. De nem kérdőjelezem meg, hogy van értelme arra gondolnom, mit csinál éppen ebben a pillanatban. Vagyis, hogy van értelme ennek az „éppen ebben a pillanatban"-nak. Tudjuk, hogy az égen most látott csillag egy ezer évvel ezelőtti csillag képe (lehet – G.I.), mégis értelmesnek gondoljuk azt a kérdést, milyen ez a csillag éppen most – ha egyáltalán még létezik –, ebben a pillanatban. És úgy gondoljuk, hogy erre az értelmes kérdésre (amennyiben ez a csillag valóban ezer fényévnyi távolságra van tőlünk, s nem mondjuk négy fényévnyire – G.I.) ezer év múlva leszármazottjaink majd pontos választ fognak kapni (ha lesznek akkor leszármazottaink egyáltalán – G.I.). A **mindennapos gondolkodásunk** tehát rendelkezik egy Univerzális Most fogalommal." – Ami E. Szabó László időről vallott nézetei szerint nem egyeztethető össze az idő tudományos fogálmával, bár, hogy mennyiben nem, művében erről konkrétan nem értekezett.

Természetesen (G.I.) E. Szabó László **tesztelhetné** az időről vallott ún. „**mindennapos gondolkodásunk**" „**Univerzális Most fogalma**" tudományosan helytálló vagy nem helytálló voltát, pl. ekképp: Ha egy távcsővel kémleli E. Szabó az eseményt, azaz az „@ gomb" távolabb lévő kollegája általi lenyomását, és észleli a távcső nyújtotta képen a „@ jel" számítógép képernyőjén való megjelenését/létezését pontosan 14 órakor, és E. Szabó ekkor, mondjuk pl. éppen előző nap 14 órakor múlt 58 éves, és e távcsővel való megfigyelése pontosan ma és most, 58 éves és egy napos korában 14 órakor történt (58 év + 14 óra időtartam > 10^{-8} másodperc időtartam), akkor nyilvánvalóan 10^{-8} másodperccel ezelőtt is létezett E. Szabó, azaz az „@ gomb" lenyomása pillanatában, nemcsak 10^{-8} másodperccel később az „@ gomb" lenyomásának megpillantásakor. Azt persze tudnia kell E. Szabónak, hogy a kollégája éppen akkora távolságban volt tőle a „@ gomb" lenyomása pillanatában, hogy a fénynek pontosan 10^{-8} másodpercre volt szüksége ahhoz, hogy az eseményt E. Szabó 10^{-8} másodperccel később távcsövével megpillanthassa. Következésképp tény, hogy a „@ gomb" lenyomása esemény, valamint a „@jel" megjelenése a számítógép képernyőjén, mint létező, és E. Szabó, mint létező létezése 10^{-8} másodperccel korábban, **egyidejű esemény/létezés volt,** ezért megfelelt az **„Univerzális Most fogalom"** tartalmának. (Megjegyzem: mivel a látható fény sebessége vákuumban vagy levegőben kb. $3 \cdot 10^8$ m/s gravitációmentes térben[116], ezért a fény által megtett út 10^{-8} másodperc alatt $3 \cdot 10^8$ m/s $\cdot$ 10^{-8} s=3 m, azaz: 3 méter. Mármost, hogy miért kellene ily kicsiny távolságról E. Szabónak távcsővel kémlelnie kollégája cselekedeteit, az talány – de tekintsünk egyelőre e problémácskától most el.)

Ha mondjuk egy másodperccel később átmenne kollégájához E. Szabó ellenőrizni a történteket, lehet, hogy kollégája – amennyiben valóban az említett e-mailt írta – nevetve és büszkén mutatná meg neki azt, és E. Szabó láthatná a volt „éppen most" bizonyítékaként lenyomott „@ gomb" „@" jelét az e-mail címzésénél, s ez a tény nem cáfolná az **„Univerzális Most"** fogalma általános érvényét. Ámde ha nem látná, mert kiderülne, hogy kollégája egy másodperccel ezelőtt nem is volt a helyén, akkor bizonyított lenne számára, hogy az **„Univerzális Most"** fogalma tudománytalan. Azt nem kétlem, hogy a tőlünk ezer fényévre levő csillaggal kapcsolatban nem érdemes feltenni a kérdést: „milyen ez a csillag éppen most – ha egyáltalán még létezik –, ebben a pillanatban?", merthogy többnyire száz évig sem élünk, és az sem biztos, hogy ezer év múlva az emberiség még létezni fog, nemhogy a csillag létét ezer év múltán bárki megláthatná, így tesztelvén annak ezer évvel ezelőtti létezését. Ezért senkitől sem várhatunk érdemi választ e kérdésünkre, az így csak üres spekuláció. Ámde más a helyzet, ha a csillag(csoport), mint pl. a Proxima Centauri, csak 4,2 fényévre van tőlünk. Vele kapcsolatban a 4,2 év elmúltával tesztelhetjük, hogy van-e még vagy

---

116 Jánossy Lajos: A relativitáselmélet és a fizikai valóság; Gondolat Kiadó 1967, 262. oldalán kifejti, hogy a fény terjedése anizotrop és változik is jelentős gravitációs térben, pl. a Nap mellett haladva.

nincs, hacsak közben meg nem halunk, mondjuk autóbalesetben. Ha 4,2 év elteltével a Proxima Centauri létezik a „helyén", akkor e megfigyelt tény nem cáfolja az *„Univerzális Most"* fogalma tudományosan is helytálló voltát. Ám ha nincs már a „helyén" a csillag, az a megfigyelt tény viszont egymagában még mindig nem cáfolja, hogy a 4,2 évvel ezelőtti *„Univerzális Most"* pillanatában sem volt a „helyén", mert lehet, hogy létezik a „helyén" csak már nem csillagként, mert felrobbant, mint szupernóva.[117] Lásd az alábbi 2. képen látható szupernóva-robbanást.

2. kép: Az Enormous szupernóva robbanása

De az is lehet, hogy 4,2 év elteltével már csak a felrobbant (elpusztult) csillagból kialakult apró fehér törpe és a csillag(csoport) szétszóródó anyagmaradványai láthatók. Lásd az alábbi 3. képen látszó csillagmaradványokat, mintegy illusztrációként.

---

117 Forrás:http://www.livescience.com/images/i/000/067/022/original/ labsupernova-shock-wave.jpg Enormous Supernova Explosion.

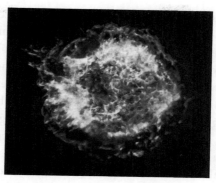

*3. kép: A Cassiopeia-A Szupernova-robbanás maradványa:
közepen egy fehér törpe (egy neutroncsillag), míg körülötte
a csillag ledobott anyaga gömbszerűen tágulva terjed.[118]*

Ám az is előfordulhat, hogy létezik ugyan a csillag(pár), de kissé „odébb ment". Ekkor is a 4,2 évvel ezelőtti **„Univerzális Most"** igazolódik – tudományosan. És nem cáfolja az **„Univerzális Most"** fogalma tudományos voltát az sem, ha E. Szabó kollégája, mikor E. Szabó a szobájában őt meglátogatja, nem mutatja fel az e-mailt a „@" jellel, sőt állítja, hogy nem is írt e-mailt – mondjuk, letagadja, hogy írt, mert az egy magánlevele volt.

Tehát a fény véges sebességéből fakadó „múlt a jelenben" paradoxon helyett a létezők adott t_j jelenidőpontbeli „egyidejűsége" valós, nem intuitív, s ezért tudományosan is megalapozott volta **tesztelhető!** Pl. bármely, legfeljebb 20 fényévnél nem távolabb lévő csillag vagy más égitest esetében, már egy emberöltőn belül, bármely addig élő ember számára – csak a megfelelő időt ki kell várni. (Pl. ha 10 fényévnyi távolságban van egy csillag, akkor 10 év múlva kell újból megfigyelnünk, látható-e

---

118 Forrás:https://www.google.com/url?sa=i&rct=j&q=&esrc=s&source=imgres&cd=&cad=rja&uact=8&ved=&url=http%3A%2F%2Fwww.livescience.com%2F46218-supernova-explosion-created-in-lab.html&psig=AFQjCNGeRh-5xsiYQYbI32VU3pPN7XLT4g&ust=1464268544548732

még a csillag, vagy a felrobbant „utódja", avagy a csillag látható, ámde kissé eltávolodva eredeti „helyétől" (a távolodás sebessége és így mértéke elég kis hibával megbecsülhető). Ha tehát így vagy úgy, de látható, akkor a 10 évvel ezelőtti „most" pillanatában létezése egyidejű volt a mi létezésünkkel – ez nyilvánvaló. De pl. írásos feljegyzések esetén e teszt több emberöltő távolában is elvégezhető. Ekkor az emberiség – ha még létezik – tudni fog róla, hogy a valaha megfigyelt égitest és a „most" látott azonossága folytán tudományosan is érvényes az *„Univerzális Most"* fogalom. Erre van konkrét példa is, amikor évszázadokkal korábban feljegyzett égi jelenség tudományos alapossággal beazonosítható volt.

1.1222 A múlt idő fogalma

Definíció$_{MU}$: Múlt
A múlt (idő) az a **virtuális (azaz képzeletbeli, avagy nem valódi) idő**, amelyik valamely elmúlt létező léttartamának (**D$_{LT}$**), valamint a még éppen létező elmúlt létmozzanata (**D$_{LSZ}$**) tartamának és/vagy elmúlt létmomentumának (**D$_{LM}$**) összege (**D$_{MU}$**).
P$_T$: T$_{II.1}$, T$_{II.3}$, T$_{II.5}$, T$_{II.9}$, T$_{II.11}$, T$_{II.13}$, T$_{II.17}$.

Megjegyzés:
A múltban tehát már nincsenek létezők. Ugyanakkor a jelen, bizonyos megszűnt létezők vagy elmúlt létszakaszaik/létmomentumaik **objektíve álló** vagy **mozgó képét**[119] is mutatja. Az elmúlt létezések, létmomentumok – bizonyítékok alapján – például az elmúlt kezdetük szerint sorba rendezhetők, s a létezők

---

119 Például a csillagos égbolt, mint a múlt létezéseinek jelenbeli – látszólag álló, ámde valójában, a szögsebességét tekintve, a nagy távolság miatt nagyon lassan mozgó – képe.

vagy a hajdan volt létezők elmúlt léttartama kiszámítható vagy legalább tudományos alapossággal megbecsülhető[120].

1.1233 A jövő idő fogalma

Definíció$_{J\ddot{o}}$: Jövő
A jövő (idő) az a **virtuális (azaz képzeletbeli, vagy nem valódi) idő**, amely a múlttól és jelentől abban is különbözik, hogy elmúlt, vagy jelenbeli létezők, elmúlt vagy jelenbeli létmomentumainak üres halmaza (**D$_{J\ddot{o}}$**). P$_T$: T$_{II.1}$, T$_{II.3}$, T$_{II.6}$, T$_{II.9}$, T$_{II.11}$, T$_{II.17}$, T$_{II.18}$.

A jövőben tehát még nincsenek létezők, így létezés sem. Ugyanakkor némely hosszú vagy rövid élettartamú, de máig folyamatosan létezők létmozzanatának, illetve létmomentumának jövőbeli bekövetkezése az elmúlt és a jelenbeli létezésükre vonatkozó ismereteink alapján valószínűsíthető, ámde **bekövetkeztük soha nem biztos! – E megszorítástól nem tekinthetünk el!**

Megjegyzések:
1.) Bizonyos hosszú élettartamú és alig – de mindenképpen lassan, szinte észrevétlenül – változó létezők és így létezéseik a múlt és a jelen tényei (bizonyítékai) alapján valószínűen lesznek egy majdani jelenben is. – Nota bene! De **csak ha valami előre nem látható akadály közbe nem jön!** – Létezésük jövőbeli várható tartama, a tudomány és műszereink fejlődése következtében, általában, többé-kevésbé jól megbecsülhető.
2.) Szent Ágoston, idézett műve XV. fejezetében[121], a múlt, a jelen és a jövő időről a következőket állapítja meg – logikusan:

---

120 Hogy miért csak megbecsülhető és miért nem mérhető? Ezt a következő részben kifejtjük.
121 Ld.: idézett műve 177. oldalának 4. és 5. bekezdésében.

„Az a jelen tehát, amit eddig volt fejtegetéseink szerint hosszúnak nevezhetnénk, alig egynapos terjedelemre zsugorodott össze. S ezt is fel kell osztanunk, mert az egy nap sem egészen jelen idő. ...A nap ugyanis huszonnégy nappali és éjjeli órából áll. Ha az első órát nézem, a többi mind jövendő; ha az utolsót, a többi mind a múlté, ha valamelyik közbensőt, előtte jövő, mögötte múlt órák vannak. De maga az óra is röpke részletekben múlik; ami elröppent belőle az már múlt, ami még hátra van, az jövő. Következőleg igazán jelennek csak azt a kicsike időt nevezhetjük, amit nem lehet immár semmiféle, mégolyan apró részletekre sem szétkülönböztetni; ez azonban a jövőből olyan gyorsan átillanik a múltba, hogy nincsen tartama. Ha volna, múltra és jövőre oszlanék...". (Az idézetből úgy tűnik: Szent Ágoston nagy valószínűséggel ismerte Euklidesz „Elemek" című geometriai-matematikai művét – G.I.)

3) E. Szabó László említett könyvében a múlt, a jelen és a jövő időről kijelentette: „Minden, ami létezik, a jelenben létezik. A múltbeli dolgok már nem léteznek, a jövőbeli dolgok még nem léteznek.

Minden, ami létezik, időben létezik. Az idő múlásával egyszer csak nem létező dolgok létezővé válnak, majd az idő múlásával nem létezővé lesznek."[122] Ámde e kijelentéseit a köznapi, és nem a tudományos felfogás illusztrálására hozta fel.

4) A múlt-jelen-jövő elszeparálásánál és a szeparált részek jellegénél analógia van a matematikai analízisből ismert Cantor-féle összehúzódó (vagy egymásba skatulyázott) zárt intervallumok elvével. (Ezzel nagymértékű egyezést mutat az i.u. (354–430) született, későbbi hippói püspök, egyházatya és filozófus, Szent Ágoston eszmefuttatása a Vallomásaiban, amelyet itt az előbb idéztem.) Sőt, ilyen jellegű egyenest pl. egy létező téglatest egymásra merőleges „sík" felületei által meghatározott él, mint közelítően egyenest tartalmazó létező és létezése meg is valósít. A cantori matematikai elv, mint axióma, a következő: „Pl. a 0 és 1 számok által meghatározott intervallum zárt, ha a 0 és 1 is bele-

---

122 E. Szabó László: A nyitott jövő problémája – Véletlen, kauzalitás és determinizmus a fizikában; Typotex kiadó, Budapest, 2004, 10. oldal.

tartozik az intervallumba. Az a és b számok által meghatározott zárt intervallum jele: [a, b]. Az [a, b] intervallum hossza |b-a|. Az összehúzódó zárt intervallumok elve: legyen adva a számegyenesen az $[a_1, b_1]$, $[a_2, b_2]$, ...$[a_i, b_i]$, ... $[a_n, b_n]$, ... $(a_i < b_i)$ intervallumok végtelen sorozata, amelyek a következő tulajdonságúak: 1) Mindegyik intervallum benne van a megelőzőben. 2) Akármilyen kicsi $\varepsilon > 0$ számot is adunk meg, van olyan n, hogy $[a_n, b_n]$ hossza kisebb ε-nál, azaz $|b_n - a_n| < \varepsilon$. Ez esetben viszont létezik az egyenesnek egy (azaz: egyetlenegy) olyan pontja (**P**), amelyik az $[a_i, b_i]$ intervallumok mindegyikében benne van (i=1,2,...+∞). (Lásd a következő 1. ábrát.) Ha nem ragaszkodunk a matematikai precizitáshoz, azt mondhatjuk, hogy az $[a_i, b_i]$ (i=1,2,...) intervallumok egy pontra «„húzódtak össze"». Hogy ilyen pont létezik, azt az egyenessel kapcsolatos szemléletünk mutatja. Az azonban, hogy csak egyetlen pont van, amelyik mindegyik $[a_i, b_i]$-ben benne van, már következmény. Ezt így láthatjuk be:

Tegyük fel, hogy két ilyen pont van: P és Q (P≠Q). P és Q meghatározza az egyenes egy **I** zárt intervallumát. Az összehúzódó zárt intervallumok elve 2. tulajdonsága alapján azonban van olyan $[a_n, b_n]$, amely kisebb **I**-nél, így $[a_n, b_n]$-ben nem lehet benne P is és Q is. Ellentmondásra jutván az intervallumsorozat valóban csak egy pontot határoz meg."[123]

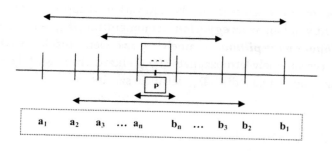

1. ábra

123 Szép Jenő: Analízis, 52. oldal: „2.2. Összehúzódó zárt intervallumok elve", 1972., 2. átdolgozott és bővített kiadás.

A fenti, a matematikai analízisben alkalmazott összehúzódó zárt intervallumok elve két tulajdonságával egyező a filozófiai kozmológia múlt-jelen-jövő temporalitásának magyarázata. Ha például az $[a_1, b_1]$ zárt időintervallum a mai napot jelenti (amikor $a_1 < b_1$), akkor a nap a_1 előtti része (amikor $a_0 < a_1$) a múlt „idő"-höz tartozik, míg a b_1 utáni része (amikor $b_0 > b_1$) a jövőhöz. Ha most az $[a_2, b_2]$ zárt időintervallum, az 1. tulajdonság szerint a mai napon belül pl. a 12. órát jeleníti meg (azaz a nap 24 órájából mindössze csak a 12. órát), akkor az a_2 előtti része, azaz (a_0, a_2) szintén a múlthoz, míg a b_2 utáni rész, a (b_2, b_0) nyílt „idő"-intervallum, szintén a jövő „idő"-höz tartozik. Ugyanígy tekinthető a 12. órának, mondjuk a 30. perce. Jelölje e percet $[a_3, b_3]$, mint zárt időintervallumot. Ekkor az a_3 előtti „idő"-tartam a múlthoz, míg a b_3 utáni „idő"-tartam a jövőhöz tartozik, és ez áll minden $[a_i, b_i]$-re, (i=1,2,...). Igaz ez a múlt-jelen-jövő reláció mindaddig, míg „össze nem húzódnak" az „idő"-intervallumok az egyetlen P_{JE} jelenidőpontra. De tegyük fel, hogy nem egyetlen, hanem két jelenidőpont – P_{JE1}, P_{JE2} ($P_{JE1} \neq P_{JE2}$) – van az összes időszakasz közepén, akkor e két pont egy $[P_{JE1}, P_{JE2}] = I_{je}$ zárt intervallumot határozna meg. Ekkor az összehúzódó zárt intervallumok elve 2. tulajdonsága alapján van olyan $[a_n, b_n]$ zárt időintervallum, ahol $|b_n - a_n| < |P_{JE2} - P_{JE1}| = \varepsilon > 0$. Így viszont ellentmondásra jutottunk, azaz: a P_{JE1}, P_{JE2} két különböző ($P_{JE1} \neq P_{JE2}$) jelenidőpont nem lehet egyszerre benne $[a_n, b_n]$-ben. Következésképp a P_{JE} jelenidőpont valóban az az *egyetlen* létmomentum ($\mathbf{D_{LM}}$) – másképp *időpont vagy pillanat* –, amelyben az éppen létezők léte ($\mathbf{D_{LT}}$), illetve valamely létmozzanata ($\mathbf{D_{LSZ}}$) elkezdődik, vagy folytatódik, vagy befejeződik a $\mathbf{D_{JE}}$ definíció szerint.

1.2 Az idő attribútumai[124]

Az idő főbb tulajdonságait tételekben fogalmazom meg, s eze-
ket az igaznak tekintett definíciók és/vagy létaxiómák és/vagy
a már igazolt tételek felhasználásával vezetem le, bizonyítom
a következők szerint:

1.21 A múlt-, a jelen- és a jövőidő szeparált
a létezőkre nézve

**Tétel$_{II.1}$: A múlt, a jelen és a jövő az idő szeparált (diszjunkt)
részei a létezőkre nézve.**

Bizonyítás:

Tegyük fel, hogy a tétel ellenkezője az igaz! Azaz *a múlt, a jelen és
a jövő az idő nem szeparált (nem diszjunkt) részei* a létezőkre nézve.

Reprezentálja az „e" vízszintes egyenes a múló időt. Legyen,
mondjuk az egyenes első harmadánál *az L$_1$* létező létét jelö-
lő pont, míg *az egyenesen* tőle távolabb az L$_2$ létező létét jelö-
lő pont. *Ámde a D$_{JE}$* definíció szerint, ahol a létező időben van,
az a jelen. Következésképp *L$_1$ és L$_2$* létezők mindketten az „e"
„időegyenes" egyazon pontjában, például *L$_1$ vagy L$_2$* helyén a je-
lenidőt jelölő t$_j$ pontban lehetnek csak, a D$_{JE}$ definíció szerint
pedig azt állítottuk, hogy egymástól különböző helyén vannak
az „e" „idő-egyenesnek". Ha tehát *L$_1$ és L$_2$* létezők mindketten
az „e" virtuális idő-egyenes egyazon pontjában, a jelenidőt jelö-
lő t$_j$ pontban vannak, akkor a t$_j$ ponton kívül eső egyenes sza-
kaszok egyike, mondjuk a baloldali, a múlt idő, mert csak az el-

---

124 **Attribútum** = valamely dolog ama tulajdonsága, amely nélkül az
nem létezhet, nem gondolható el és nem lehet az, ami.

pusztult létezőket és/vagy elmúlt létállapotaikat tartalmazza ($A_{I.9}$); másika a jövőidőt reprezentálja, ahol még nincs létező ($D_{JÖ}$). Mármost a múlt D_{MU} és a jövő $D_{JÖ}$ definíciója értelmében virtuális idő, következésképp a múlt és a jövő a jelenbeli létezőkre/létezéseikre/létmomentumaikra nézve üres halmaz, ezzel szemben a jelen nem. Vagyis a múlt, a jelen és a jövő diszjunkt részei az időnek a létezőkre nézve, noha feltettük, hogy nem azok. Ellentmondásra jutottunk. Így az inverz feltevésünk nem, ellenben a tételbeli állítás igaz: *A múlt, a jelen és a jövő az idő szeparált (diszjunkt) részei* a létezőkre nézve ($T_{II.1}$). Q.e.d. T_P:[125]

D_{MU}, D_{JE}, $D_{JÖ}$, $A_{I.9}$. P_T:[126]: $T_{II.1/C}$, $T_{II.17}$.

Megjegyzések:
A *múlt, a jelen és a jövő idő* szeparált volta belátható azért is, mert:

1.) Az elmúlt létezőkről csak a velük kapcsolatban megéltek, tapasztaltak (azaz az emlékezetünk) alapján tudhatunk, illetőleg a hajdani létüket igazoló bizonyítékok (pl. kövek, fosszíliák, feljegyzések, képek stb.) révén lehet tudomásunk, mert azok **„most" már nyilvánvalóan nincsenek.** (Természetesen vannak a jelenben – épp most létező – olyan hosszú élettartamú létezők is, amelyeknek a jelenbelitől szemmel láthatóan vagy műszeresen megállapíthatóan különböző múltbeli állapotuk is volt emlékeink és/vagy bizonyítékok szerint, azonban ezek jelenbeli léte – függetlenül e létezők kiterjedésének nagyságától – nyilván „nem nyúlik vissza a múltba" a jelenből!).

2.) A jelenleg létezőket tapasztalhatjuk, mert azok **„most" éppen vannak.**

---

125 T_P: $P_1, P_2, ..., P_N$. A T_P utáni felsorolás ($P_1, P_2, ..., P_N$) azt mutatja meg, hogy a T tételnek, mint konklúziónak, mik (pl. D definíció, A axióma, T tétel) voltak a hivatkozott (P_i i=1,2,...,N) premisszái. A T_P másképp tehát azt jelöli, hogy a tétel „a felsorolt premisszákból következik".

126 P_T: $T_1, T_2, ..., T_M$ utáni felsorolás azt mutatja meg, hogy a D definíció vagy az A axióma vagy a T tétel mely következő ($T_1, T_2, ..., T_M$) tételekben lett premisszaként felhasználva.

3.) A jövőben esetleg „majd létezők" létét pedig a múltbeli tapasztalataink alapján **csak** legfeljebb **feltételezhetjük,** azonban **„most" még nyilván nincsenek.** (A jelenben is létező pl. olyan hosszú élettartamú létezőkről, amelyeknek a jelenbelitől szemmel láthatóan vagy műszeresen megállapíthatóan különböző múltbeli állapotuk is volt, az emlékeink és/vagy bizonyítékok szerint okunk van kijelenteni: valószínű, hogy az eljövendő pillanatokban is lesznek majd – **persze, ha közbe nem jön valami!**). Következésképp a **múlt-jelen-jövő** a jelenben létezők, valamint a múlt és jövő „idő" fiktív volta okán a $T_{II.1}$ tétel szerint valójában **szeparált,** Einstein hitével ellentétben!

De akkor miért írja Einstein egyik levelében: „Számunkra, akik **hiszünk** a fizikában, a múlt, a jelen és a jövő közötti szeparáció csupán illúzió, nagyon makacs illúzió."[127] Az időnek nevezett, ám valójában objektumok és folyamatok, valamint mozzanataik keletkezésének, változásának és elmúlásának, azaz a létezők sokaságából álló, szakadatlan és hézag nélküli létezés-folyamatot (azért nincs hézag a létezők/létezéseik között, mert valami mindig létezik!) általában egy a „jelentől a múltba" mutató, „balról végtelen" **félegyenesként**, az egyes létezők léttartamát eme félegyenes bizonyos nagyságú **szakaszaiként**, egy ilyen „élettartam" többé meg nem ismétlődő valamely momentumát a félegyenes egy **pontjaként** szoktuk elképzelni. Sőt, elképzeljük ennek a félegyenesnek a jelentől „a jövőbe nyúló" „jobbról végtelen" folytatását is, noha „jövőbeli létezők" még nincsenek – így a jövő idő fiktív idő, akárcsak a múlt idő – legfeljebb némely ma is létező dologról valószínűsíthetjük, másokról pedig csak elképzelhetjük, hogy a jövőben (is) lesznek. A jövőre vonatkozó **képzelt** félegyenessel kiegészített „jelenig tartó" **képzelt** félegyenest az **idő** lineáris, de virtuális **koordinátatengelyének** (röviden időtengelynek) szokták tekinteni és nevezni, melynek pontjaihoz valós számokat szokás rendelni. Ez képezi absztrakt matematikai-geometriai modelljét az időnek, a kronológiát igénylő me-

---

127 Wang 1995.

chanikai, asztronómiai – általában –, a fizikai, kémiai, biológiai, közgazdasági stb. számítások, tervezések megkönnyítésére. Ezért nem definiálja tehát pl. a fizikus sem az idő, sem a szeparált múlt-jelen-jövő idő fogalmát, csak időpontokat, időtartamokat, különben nem lenne értelmezhető pl. az olyan probléma, hogy a **B** megfigyelőhöz „most" érkezett az **A** megfigyelő által – nyilván a valóságban a jelentől szeparált, fiktív múltban – küldött fényjel mennyi idő alatt jutott **B**-hez, ha az **A** a **B**-től **S** távolságban van. Ezért írja – írhatja – tehát Einstein az említett levelében, hogy „…a fizikában a múlt, a jelen és a jövő közötti szeparáció csupán illúzió, nagyon makacs illúzió."[128] E kijelentése azonban csak pl. bizonyos fizikai elméletekre és számításokra vonatkozó absztrakció úgy, hogy ezekben elvonatkoztat az idő valóságos szeparáltságától. Ez az anyagi valóság tényeire nyilvánvalóan nem igaz! E számítások értelmezésére és az időutazással kapcsolatban az ún. „elliptikus idő"-re tett einsteini kijelentésre az azt illusztráló ábrával együtt később kitérek.

Corollárium*$_{II.1/C}$**[129]: ***Aktuális jelenidő(pont) mindig csak egyetlenegy van.

A $T_{II.1}$ tételből már nyilvánvaló a corollárium igazsága. ($T_{II.1/C}$).
P_T: $\emptyset$.[130]

Megjegyzés:
E corollárium a $T_{II.1}$ tétel alapján tehát közvetlenül belátható. Ennek kapcsán utalok Szent Ágoston már korábban idézett

---

128 Wang 1995.
129 Corollárium [e: korollárium] (latin, 1. filozófia, matematika) = a megállapított igazság folyománya; egy előbbi tételből minden bizonyítás nélkül következő tétel. 2. szükségszerű következmény, folyomány, fejlemény.
130 Az $\emptyset$ szimbólum a PT.: után azt jelenti, hogy a tétel nincs másutt premisszaként felhasználva.

gondolatmenetére, amely a $T_{II.1}$ tétel következményével lényegében megegyezik. Szent Ágoston gondolatmenete hasonló az alábbiakhoz:

Tegyük ugyanis fel, hogy a corolláriumbeli állítás ellenkezője az igaz!

Azaz: jelenidő(pont) mindig legalább két különböző van.

Legyen **először két** jelenidőpont. Jelölje őket az „e" virtuális „időegyenes" két különböző pontja, pl. P_{J1} és P_{J2} (ahol tehát $P_{J1} \neq P_{J2}$). De P_{J1} és P_{J2} egy zárt „időintervallumot" határoz meg. Ez a $[P_{J1}, P_{J2}]$ zárt „időintervallum" viszont a $T_{II.1}$ tétel értelmében felosztható egy $[P_{J1}, J)$ múlt „időszakaszra", egyetlen J „jelenidőpontra" a D_{JE} definíció szerint, és egy $(J, P_{J2}]$ jövő „időszakaszra" ($P_{J1} < J < P_{J2}$). Ha J nem egyetlen jelenidőpont lenne, hanem időszakasz, akkor az – amint Szent Ágoston is megállapította – ugyanígy lenne felosztható múlt és jövő időszakra, valamint egyetlen jelenidőpontra, mint előbb. Ellentmondásra jutottunk, tehát jelenidőpont nem kettő, hanem csak egy van.

Legyen **másodszor három** P_{J1}, P_{J2}, és P_{J3} jelenidőpont az „e" virtuális „időegyenes" három különböző pontja (ahol $P_{J1} \neq P_{J2} \neq P_{J3}$). De P_{J1} és P_{J3} szintén egy zárt „időintervallumot" határoz meg. Ez a $[P_{J1}, P_{J3}]$ zárt „időintervallum" viszont, megint a $T_{II.1}$ tétel értelmében, felosztható egy $[P_{J1}, J)$ múlt „időszakaszra", egy J „jelenidőpontra" ($P_{J1} < J < P_{J3}$) és egy $(J, P_{J3}]$ jövő „időszakaszra". Újból ellentmondásra jutottunk: jelenidőpont most sem három, hanem csak egyetlenegy van. Belátható, hogy ugyanígy ellentmondásra jutunk, akárhány jelenidőpont létezését is vizionáljuk.

Mivel ellentmondásra jutottunk, és bárahány jelenidőpont létezését is feltételezzük, csak ellentmondásra juthatunk, ezért az inverz állítás hamis, míg a corolláriumbeli állítás igaz – mely igazság a $T_{II.1}$ tételből közvetlenül is adódik.

1.22 Az idő örök

Tétel$_{II.2}$: Az idő örök.

Bizonyítás:
Az idő maga a létezés (**D$_I$**), azaz a létezők pillanatról pillanatra, folytonosan változó létállapotának és vele létének létmomentumonkénti (**D$_{LM}$**) kontinuus (folyamatos) múlása (**A$_{I.9}$**). Valami (létező/létállapot) csak valamiből (létezőből/létállapotból) keletkezhet, és valami (létező/létállapot) nem válhat semmivé (**A$_{I.7/E1}$**). Másképp: bármely létező keletkezését megelőzően és elmúlását követően is mindig van, ami létezik (**A$_{I.7/E2}$**). Ezen kívül a létezők/létállapotok halmaza nem lehet üres (**A$_{I.7/E3}$**). Mindebből következik, hogy mindig van létező és annak létmomentuma/létállapota. Tehát a létezés, a létezők változása/ múlása örök. Mivel az idő egyszerűen a létezés neve (**D$_I$**), ezért, amint a létezők áradata és a létezés maga, úgy az idő is örök (T$_{II.2}$). Q.e.d. **T$_P$**: **D$_{LM}$, D$_{LT}$, D$_I$, A$_{I.7/E1}$, A$_{I.7/E2}$, A$_{I.7/E3}$, A$_{I.9}$. P$_T$**: **T$_{II.2/E1}$, T$_{II.2/E2}$, T$_{II.2/E3}$, T$_{II.4}$, T$_{II.6}$.**
Ekvivalencia$_{II.2/E1}$: Az időnek nincs sem kezdete, sem vége, sem szakadása.

(T$_{II.2/E1}$) **P$_T$**: **T$_{II.4}$.**
Ekvivalencia$_{II.2/E2}$: Az idő az egyedi, konkrét és véges létezők, illetve létállapotok végtelen áradatához tartozóan végtelen.

(T$_{II.2/E2}$) **P$_T$**: **Ø.**
Ekvivalencia$_{II.2/E3}$: Az idő nem keletkezhet a semmiből és nem válhat semmivé.

(T$_{II.2/E3}$) **P$_T$**: **Ø.**

Megjegyzések: A véges létezők ideje lejár, amikor létezésük véget ér. Ámde ugyanakkor, minthogy mindig van létező, s így létezés (A$_{I.7/E2}$), és mert a létezők halmaza nem lehet üres (A$_{I.7/E3}$), ezért az idő (D$_I$), ami a létezés, örök (T$_{II.2}$).

Például:

A.) Amikor egy élőlény szaporodik, mint generáló létező generál egy vagy több másik (generált) létezőt, majd amikor létezése véget ér, elpusztul (a generáló létező létezése ér véget), holttest lesz belőle, ámde ez is egy létező (generált létező). A holttest egyes részei (pl. a csontok) maradványként lesznek fosszilis létezők (generált létezők), míg a többi része hamarabb bomlásnak indul. Végül azonban a levegőn maradt csontok is lebomlanak kalciumvegyületekre és kalciumatomokra. A lebomlott holt létező molekulái, atomjai (mint generált létezők) növények és állatok táplálékaként lesznek más létezők részeivé (generált létezőkké). Ezek a létezők egyszer szintén elpusztulnak és holttest (generált létező) lesz belőlük... És így tovább. Vagy például:

B.) Valamely (generáló) létező csillag, ha felrobban, szétszórja atomjait a világűrben, ezek az új (generált) létezők ekkor. E létezőkből idővel más új létezők: égitestek, azaz csillagok, bolygók stb., azok némelyikén élőlények (generált létezők) lesznek. De ezek is elpusztulnak idővel, és újfent a szétszóródó anyaguk lesz az új létezők halmaza (generált létezők), melyből idővel újra csillagrendszer születik (generált létezők). És így tovább.

Ám például a galaxisunk vagy a Naprendszer pusztulásával egy B.) típusú létezési „sor"[131] kell végbemenjen, de az élet is megjelenhet, ahol is újból A.) típusú létezés-„sor" megy végbe... És így tovább. Végül a világegyetem állapotai, valamint a galaxisok és csillagrendszerek (pl. a Naprendszer) eddigi létezései is effektíve A.) és/vagy B.) típusúak. Ehhez jön még, hogy a semmiből nem keletkezhet valami (azaz létező) ($A_{I.7/E1}$).

Tehát létezőkként ekként véges, míg az örök létezőár létezésére nézve mégis végtelen és múló, ámde örökké való (a létezés) az idő.

---

131 Itt létezési sor alatt, a létezés, mint folyamat bizonyos jelentősebb pillanatainak sorát értem. Tehát a létezési sor nem azonos az eseményeit „magába foglaló" létezéssel, mint kontinuummal.

***Tétel$_{II.3}$*: A létező mindig az aktuális jelenidőpontot testesíti meg. A létező, valamint a jelen idő egymástól elválaszthatatlanok**

Bizonyítás:
Definíció szerint a jelen(idő) (**D**$_{JE}$) az az ***egyetlen*** (amint megszületett, máris elmúló) létmomentum (**D**$_{LM}$), másképp: ***időpont vagy pillanat***, amelyben az éppen létezők léte (**D**$_{LT}$), illetve valamely létmozzanata (**D**$_{LSZ}$) elkezdődik, vagy folytatódik, vagy befejeződik (**D**$_{JE}$). ***A múlt (idő)*** viszont az a ***virtuális (azaz képzeletbeli, avagy nem valódi) idő***, amely elmúlt létezők/létállapotuk (***A***$_{I.9}$) tartamának (**D**$_{LT}$), valamint a még létezők elmúlt létmozzanata (**D**$_{LSZ}$) tartamának és/vagy elmúlt létmomentumainak (**D**$_{LM}$) összege (**D**$_{MU}$). ***A jövő (idő)*** pedig az a ***virtuális (képzeletbeli, vagy nem valódi) idő***, amely a múlttól és jelentől abban különbözik, hogy elmúlt, vagy jelenbeli létezők és azok elmúlt vagy jelenbeli létmomentumainak üres halmaza (**D**$_{JÖ}$). Ezekből az következik, hogy a létező (és a létezése/létállapota) mindig az aktuális jelenidőpontot testesíti meg, és hogy ezért a létező/a létállapota, valamint a jelenidő egymástól elválaszthatatlanok (T$_{II.3}$). Q.e.d. **T$_P$**.: **D**$_{LM}$, **D**$_{LT}$, **D**$_{LSZ}$, **D**$_{MU}$, **D**$_{JE}$, **D**$_{JÖ}$, ***A***$_{I.9}$. **P$_T$**.: ***T***$_{II.9}$, ***T***$_{II.11}$, ***T***$_{II.12}$, ***T***$_{II.13}$, ***T***$_{II.14}$, ***T***$_{II.17}$, ***T***$_{IV.9}$.

1.23 Az idő múlik

***Tétel$_{II.4}$*: Az idő szakadatlan telik-múlik.**

Bizonyítás:
Minden létező egy vagy több másik létezőből születik/keletkezik, és minden létezőből – legkésőbb elpusztulásával (***A***$_{I.9}$) – egy vagy több másik létező születik/keletkezik (***A***$_{I.7}$). Ezen kívül minden létező és minden létállapota konkrét (***A***$_{I.4}$), de folyamatosan változik (***A***$_{I.3}$). E megváltozott létállapota a létező követ-

kező változásáig (vagy a létező elmúlásáig) tart ($A_{I.9}$), mert a változást megelőző létállapota/létmomentuma elmúlik ($A_{I.9}$). Továbbá: minden létező élettartama (míg el nem múlik) létmomentumonként állandóan hosszabbodik új létmozzanattal úgy, hogy eközben előző létmozzanata/létmomentuma elmúlva, élettartama múlt részét növeli ($A_{I.5}$). De az idő a létezők (élők és élettelenek) létezése, azaz múló létmozzanata, illetve létmomentuma (D_I). Az idő pedig örök ($T_{II.2}$), vagyis nincs szakadása sem ($T_{II.2/E1}$).

Mindebből közvetlenül folyik, hogy minden elmúlt időbeli mozzanatra, momentumra „hézag nélkül" új időbeli mozzanat, momentum következik. Ily módon telik-múlik szakadatlanul az idő ($T_{II.4}$). Q.e.d. T_P:: $A_{I.3}$, $A_{I.4}$, $A_{I.5}$, $A_{I.7}$, $A_{I.9}$, D_I, $T_{II.2}$, $T_{II.2/E1}$. P_T:: $T_{II.11}$, $T_{II.12}$.

1.24 Az idő egyirányú

Tétel$_{II.5}$: Az idő (és minden szakasza) egyirányú.

Bizonyítás:

Minden létező élettartama, míg a létező el nem múlik ($A_{I.9}$), állandóan hosszabbodik új létmomentummal, eközben a megelőző elmúlva, élettartama múltbeli részét növeli ($A_{I.5}$). Továbbá: minden létező egy vagy több másik létezőből születik, és minden létezőből – legkésőbb elpusztulásával ($A_{I.9}$) – egy vagy több másik létező keletkezik ($A_{I.7}$). Valamint: minden létező létmozzanata egyirányú, mely a létező születésétől, illetve létmozzanata, létmomentuma/létállapota kezdetétől újabb létmozzanata, létmomentuma/létállapota elmúlása ($A_{I.9}$) irányába tart ($A_{I.6}$). Következésképp: a létező létmomentumai folyvást egymást követik – mindig új az előzőt, mely elmúlt. De az idő a létezők (élők és élettelenek) létezése, változó/múló létmomentumainak folyama (D_I), ezért hát az idő a létezők egyirányú (keletkezésüktől elmúlásukig tartó) létezése, folyvást egymást követő változó/múló létmomentuma/létállapota $(A_{I.9})$ – amikor is mindig új követi az előzőt. Tehát: az idő (és minden szakasza) egyirányú $(T_{II.5})$. Q.e.d. T_{P}: D_{I}, $A_{I.5}$, $A_{I.6}$, $A_{I.7}$, $A_{I.9}$. P_{T}: $T_{II.5/C}$, $T_{II.7}$, $T_{II.11}$.

Corollárium $_{II.5/C}$: Az idő iránya: múlt ¬ jelen ¬ jövő

A $T_{II.5}$ tételből már nyilvánvaló a corollárium igazsága. $(T_{II.5/C})$. P_{T}: $T_{II.7}$.

A következő $T_{II.6}$ tétel bizonyításához először definiálom a „görbe/görbült" fogalmat.

Definíció $_{G}$: Görbe, vagy görbült

Görbe vagy görbült az a – legalább egy-, legfeljebb kétdimenziós – virtuális „dolog", vagy valamely létező háromdimenziós teste, amely egy virtuális egyenestől vagy síktól, illetve egy létező testének egyenes élétől vagy sík oldalától, avagy palástjának egyenes alkotójától törés nélkül ívesen elhajlik (D_{G}). P_{T}:
$T_{II.6}$, $T_{III.5}$, $T_{III.6}$, $T_{IV.7}$, $T_{IV.9}$.

Megjegyzés: Ez a D_{G} definíció – noha elsősorban a szemléletességre törekedtem – nincs ellentétben sem a matematikai, sem a fizikai „görbe/görbült/görbület" fogalom értelmével.[132]

---

132 A „görbület" definíciója a TTL. 895. oldalán a következő: Görbület a görbe (vonal) egy pontja környezetében való menetét jellemző adat. Kiszámítható, mint a görbe érintője irányváltozásának az ívhossz szerinti deriváltja, vagyis:
$$G = \lim_{\Delta s \to 0} \frac{\Delta\varphi}{\Delta s}$$
ahol Δs két szomszédos (P1 ≠ P2) pont közti görbeív hossza, $\Delta\varphi$ pedig a megfelelő érintők hajlásszöge, vagy mint a görbéhez az adott pontban simuló görbületi kör sugarának reciproka. A kör görbülete minden pontban állandó, egyenlő a kör sugarának reciprokértékével. Az egyenes és a sík görbülete viszont minden pontban 0.

Tétel$_{II.6}$: **Görbült idő sem elvben, sem a valóságban nem létezik.**

Bizonyítás$_1$:

Tegyük fel, hogy létezik elvben és a valóságban görbült idő, vagy az időnek görbült része!

Az idő – $\mathbf{D}_I$ definíciója szerint maga a létezés ($\mathbf{D}_L$), amikor is bármely létező és léttartama ($\mathbf{D}_{LT}$), illetve létmozzanata ($\mathbf{D}_{LSZ}$) létmomentuma/létállapota ($\mathbf{D}_{LM}$) változik és múlik. Ámde ahol a létező (és a létezése) időben van, az a jelenidő, mert a létezés és a jelen idő a $\mathbf{T}_{II.2}$ tétel szerint egymástól elválaszthatatlan. A (virtuális) múltban ($\mathbf{D}_{MU}$) és a (virtuális) jövőben ($\mathbf{D}_{JÖ}$) pedig nincs létező. Ugyanakkor minden létező élettartama (elmúlásáig) állandóan hosszabbodik új létmomentummal (azaz új, a $\mathbf{D}_{JE}$ definíció szerinti jelenidőponttal), ami zérus kiterjedésű (nulldimenziós), eközben a megelőző létmomentuma/létállapota (ami nyilván szintén zérus kiterjedésű, nulldimenziós volt), elmúlva ($\mathbf{A}_{I.9}$) – feljegyzéseinkben vagy emlékezetünkben – az élettartam múlt részét gyarapítja ($\mathbf{A}_{I.5}$). Mármost, induló feltételezésünk szerint az idő (vagy valamely része) görbült, vagyis a valós vagy elméleti háromdimenziós térben lévő vagy elvben felvehető érintőleges egyenes vagy sík jellegű dologtól törés nélkül eltér, azaz ívesen elhajlik ($\mathbf{D}_G$). Ugyanakkor az időtartam a virtuális múlt ($\mathbf{D}_{MU}$) és a létezők létezési „helye" – azaz a $\mathbf{D}_{JE}$ jelenidő –, valamint a virtuális jövő ($\mathbf{D}_{JE}$) idő együttes tartama. Azonban a múlt idő és a jövő idő csak virtuális, vagyis nem valós, és csak a nulldimenziós jelen időpont a valóságos – múló – létmomentum/létállapot, másképp: a valós múló idő. Viszont ha a valóságos idő csak a jelenidőpont, és az induló feltételezés szerint a jelenidő görbült, akkor nem lehet egyetlen zérus kiterjedésű, nulldimenziós jelenidőpont, hanem legalább egy zérusnál nagyobb tartamú, hoszszabb-rövidebb „jelen létszakasznak", azaz „jelen időtartamnak" kell tekinteni. Ez viszont ellentmond a jelen idő $\mathbf{D}_{JE}$ definíciójának, amely szerint a jelen idő nulldimenziós, zérus kiterjedésű, s nem zérusnál nagyobb kiterjedésű időtartam (létszakasz).

Kiinduló feltételezésünk ellentmondásra vezetett, következésképp a tételbeli eredeti állítás az igaz: görbült idő sem elvileg, sem a valóságban nem létezik ($T_{II.6}$). Q.e.d. T_p: D_I, D_L, D_{LSZ}, D_{LM}, D_{MU}, D_{JE}, $D_{JÖ}$, D_G, $A_{I.5}$, $A_{I.9}$, $T_{II.2}$. P_T:$T_{II.7}$.

Megjegyzés:
A valós (jelen)idő, csakúgy, mint pl. valamely görbe vagy egyenes, vagy felület, avagy a „tér" bármely pontja, szintén nulldimenziós, azaz zérus kiterjedésű. Egy ilyen pont elvileg sem tudhat görbülni, azaz nem lehet görbült, szemben az 1 vagy 2 dimenziós görbült alakzatokkal (pl. kör, ellipszis, gömbfelület stb.), vagy a térbeli létezők 3 dimenziós görbe testével (pl. görbe rúd vagy görbe léc stb.). Mellesleg az idő görbesége – az idő (D_I) definícióját felhasználva – annyit tesz, mintha azt mondanánk: a létező létezése görbe!? Ámde ez pont olyan tarthatatlan értelmetlenség, mintha arról beszélnénk, hogy pl. a sebesség, a súly, a tömeg, a hőmérséklet vagy pl. a rózsaillat, vagy a 2x2=4, avagy a Pitagorasz-tétel görbe/görbült. Azt ugyanis mondhatjuk, hogy a sebesség gyorsuló vagy lassuló, vagy egyenletes, hogy a súly, a tömeg nagy vagy kicsi, hogy a hőmérséklet alacsony vagy magas, ámde azt nem, hogy görbült. Azt is mondhatjuk, hogy a rózsaillat kellemes, vagy terjed, ámde azt szintén nem, hogy görbült. És azt is mondhatjuk, hogy a 2x2=4, avagy Pitagorasz tétele a valósággal megegyezően igaz – bár idealizált – állítás, de azt nyilvánvalóan nem, hogy görbült, mert a „görbült" tulajdonság állítása ezen dolgokra értelmetlen. Vannak tehát dolgok, amelyeknek egyszerűen nem lehet a tulajdonságuk az, hogy görbült, és ilyen dolog többek között a létezés, azaz maga az idő is.

Bizonyítás$_2$:
Tegyük fel, hogy létezik elvben és a valóságban görbült idő.
Az idő – D_I definíciója szerint – maga a létezés (D_L), amikor is bármely létező és léte (D_{LT}), illetve létmozzanata (D_{LSZ}) létmomentumonként (D_{LM}) változik ($A_{I.3}$) és múlik ($A_{I.9}$). Azaz az idő nem önálló létező, csupán a létezők inherens (elválaszthatatlan) tulajdonsága – vagy másképp: a létező egyik objektív tulajdonsága, ámde nem önálló létező, következésképp nincs anyaga sem ($A_{I.1}$). Viszont ha az idő nem önálló létező, akkor a görbültsége sem le-

112

het valóságos. Továbbá a létezés (az idő) a létező ama tulajdonsága, miszerint az változékony/múlékony, de ez a tulajdonság, a változékonyság/múlékonyság nem lehet görbült – a változékonyság/múlékonyság görbült volta ugyanis oktalan állítás. Ezen túl a múlt (D_{MU}) és a jövő ($D_{JÖ}$) virtuális, a jelen (D_{JE}) valós csak, ámde az nulldimenziós – ami elvileg sem görbülhet. Képtelenségre jutottunk, tehát induló feltételezésünk nem, de a tétel állítása igaz. ($T_{II.6}$). Q.e.d. T_{P}: D_I, D_L, D_{LSZ}, D_{LT}, D_{LM}, D_{MU}, D_{JE}, $D_{JÖ}$, $A_{I.I}$, $A_{I.3}$, $A_{I.9}$.

Megjegyzés:
Jánossy Lajos fizikus, akadémikus szerint[133]: „Einstein bevezeti a négydimenziós téridő-kontinuum fogalmát, és azt mondja, hogy ez a kontinuum görbe, és hogy a görbülésből az idő is kiveszi a részét, tehát maga az idő is görbe..." Jánossy Lajos álláspontja: „...nem a tér, nem az idő, de még csak nem is az állítólagos „téridő" görbül, „...hanem az éter, mely a gravitáció hatása alatt torzul és feszül. Ennek a jelenségnek részletei és következményei éppen a helyesen értelmezett Einstein-féle egyenletekből olvashatók le világosan" – Jánossy szerint.

Tétel$_{II.7}$: Időhurok nem létezik.

Bizonyítás:
Tegyük fel, hogy létezik időhurok! De akkor kell, hogy az idő görbüljön, ámde az a $T_{II.6}$ tétel értelmében kizárt. Továbbá ha létezik időhurok, akkor kell, hogy legyen az időnek legalább két ellentétes irányú szakasza, ami ellentmond $T_{II.5}$-nek és $T_{II.5/C}$-nek. Eme ellentmondásokból következik, hogy időhurok nem létezik ($T_{II.7}$). Q.e.d. T_{P}: $T_{II.5}$, $T_{II.5/C}$, $T_{II.6}$. P_{T}: $T_{II.7/C}$.

Corollárium$_{II.7/C}$: „Elliptikus idő" nem létezik.
A $T_{II.7}$ tételből már nyilvánvaló a corollárium igazsága. P_{T}: Ø.

---

133 Jánossy Lajos: „A relativitáselmélet és fizikai valóság" című, 1967-ben a Gondolat Kiadó által megjelentetett könyve 282. oldalán fejti ki ezt.

1.25 Az idő iránya megfordíthatatlan. Az idő az entrópia[134] és a létezés-megmaradás törvényének kapcsolata

Az idő egyirányúságát, megfordíthatatlanságát sokan a termodinamika második főtételének, illetve az entrópiának az időbeli történésekre vonatkozó érvényesülésével, az ellenkezőjét pedig képtelenségekre vezető voltával magyarázzák.

A képtelenségek terén gyakorta emlegetik például a következőket:
1.) Egy kávéscsészét kávéstól levertek az asztalról. A csésze szilánkokra tört szét, és a kávé emiatt kifolyt belőle. Ámde a csésze szilánkjai újból összeállnak csészévé, majd felszippantják a kifolyt kávét. Ezután a szilánkjaiból újjászületett csésze visszaugrik az asztalra – ahonnan korábban leesett –, megőrizve minden csepp, előzőleg kifolyt, de felszippantott kávét.
2.) Egy pohár meleg vízben előzőleg elolvadt jégkocka – minden hűtés és más beavatkozás nélkül – a vízben újból egy szabályos jégkockává fagy ki, miközben a víz meg felmelegszik.

Mivel ezek a jelenségek – pl. a csésze széttörése és a jégkocka elolvadása – ún. nem „időszimmetrikus" történések, ezért az előbb vázolt fordított irányú végbemenetelük (filmfelvételük fordított lejátszását kivéve) nyilvánvalóan képtelenség, illetve lehetetlen, szemben pl. a bolygók keringésével, amelyek

---

134 Az **entrópia** (görög) termodinamikai állapotfüggvény, **az anyagi rendszerek molekuláris rendezetlenségének**, ill. állapotuk termodinamikai valószínűségének a **mértéke, amelyből bizonyos körülmények között következtetni lehet a folyamatok irányára. A tapasztalat szerint, amelyet a termodinamika második főtétele foglal össze,** a Földön szokásos viszonyok között **környezetüktől elszigetelt anyagi rendszerekben** csak olyan **termodinamikai folyamatok mennek önként végbe, amelyek során nő a molekuláris rendezetlenség**, az entrópia.

114

akár fordítva is lejátszódhatnának (természetesen a Nap fordított tengelykörüli forgásával stb. együtt), anélkül, hogy e körülmény galibát okozna a rendszerben.

E. Mach szerint az idő megfordíthatatlanságának a gondolata azért alakulhatott ki bennünk, mert a természetben végbemenő változásoknak csak egy részére tudunk befolyást gyakorolni, és azokat visszafelé is lejátszani általában ez nem áll módunkban.[135]

Tény, hogy az entrópia törvényszerűsége az említett két példa megfordíthatatlan lefolyásában, és általában a „létezések lefolyása irányában" úgy tűnik, tetten érhető, ámde mégsem az entrópia az oka annak, hogy az idő iránya megfordíthatatlan, hanem **a létezés-múlás irreverzibilitása** ($A_{I.6}$), valamint a **létezés-megmaradás** ($A_{I.7}$), és **a megszűnt létező helyreállíthatatlanságának törvénye** ($A_{I.2}$) együttesen. **Az első szerint** minden létezés és létmozzanat egyirányú, mely a létező születésétől, illetve létmozzanata, létmomentuma kezdetétől újabb létmozzanata, létmomentuma, végül elmúlása irányába tart. **A második szerint** minden létező egy vagy több másik létezőből születik, és minden létezőből – legkésőbb elpusztulásával – egy vagy több másik létező keletkezik. Ám fordítva nem lehetséges, mert **a harmadik szerint** az elpusztult létező és léte, valamint létállapota és elmúlt létmozzanata, létmomentuma nem állhat helyre a létező és létállapota lényegének elvesztése ($A_{I.9}$) miatt (a létező nem támadhat fel), illetve elpusztult létező/létállapota, léte, létmozzanata, létmomentuma nem születhet újjá. Vagyis a létezők, létmozzanataik és létmomentumaik elmúlása végleges, miközben a létezők és létezésük egymást végtelenül és folytonosan követik.

---

135 Ld.: idézett mű 218. oldalán.

E három törvény és hatása tehát nem azonos a puszta *entrópianövekedéssel.*[136] *Másfelől az entrópianövekedés munkabefektetés, energia árán entrópiacsökkenéssé fordítható, ámde a konkrét létező létezése, elmúlása, azaz az időmúlás, semmiféle munkabefektetés révén nem fordítható meg, az mindörökké azonos irányú marad.*

Mindezek után nézzük az időirány megfordíthatatlanságának bizonyítását, változatlanul a létaxiómák és következményeik alapján.

Tétel$_{II.8}$: Az idő iránya megfordíthatatlan.

Tegyük fel, hogy az idő iránya megfordítható!

De mivel az idő maga a létezés, melynek kapcsán a létező aktuális létállapota változik/múlik (**D_I**), azért ekkor a létezés-múlás iránya is megfordítható: vagyis az elmúlt létező újjászületik, reinkarnálódik, vagy feltámad. Ámde ezen feltételezés ellentmond az **$A_{I.6}$** és az **$A_{I.9}$** axiómának, mely szerint minden létezés és bármely mozzanata egyirányú, mely a létezők születésétől, illetve létezésük kezdetétől elmúlásuk irányába tart, és elmúlva véglegesen elvesztik lényegüket/elpusztulnak. Tehát az állítás fordítottjával ellentmondásra jutottunk, következésképp az idő iránya valóban megfordíthatatlan (T$_{II.8}$). Q.e.d. T$_P$: **D_I, $A_{I.6}$, $A_{I.9}$.** P$_T$: **$T_{II.8/C}$, $T_{II.11}$, $T_{IV.18}$.**

Megjegyzések:
Ha az idő iránya megfordítható lenne, akkor pl. a megtermékenyített petesejtből, a zigótából születne a petesejtet megtermékenyítő,

---

136 **Az idő irányát és megfordíthatatlanságát nem az entrópia tétele szabja meg.** Egyrészt mert a világegyetem nem termodinamikai rendszer, amelyre így nem érvényes a termodinamika második főtétele. Másrészt, mert az entrópia csak elszigetelt, zárt rendszerekre érvényes, viszont a világegyetem – mint azt később a IV. részben bizonyítom – térben és időben végtelen, vagyis „nem lehet szó elszigetelt voltáról", még részhalmazait tekintve sem (ld.: TTL 386–387. oldal).

már elpusztult – így lényegét veszített – sperma és a már egyszer elpusztult – lényegét veszített – petesejt; vagy pl. a nehéz atomokból születne az őket szétszóró, robbanásban elpusztult – lényegét veszített – szupernóva; vagy pl. szilánkjaiból állana össze a szilánkokra széttört – így lényegét vesztett – pohár. Ezek nyilván soha nem tapasztalt/tapasztalható folyamatok, állításuk képtelenség.

Corollárium$_{II.8/C}$: A megfordíthatatlan időhöz, azaz a múló létezők párhuzamos, és/vagy átfedő és/vagy egymást követő létezéséhez hozzátartozik az entrópia-növekedés és -csökkenés periódusainak gyakorta ismétlődő folyamata, mely azonban nem azonos a létezők, a létezés változása/múlása állandó irreverzibilitásával, illetve a genezis törvényének folyamatos érvényesülésével.

A $T_{II.8}$ tételből már nyilvánvaló a corollárium igazsága. P_T: $\emptyset$.

1.26 A létezők, valamint az idő és a tér egymástól elválaszthatatlanok

Tétel$_{II.9}$: Minden létező (és/vagy valamely része) térben (a saját és/vagy más létező terében) és a mindenkor aktuális jelenidőben mozog, vagy relatíve nyugalomba van és folyamatosan, vagy relatíve szakaszosan változik.

Minden létező (és/vagy valamely része) térben (a saját és/vagy más létező terében) mozog, vagy relatíve (más létezőhöz képest) nyugalomban van és folyamatosan, vagy relatíve szakaszosan változik (**A$_{I.3}$**).[137] Ez fordítva is igaz: ami (és/vagy vala-

---

137 Pl. bármely Naprendszerbeli égitest a Naprendszer terében, valamint azzal együtt a Tejút terében, a Tejút pedig az univerzum részeként az univerzum terében mozog/változik stb. Vagy pl. egy élőlénybeli atom/molekula az élőlény testében/terében lassan vagy gyorsan mozog/rezeg, vagy relatíve – csak más élőlénybeli létezőhöz (vagy az élőlény egy részéhez) képest – nyugalomban van, és folyamatosan vagy [relatíve] szakaszosan (azaz igen lassan) változik.

117

mely része) térben mozog, vagy relatíve nyugalomban van, és/ vagy abszolúte vagy relatíve változik, az egy létező és létezik $(T_{I.2})$. Viszont a létezés és annak változó/múló mozzanata/momentuma maga az idő (D_I). Ámde ahol a létező (és a létezése) időben van, az a jelen (D_{JE}), mert a létező és a jelen elválaszthatatlanok $(T_{II.3})$ – a múltban és a jövőben létező ugyanis nem lehet $(D_{MU}, D_{JÖ})$. Ergo: a tételbeli állítás igaz $(T_{II.9})$. Q.e.d. T_P: D_I, D_{MU}, D_{JE}, $D_{JÖ}$, $A_{I.3}$, $T_{I.2}$, $T_{II.3}$. P_T: $T_{II.9/E1}$, $T_{II.9/E2}$, $T_{II.11}$, $T_{III.5}$, $T_{III.9}$, $T_{III.10}$.
Ekvivalencia$_{II.9/E1}$: A létező(k), valamint az idő és a tér egymástól elválaszthatatlanok.

A $T_{II.9}$ tételből már nyilvánvaló az ekvivalencia. P_T: Ø.
Ekvivalencia$_{II.9/E2}$: Létező nincs idő és tér nélkül, de idő és tér sincs létező nélkül. Végül idő nincs tér és tér nincs idő nélkül, mert kettőjüket elválaszthatatlanul összeköti a létező, melynek ezek alapvető sajátságai.

A $T_{II.9}$ tételből már nyilvánvaló az ekvivalencia. P_T: $T_{III.3}$.

Tétel$_{II.10}$: Az időnek nincs anyaga.

Állítsuk a tétel ellenkezőjét!
Az időnek van anyaga.
De akkor az idő önálló létező, mert az $A_{I.1/E}$ axióma szerint aminek anyaga van, az létező.
De az idő a létezés, azaz a létező és létállapotainak pillanatról pillanatra történő változása/múlása (D_L és D_I), vagyis bármely létező egyik immanens tulajdonsága, ámde nem önálló létező. Ellentmondásra jutottunk, vagyis a tétel eredeti állítása az igaz $(T_{II.10})$. Q.e.d. T_P. D_I, D_L, $A_{I.1/E}$. : P_T: Ø.

2 Az időmérés elméleti alapjai

2.1 A szabályosan működő óra fogalma és tulajdonságai

Az idő múlásának jelzéséhez, valamint a múló idő tartamának méréséhez nélkülözhetetlen egy szabályosan működő óra. Lássuk ennek definícióját:

Definíció$_{szó}$**: Szabályosan működő óra**

Szabályosan működő órának nevezem az olyan létező, időmérésre alkalmas „óraszerű" dolgot vagy órát – anyagától, szerkezetétől, létrejöttétől és működési módjától függetlenül –, amely folyamatosan és/vagy az időmértékegységek megfelelő kombinációjával diszkrét időegységenként, pontosan jelezi az aktuális jelenidőpontot, valamint azt, ahogy telik-múlik az idő ($D_{szó}$). **Tétel**$_{II.11}$**: A szabályosan működő óra megtestesíti a létezést, azaz az időt; mint időmérőeszköz mutatja folyamatosan vagy időegységenként pontosan az aktuális jelenidőt, illetve annak múlását, valamint – amennyiben az elmúlt relatív időtartamokat is feljegyzi és számlálja – az elmúlt relatív időt az idő egyéb főbb vonásaival együtt.**

Jelöljön $\acute{O}_{sz}$ egy a $D_{szó}$ definíciónak megfelelő létező és szabályosan működő órát. Mivel az $\acute{O}_{sz}$ óra szabályosan működő, ezért folyamatosan vagy az időmértékegységek megfelelő kombinációjával diszkrét időegységenként pontosan jelzi és megtestesíti az aktuális jelenidőpontot ($T_{II.3}$) valamint azt, ahogy szakadatlanul telik-múlik az idő ($T_{II.4}$). Továbbá, mert szerkezete és/vagy képe diszkrét egységekkel és/vagy léte új momentumába lépve folytonosan változik, így az $\acute{O}_{sz}$ óra minden változással új létmomentumába/létállapotába lép, az előző létmomentuma/létállapota pedig végleg elmúlik ($A_{I.5/E}$, $A_{I.9}$). Az $\acute{O}_{sz}$ óra élettartama az $\acute{O}_{sz}$ óra végleges elmúlásáig ($A_{I.9}$), állandóan hosszabbodik az új létmomentummal úgy, hogy eközben az előző létmomentuma/létállapota elmúlva ($A_{I.9}$) élettartamának múlt részét növeli ($A_{I.5}$). Az $Ó_{SZ}$ óra megjeleníti még a szeparált időt ($T_{I.1}$), benne a relatív közelmúltat és a relatív jövőidő várható közeli tartamát is a $D_{MÚ}$, D_{JE} és $D_{JÖ}$ definíciónak megfelelően. Megjeleníti továbbá az idő egyirányú ($T_{II.5}$) és megfordíthatatlan ($T_{II.8}$) voltát, és azt, hogy a létezők (és/vagy valamely részük) – létezésük folyamán – térben és az aktuális jelenidőpontokban mozognak, változnak a $T_{II.9}$ tétel szerint ($T_{II.11}$). Q.e.d. T_P: $D_{SZÓ}$, $D_{MÚ}$, D_{JE}, $D_{JÖ}$, $A_{I.3}$, $A_{I.5}$, $A_{I.5/E}$, $A_{I.9}$, $T_{I.1}$, $T_{II.3}$, $T_{II.4}$, $T_{II.5}$, $T_{II.8}$, $T_{II.9}$. P_T: $T_{II.12}$.

Megjegyzés:
Az idő mérését és az időméréshez alkalmas dolgot az ember találta fel már az őskorban. Az időméréshez alkalmas „óraszerű" dolog kétféle lehet: természetes vagy mesterséges (azaz ember alkotta). Utóbbiak lettek a különféle működésű órák. **Természetes „óraszerű" dolog** pl. a napfelkeltének, a Nap delelésének és a napnyugtának tapasztalt periodikus ismétlődése, mely az egy „nap" időmértékegység; vagy a téli és nyári napforduló tapasztalt periodikus ismétlődése, mely az egy „év" időmértékegység, avagy a holdfázisok tapasztalt periodikus ismétlődése, amely az egy „hónap" időmértékegység fogalmának kialakulásához és a naptár megalkotásához vezette el az embert. Az egy óra, az egy perc, az egy másodperc stb. időmértékegységek már többnyire az ember alkotta középkori **mesterséges órák** elkészültével és még később jöttek létre, a természetes időperiódusok önkényes részekre bontásával.

2.2 Hogyan múlik az idő?

E kérdés legalább két szempontból vizsgálandó:
1. Egyenletes vagy változó sebességgel, avagy egyenletes vagy változó ritmusban múlik az idő?

2. Ha minden jelenidőpont definíció szerint „zérushosszúságú időtartam", akkor a múlttá vált jelenidőpontokkal miként hosszabbodhat a múlt tartama?

2.21 Az idő folyamatosan egyenletes „sebességgel", vagy ritmusosan múlik?

Newton szerint az idő „egyenletesen folyik"[138]. Ez úgy értendő, hogy ha pl. a Föld Nap körüli közelítőleg azonos keringéséből származtatott az idő (sziderikus idő), akkor valamely szabályosan működő óra ($D_{SZÓ}$) által mutatott $Dt_i = t_i - t_{i-1}$ ($i=1,2,...$) időpont- vagy időegység-különbségek mind – hétköznapi értelemben elhanyagolható eltéréssel – azonos hosszúak, avagy másképp fogalmazva, az idő egyenletes sebességgel múlik. Ez esetben tekinthetünk egy, a tengelye körül, mondjuk óraként egyenletes sebességgel forgó testet, melynek egyenletes mozgása az **w** szögsebességgel jellemezhető. Ekkor az $D_{SZÓ}$ óra által mutatott **T** időmérték valamely **t** időtartam elteltével:

$$\int_0^t \omega \, dt = T.$$

Ezen óra által mutatott idő múlása nyilván folytonos és egyenletes, ha az alkalmazott mérce következetesen azonos. Ezesetben a **T** időmérték második deriváltja, vagyis a létezés és így az idő gyorsulása zérus, azaz

$$T'' = \frac{d^2 T}{dt^2} = 0.$$

Azonban ha $T'' \neq 0$, akkor az óra által mutatott idő nem folyik egyenletesen. Ezt a kérdést kell tehát tisztázni.

---

138 Lásd: Sir Isaac Newton: Principia; Definitions, Scholium, 1687; Fordította: Andrew Motte: 1729; http://gravitee.tripod.com/definitions.htm

Mivel az idő maga a létezők létezése, azaz múló létmozzanata, illetve létmomentuma *(D₁)*, ezért e kérdést a létezők létezésének, létmozzanatának, illetve létmomentumának múlása sebességére kell vonatkoztatni. Első lépésben vizsgálandó tehát, hogyan, milyen sebességgel múlik a létezők élete, létmozzanata. Ám először tisztázni kell azt, mi értendő 'a lét múlása' és 'a létmúlás sebessége' fogalmakon.

1.) A 'lét múlása' alatt az értendő, hogy a létező léttartamának elmúlt része folyamatosan gyarapszik az aktuális jelenidő elmúlásával, mint elmúlt létmomentummal, míg az életéből elvileg még hátralévő léttartama nyilván pont ennyivel fogy $(A_{1.5})$ szerint.

2.) A 'létmúlás sebessége' alatt az értendő, változnak-e (nőnek vagy csökkennek, és hogyan, avagy állandó hosszúságúak) a múltat gyarapító elmúló létmozzanatok? A létmúlás sebességét elvben létező-típusonként kell megvizsgálni. Ezek legyenek pl. a következők:

a) **Makro élettelen létezők**
aa) Az égitestek
aba) Csillagok
abb) Bolygók
abc) Aszteroidák, üstökösök
abd) Galaxisok
b) **Makro élő létezők**
ba) Egysejtűek
bb) A szervekkel bírók
bba) Növények
bbb) Állatok
bbc) Ember
c) **Élők és élettelenek mikroelemei**
ca) Molekulák
cb) Atomok, radioaktív izotópok

Leegyszerűsíti a vizsgálatot az a tény, hogy mindegyik létezőtípus cb) jellegűre redukálható, mert a bennük található atomokból, ill.

radioaktív izotópokból áll – melyeket radiometrikus időbecsléshez is fel lehet használni –, következésképp a célnak megfelelően ezek rezgésének és/vagy felezési idejének vizsgálata elegendő.

A radiometrikus mérésekhez használt fontosabb izotópok és felhasználhatósági területük

Kiindulási izotóp	Felezési idő években	Keletkezett izotóp	Alkalmazhatóság (az izotópot tartalmazó anyag)
szén-14	5730	nitrogén-14	csontok, fa, faszén
urán-235	707 millió	ólom-207	cirkon, U-ásványok (magmás és metamorf kőzetek)
kálium-40	1,27 milliárd	Argon-40	csillám, földpát, amfiból, glaukonit (magmás és üledékes kőzetek)
urán-238	4,51 milliárd	ólom-206	cirkon, U-ásványok (magmás és metamorf kőzetek)
rubidium-87	47 milliárd	stroncium-87	földpátok, csillámok (magmás és metamorf kőzetek)

1. táblázat

Az atom- illetve izotópfajták felezési ideje léttartamuk átlaga (ld.: 1. táblázat), mely fajtánként persze különböző.

Az atom- illetve izotópfajták rezgése (a mozgás egy fajtája) szintén fajtaspecifikus. Azonban az atomok-izotópok rezgési frekvenciájától, illetve a felezési idejétől független és azonos kell legyen a létük tartamának méréséhez alkalmazandó etalonból származó léttartam-mértékegység (időmérce), különben nem lenne e létezőfajták létmúlása, léttartama közti különbség megállapítható – noha az embert főleg ez érdekli.

Hasonló ez például a százméteres síkfutók futástartam- és sebességméréséhez. A futókról t. időpontban (t = 1, 2, …) készült fénykép jól mutatja, hogy a t. időpontban minden futó rajta van a képen, jóllehet a pálya különböző helyein épp, mert más és más sebességgel futnak. Amíg futnak, biztosan más-más intenzitással „égetik létük gyertyáját", ámde futásuk tartamát, futás alatti léttartamukat ugyanazzal az órával és mértékegységgel mérjük – mindegyiküknek –, különben pont a futásuk különböző tartamát és (átlag)sebességét nem tudnánk megállapítani.

Hasonlóan járunk el, amikor meg szeretnénk mérni két vég posztó, egy szoba és egy vasrúd hosszát. Ekkor nem vagyunk arra kíváncsiak, hogy pl. az egyik posztó sűrűbb, a másik pedig ritkább szövésű (hogy a ritkább szövésűben mondjuk kevesebb az anyag), arra sem, hogy a szoba nem posztó, és hogy a vasrúd anyaga még a posztókénál is sűrűbb. Az anyaguktól, sűrűségüktől és nehézségüktől stb. elvonatkoztatva, pl. egy etalonnak megfelelő mérőrúddal, csak a hosszukat mérjük.

És azonos mércével (mértékegységgel) mérjük a különböző anyagfajták súlyát, hosszát, térfogatát, hőmérsékletét stb.

3.) Tehát a létezők léttartama (azaz létezésük időtartama) mérését egy etalonnak megfelelő, azonos (lét/idő)mércével mérjük, mert így tudjuk megállapítani a különböző létezők eltérő léttartamát/élete időtartamát, illetve valamely létmozzanata/időszakasza hosszát. Megállapítható továbbá, hogy a létezés (azaz az idő) múlását kontinuusnak és egyenletes sebességűnek kell tekintsük, s nem ritmikusnak. Nem keverendő ugyanis össze az órák némelyikének ritmikus időkijelzése az idő folytonos és egyenletes múlásával.[139] Azt is megállapít-

---

139 Az idő nem múlik ritmusosan, ellenben az órák egy része folyamatos mozgással jelzi az idő múlását (pl. a napóra, vagy közelítően a homokóra), másik részük viszont egyenletes ritmusú mozgással (pl. a mechanikus órák nagy része, vagy pl. az óra, perc, vagy óra, perc, másodperc kijelzőjű digitális órák). De az egyes órák ritmusos időkijelzéséből nem következik, hogy az idő ritmusosan múlna.

hatjuk, hogy a létezés „sebessége" azonos mértékegységgel mérendő, függetlenül attól, hogy az egyes létezőfajták létezését gyorsulónak vagy lassulónak, avagy akárcsak periodikusan változónak lehetne egyébként tekinteni. Természetesen az atomok és az elemi részecskéik élettartama is különböző, de ez sem befolyásolja a létezésük tartamának mérési módját.

Tehát változó létezési sebesség ismeretére, az idő múlásának méréséhez
a) logikailag nincs szükség,
b) továbbá a tudomány (ideértve az ókori, a középkori és az újkori időfelfogást is) az idő egyenletes sebességére, folytonos múlására alapozta/alapozza az „idő-koordinátatengelyt", mint a kontinuus időmúlás geometriai modelljét – nem véletlenül.

Az időmércét (hasonlóan más mércékhez) önkényesen választotta/választja az ember (amint erre még kitérünk), bár a történelem folyamán az „elszigetelt" nemzetek mércéit a kereskedelmi-műszaki zűrzavar csökkentése, illetve elkerülése érdekében egységesíteni kellett, és a lehető legpontosabb etalonnak tekinthető létezőfajtából illett kiválasztani. Ezt például eleinte a Föld nagymértékben egyenletesnek tekinthető periodikus mozgásai (év, hónap, nap) alatti létszakaszok adták. Később ezek az időmércék pontosabb létperiódusú létezők létszakaszára lettek lecserélve (ld.: a következő 4. pontot).

4.) Az atomóra a cézium 133 atom rezgési tulajdonságára épül. 1967 óta a nemzetközi mértékügyi intézet (SI) a másodpercet (vagyis minden egyes másodpercet megkülönböztetés nélkül), a ^{133}Cs atom 9 192 631 770 rezgésszámaként, etalonként határozza meg. Ekkor is – önkényesen, ámde logikusan – az idő egyenletes sebességére alapozza az emberiség a „kontinuus idő-koordinátatengelyt".

Mindebből az folyik, hogy a létezés – úgy általában – folytonosan és egyenletesen múlónak, ezért az időmúlás sebessége is nyilvánvalóan egyenletesnek tekinthető/tekintendő. Következésképp **Newtonnak abban igaza volt**, hogy az idő múlását folyamatosnak és egyenletesnek vette – abban viszont nem, hogy a létezők lététől függetlenül.

2.22 Hogyan múlik az idő, ha a múló jelen egyetlen zérushosszú „időtartam"?

Ha a jelenidő mindig a D_{JE} definíciónak megfelelően egyetlen – bár újabb és újabb – időpont (pl. $most_1$, $most_2$,...,$most_n$..., amely felsorolás csak időpontok kiemelése az idő-változás kontinuus jellegéből), azaz mindig egy „zérushosszúságú időtartam", akkor feltehető az a kérdés: mégis hogyan múlik az idő? Hiszen ekkor az elmúlt jelenidők a múlt idő tartamát minden újabb jelenidőpont elmúltával csak egy „zérushosszúságú időtartammal" növelhetik, minek következtében a múltidők tartama egy cseppet sem hosszabbodhat, és eközben folyton csak „állhat az idő", s így pl. a szabályosan működő óra ($Ó_{SZ}$) mutatója sem haladhat előre – ha mégis, akkor az nyilván csak illúzió.

Márpedig a szabályosan működő óra mutatója körív mentén előre halad, és mutatja az aktuális pontos időt – a ($D_{szó}$) definíció szerint! Pl. a napóra pálcájának árnyéka is ahelyett, hogy állna, folyamatosan halad előre, folytonos (kontinuus) és egyenletes mozgással végigsöpörve a napóra számlapját, mely haladást két különböző időpontban a napórára nézve meg tudjuk állapítani. Akkor hát feloldható ez a paradoxon?

Ez a paradoxon analóg a Zénón repülő nyílvesszője esetében felmerülő paradoxonnal, így e látszólagos ellentmondás magyarázata, feloldása is analóg.

Zénón repülő nyílvesszőjének paradoxonja a következő:

Képzeljük el, amint repül egy kilőtt nyílvessző. Ez bármely időpontban a levegőbeli röppályájának egy adott pontján tartózkodik. Ámde ha ennek a térbeli pontnak – mint minden „becsületes" pontnak – nincs kiterjedése, a hozzá tartozó időpontnak pedig időbeli kiterjedése, akkor a nyílvesszőnek nyilván „nincs se helye, se ideje" elmozdulni, tehát nyugalomban kell, hogy legyen. Ezért a nyílvessző nem mozoghat egyáltalán, tehát a mozgása, sőt a sebessége is csak illúzió – állítja Zénón.

Zénón tehát azt állítja: a mozgás valójában nem létezik, az csak illúzió.

A Zénón-paradoxon feloldása:

Csak azért, mert egy gondolatban kimerevített pillanatban a nyílvesszőt állni véljük, nem állíthatjuk, hogy az a valóságban nem mozog. Ezt háromféleképpen is beláthatjuk:

1. Egy egyszerű **kísérlettel** a nyílvessző mozgásállapota tisztázható. Például tegyünk a kilőtt nyílvessző útjába egy tárgyat (de lehetőleg ne egy élőlényt!). A messzebbről rá kilőtt nyílvessző rövid idő múlva bele fog ütközni, tehát a nyílvessző valóban mozog, a mozgása nem puszta illúzió.

2. De **elvileg is** tisztázható a kérdés. Amint a mozgást, úgy a nyugalmat sem lehet pusztán egyetlen időpontban értelmezni, ahogy ezt Zénón – a paradoxont kitalálva – okulásunkra szándékosan teszi, hanem csak egy zérusnál nagyobb hoszszúságú időintervallum kezdetén és végén, két egymást követő időpontban. Tehát ahhoz, hogy megállapíthassuk, a nyílvessző mozog-e vagy nyugalomban van, mozgásállapotát egy időintervallum elejénél és végénél, vagy több különböző időpontban kell vizsgálni. Például különböző időpontokban nézve a nyílvessző – minden kétséget kizáróan – különböző helyeken fog úgymond „a levegőben állni". Tehát a kilőtt nyílvessző valójában mozog, és nem pedig „áll a levegőben egyetlen helyen". A mozgása tehát valóságos, és nem merő illúzió.

Egzakt számítással is megállapítható az igazság: a nyílvessző levegőben megtett útjának nagysága, a sebessége és a mozgása alatt eltelt idő szorzata. Ha mozog a nyílvessző, akkor a megtett út nyilván nagyobb, mint nulla. Továbbá, ha mozog a nyílvessző, és az eltelt idő hossza a nullához tart, a nyílvessző sebessége egy véges, ám nagyobb, mint nulla határértékű sebességhez konvergál. Ez az érték $\Delta t \rightarrow 0$ esetben a nyílvessző pillanatnyi sebessége lesz, valamely t időpontban, amely pillanatnyi sebesség – miután nagyobb, mint nulla – arról tanúskodik, hogy a kilőtt nyílvessző mozog, és e mozgása nem puszta illúzió. Ezt igazolja a nyílvesszőmozgás út-idő függvényének első deriváltja is, a nyílvessző mozgása alatti bármely időpontban véve. Pl. az egyszerűség kedvéért legyen a nyílvessző mozgása most egyenes vonalú és egyenletes. Ekkor a nyílvessző-mozgás út-idő függvénye s=v·t, ahol t az idő ismeretlen független változója és v>0 a kilőtt nyílvessző sebességének mértéke. Ekkor az első derivált: $s'=(v \cdot t)'=0 \cdot t^1 + v \cdot t^0 = 0+v=v>0$. Vagyis a nyílvessző pillanatnyi sebessége minden t időpillanatban nagyobb, mint nulla, tehát a nyílvessző valóban folyamatosan, minden pillanatban mozog. Ha egy mozgásfüggvény idő szerinti második deriváltja a t „helyen" nulla, akkor a létező egyenletes sebességgel mozog, ha nagyobb, mint nulla, akkor gyorsul, ha kisebb nullánál, akkor lassul.

Az idő múlásának egyenletes volta is több módon igazolható:

1. **Egyszerű kísérlettel**: például vegyünk egy szabályosan működő órát ($D_{SZÓ}$). Ez egyrészt megtestesíti a múló időt ($T_{II.11}$ szerint), másrészt mutatja is, ahogy múlik ($D_{SZÓ}$). Tehát a zérushosszú, de különböző jelenidőpontokban nézve az óra mutatója más és más helyen áll egy pillanatig, de mindig az elmúlt idővel arányosan hosszú ívet érintve.

2. **Egy másik egyszerű kísérlettel**: szintén szemléletesen mutatja az egyenletes időmúlást pl. a már korábban említett napóra, amint a Nap mozgásának következtében a napóra mutatópálcájának árnyéka egyenletes sebességgel és kontinuus módon söpri végig a napóra számlapját, mint a mutatópálcájának megfelelően felvett félkörívet. Ezt a látható, különböző hosszú köríveikhez tartozó mért különböző időkkel, a körív/idő egyenlő hányadosokként megállapíthatjuk.

3. **Számítással**: vegyünk például egy szabályosan működő másodpercmutatós órát ($D_{SZÓ}$). Az óramutató szögsebessége (idő szerinti első deriváltja) 360 fokkal és 60 másodperces kö-

ridővel számolva $\omega=360 \cdot 60^{-1}=6$ fok/sec bármely t időpontban. Szöggyorsulása (azaz az idő szerinti második deriváltja) pedig nulla. Ez egyúttal a szoláris, az efemer és a sziderikus időkből levezetett szabályosan működő óra által megtestesített és mutatott létezés-/idő-múlás egyenletes sebességének egyik illusztrációja is.

Összefoglalva: Az időmúlás jelzése a másodperceket számmal vagy másodpercmutatóval jelző órákon mindig kicsiny Δt időegységekkel történik. Azaz az elmúlt idők tartama ekkor mindig egy rövid, ám zérusnál nagyobb Δt időtartammal hosszabbodik, mely Δt időtartam ezért a „mostanában" épp elmúlt „jelenidőpontok" végtelen halmazából és az egyelemű jelenidőpont-halmaz uniójából áll. Ezzel szemben pl. a napóra „mutatója" (a pálca árnyéka) nem szakaszosan, hanem folyamatosan mutatja a létezést/azaz az idő múlását, és amíg működik, egy pillanatra sem áll meg, hanem lényegében egyenletes (szög)sebességgel mozogva „söpri" végig a számlap minden pontját – annak megfelelően, ahogy az idő a valóságban is múlik.

2.3 Az időmérés princípiumai

2.31 Alapfogalmak

E részben felhasználásra kerülő fontosabb alapfogalmak: 'irányított folyamat'[140], *'tu*lajdonság', 'nagyság', 'intenzitás', 'hatás- és függvénykapcsolat', 'egység', 'többszörös', 'törtrész', 'szám', 'logikai művelet', 'plauzibilis', 'kvázi', 'adat', 'szinkronizált órák'. Ezeket ismertnek tételezem fel, ezért nem definiálom.

---

140 Irányított folyamat az, amelyet az ember irányít.

2.32 Definíciók

Mielőtt az idő mértékegységei, illetve az idő tartamának meghatározási módja témával foglalkoznánk, először elengedhetetlenül szükséges – úgy általában – a **mérés**, a **számítás** fogalmát meghatározni, sőt bevezetni egy új fogalmat is, melyet röviden a '**kvázi-mérés**' összetett szóval jelölhetünk.

2.321 Mérés

Mi általában véve a mérés?
Határozzuk meg előbb ezt!

Definíció$_M$: A mérés olyan *irányított folyamat, melyben egy objektíve létező dolog[141] valamely tulajdonságának nagyságát, a folyamat eszközének (a mércének)[142] a mérendő tulajdonságnagysággal azonos vagy más jellegű, de azzal ismert, effektív hatás- és függvénykapcsolatban álló[143] valamely tulajdonságnagyságát választva*

---

141 Itt most a dolog tehát – az 'objektíve létező' kikötés folytán – valamely, a tudatunktól függetlenül létezőnek tekintett anyagot, tárgyat, jelenséget/folyamatot jelöl.

142 Az eszköz (a mérce) nyilvánvalóan vagy mesterséges, vagy a természetben talált és felhasznált létező dolog lehet.

143 Az 'ismert, effektív hatás- és függvénykapcsolatban álló' megjelölés annyit tesz, hogy a mérce mérhető tulajdonságának a nagysága ismert függvény szerint ténylegesen (effektíve) meghatározza a dolog mérendő tulajdonságának nagyságát.

egységül, annak többszöröseként és/vagy törtrészeként, számmal kifejezni *törekszünk*[144] **(D_M).**

Megjegyzések:

A **mérést** nevezhetjük **klasszikus mérésnek** is – eme elnevezés értelmét a kvázi-mérés fogalmának bevezetésével látjuk majd hasznosnak.

A mérés – mint az a **D_M** definícióból kiderül – lehet **közvetlen** vagy **közvetett,** aszerint, hogy a dolog mérendő tulajdonsága és a mérőeszköz (a mérce) tulajdonsága azonos, avagy nem, és hogy melyikük tulajdonságának nagysága képezi a mérés közvetlen tárgyát – a mérendő dologé, avagy a mércéé.

Eszerint: **A közvetlen mérés** olyan mérés, amikor a dolog mérendő tulajdonsága és a mérőeszköz méréshez figyelembe vett tulajdonsága azonos jellegű, és a dolog mérhető tulajdonságának nagysága a mérés közvetlen tárgya.

Az előbbihez képest a **közvetett mérés** olyan mérés, amikor nem a mérendő dolog, hanem *a mérőeszköz valamely tulajdonságának nagysága a mérés közvetlen tárgya, és ez a tulajdonság nem azonos jellegű a dolog mérendő tulajdonságával, ámde* **nagyságaik egymással – ismert függvény szerint – tényleges hatáskapcsolatban állnak.**

Méréskor tehát dolgok, jelenségek számunkra érdekes, gyakran közvetlenül is érzékelhető, de mindenképp kvantifikálható jellemzőit, mérőeszközt használva – közvetlen vagy közvetett módon – számszerűsítjük (természetesen az elmaradhatatlan mérési hibával).

Közvetlen mérésnél általában egyszerű mércét használunk. Ilyen mérce például a mérőrúd, a mérősúly, az űrmérték, valamint a szögmérő, az iránytű, az óra, amikor is rendre a **hosszt** [pl.

---

144 A 'törekszünk' ige azt érzékelteti, hogy igyekezetünk csak bizonyos (kisebb-nagyobb) mérvű hibával sikerülhet, pontosan viszont soha. Ezt nevezi a méréstudomány a mérés hibájának, mint a mérés objektív jellemzőjének.

egy épület, egy ruhaanyag, vagy egy dolog helyváltoztató mozgásának úthosszát] **hosszmértékegységgel**, a **súlyt súlymértékegységgel, az űrtartalmat űrmértékegységgel**, a **szögtartományt szögmértékegységgel**, egy létező **léttartamát** *(létezésének **időtartamát**) **léttartam-mértékegységgel**[145] (a definíció szerinti **időtartam-mértékegységgel**) mérjük, megszámlálva, hogy a mérce nagysága és/vagy tört része hányszor fér bele a dolog mérendő tulajdonságának nagyságába.

Közvetett mérés esetén általában komplexebb mérőeszközzel dolgozunk. Ilyen például a rugós erőmérő, az áramerősség-, a feszültség-, a nyomás-, a fény- vagy sugárzásmérő, de a hőmérő is. Például az egyszerű hagyományos higanyos vagy alkoholos hőmérővel is **közvetetten mérjük** valamely test hőmérsékletét. Mégpedig úgy, hogy a test és a hőmérő (a mérőeszköz) hőmérsékletkülönbségét – a test és a hőmérő közötti hőátadás (az effektív hatás-kapcsolat) szerinti – a hőmérőben lévő higany vagy alkohol hőtágulására vezetjük vissza. Ekkor ugyanis a hőmérsékletmérést közvetetten, a hossz (azaz egy zárt üvegcsőben lévő higany- vagy alkoholoszlop hőtágulása hosszának) mérésével valósítjuk meg, úgy, hogy egységhosszokat egységhőmennyiségeknek feleltetünk meg. Ez utóbbi a D_M definícióban már említett ismert függvénykapcsolat. Szintén **ismert közvetett mérés** pl. egy folyamatos és egyenletes mutatómozgású analóg másodpercmutatós órával való időmérés is. Ekkor x másodpercet a kör alakú számlapos óra mutatójának a 12 számtól x fokos szöggel való elfordulásával jelöljük, és ennek nagyságát úgy mér-

---

145 Léttartam-/időtartam-mértékegység alatt azt az önkényesen választott természetes vagy mesterséges időegységet értem, melynek tartama azonos a Föld emberi civilizáció alatti léttartamából egy közel egyenletes periodicitású mozgást végző létező mozgásperiódusa által elszeparált/kimetszett létszakaszok átlagos tartamával, illetve más létezők azonos léttartamával. Ez a megfogalmazás az időmértékegységek későbbi definíciójánál még további konkretizálásra kerül.

jük, hogy megállapítjuk, hogy hányszor[146] van meg pl. a 360/60=6 fokos szögnagyság, mint egység, az x fokos szögnagyságban (ahol a 6 fokos szögegységet feleltetjük meg egy másodpercnek vagy egy percnek). Tehát szögnagysággal mérjük pl. a másodpercek, percek, órák számát. De közvetetten mérték az időt pl. már az őskorban a holdfázisokkal vagy a csillagok azonos ciklusú pozíciójával, avagy az ókori Stonehenge-nél lévő monumentális kő körgyűrűvel, és az egyiptomi piramisok sírkamrájához vezető folyosó tájolásával, mely elsősorban a napfordulót (napéj egyenlőséget) jelezte, majd a napórákkal, vízórákkal, gyertya- és mécses-órákkal, vagy pl. a középkori homokórákkal is.

Az említetteknek megfelelően tehát minden mérés két jellegzetes mozzanatot tartalmaz: viszonyítást és számlálást. Az első a *jelenlévő* mérendő és a *jelenlévő* mérőeszköz megfelelő tulajdonságának egymáshoz való viszonyítását (*tényleges összehasonlítását*) jelenti (pl. melyik a nagyobb?). A második annak megszámlálását (vagy megszámláltatását) jelenti, hogy a *jelenlévő* dolog mérendő tulajdonságnagyságában hányszor van meg a *jelenlévő* mérőeszköz egységül választott megfelelő tulajdonságnagysága és/vagy annak törtrésze. Ez utóbbi számlálás eredménye adja a mért értéket, vagyis *a mérőszámot*, ami így – az elfogadható nagyságú méréshiba mellett is – mindig egy *objektíve létező mennyiségi viszonyt kifejező adat*.

Ami a mértékegységet illeti, arról fontos még tudni, hogy az vagy *természetes,* vagy *mesterséges*, de minden esetben *önkényesen megválasztott, megállapodáson alapuló, azaz definíciószerű*. A természetes mértékegységül választott mércét a természeti környezetben található dolgokból választotta az ember. Ilyen mércék például az egy hüvelyk, az egy arasz, az egy láb, az egy könyök, az egy öl, az egy nap, az egy hónap, az egy év stb. Mesterséges mértékegység például az egy milliméter, az egy centiméter, az egy méter, az egy kilométer, az egy

---

146 Az óramutató elfordulásának szöge hány egész szögegységgel és (esetleg) a szögegység hány törtrészével egyenlő.

gramm, az egy dekagramm, az egy kilogramm, az egy tonna, az egy másodperc, az egy perc és az egy óra stb.

2.322 Számítás

A számítás általában vett fogalmát mondjuk a következőképpen definiálhatjuk a méréshez képest:

Definíció$_{sz}$: A **számítás** olyan *irányított folyamat*, amelyben valamely (tágan értelmezett) *dolog*[147] számszerűsíthető *tulajdonságának nagyságát, a dologra vagy a dolog és más dolgok számszerűsíthető tulajdonságára és/vagy ezek viszonyára, valamint a* számszerűsítés *lehető módszerére vonatkozó ismeretek birtokában, logikai műveletekkel*[148] *és/vagy (logikai) segédeszköz (manapság: kalkulátor, számítógép stb.) felhasználásával, számmal kifejezni törekszünk*[149] **(D$_{sz}$)**.

---

147 Itt most a dolog tehát – az 'objektíve létező' kikötés hiányában – fizikailag észlelhető, műszeresen detektálható anyagot, tárgyat, jelenséget és gondolati-képzeleti tárgyat egyaránt jelölhet, ámde a létezők valamely tulajdonsága nagyságának számítással való meghatározása mindig csak elméletileg megalapozott, de hipotetikus, melyet méréssel lehet esetleg igazolni.

148 A számítások is logikai műveletek – pl. e logika „expresszív verbis" megjelenik a matematikai logika nevében és formalizmusában. De ilyen pl. az alapműveletek, a geometriai és algebrai tételek, a képletekkel formalizált valószínűségszámítási, halmazelméleti, analízisbeli matematikai eljárások stb.

149 A 'törekszünk' fordulat itt is a többnyire fennálló számítási hibára, pontatlanságra, vagy adott esetben a törvényszerűen fennálló közelítő jellegre utal – gondoljunk például a végtelen tizedestörtet eredményező osztásra.

Megjegyzések:

Tény ugyan, hogy a méréskor (mint említettük előbb) számlálunk is, ti. leszámláljuk/leszámláltatjuk pl., hogy a mérce hányszor van meg a mérendő tulajdonság nagyságában, ámde mindig csak a mérendő tulajdonság és a mérőeszköz megfelelő tulajdonságának összehasonlítása, azaz a szűk és fizikai értelemben vett „összemérést" követően és annak kapcsán. Azonban nagy különbség, hogy méréskor nem számítunk, hanem számlálunk – ami két különböző dolog – per definitionem.

A **számítás végzésekor**/végeztetésekor viszont – szemben a méréssel – a számszerűsítéshez **soha nem kell mérőeszköz és mérés, ha van méréssel kapott avagy kigondolt adat. Következésképp a mérendő dolog és a mérce összehasonlítása sem szükséges!**[150] Például a két szám szorzatának kiszámításához használt abakusz, logarléc, számológép vagy PC **nem mérőeszköz,** hanem a számítást – **a logikus emberi gondolkodást helyettesítő** (valójában azt megtestesítő) – könnyítő **segédeszköz!** Sőt, számítás elvégzéséhez **a számszerűsítendő tulajdonságnagyságú dologra vagy a tulajdonságnagyságának érzékelésére nincs is szükség,** hanem csak az eredmény meghatározásához van szükség előzetesen – valamikor – mért, vagy csak kigondolt, megbecsült adatokra, ismeretekre.

Botor dolog lenne azt a feladatot adni valakinek, hogy mérje meg 9 négyzetgyökét, vagy hogy számítsa ki (pláne ha van mérlege) egy zsák burgonya súlyát. Evidens, hogy 9 négyzetgyökét kiszámítjuk, a zsák krumpli súlyát pedig a mérleggel egyszerűen megmérjük.

Nézetem szerint míg a világ világ, a mérés fogalmát határozottan és egyértelműen meg kell különböztetnünk a számí-

---

150 Az más kérdés, hogy pl. a 3 és 4 oldalú derékszögű háromszög átfogójának a Pitagorasz-tétel alkalmazásán alapuló kiszámítása helyett, áttérhetünk pl. egy ilyen háromszög papíron való megszerkesztésére, és ekkor már az átfogó hosszát meg is mérhetjük. Azonban ez már nyilván nem ugyanaz a feladat.

tástól. Ennek egyaránt vannak praktikus és tudományos, valamint elvi-módszertani és tradicionális okai (pl. az ember több ezer éve mér, amikor arra van szüksége, és számít, amikor az a célravezető – és e merőben különböző két műveletet nem árt saját „becsületes nevükön" nevezni)!

2.323 Kvázi-mérés

Ezek után nézzük, hogy mi általában véve a **kvázi-mérés**?

Definíció$_{QM}$: A **kvázi-mérés** fogalma alatt – a D_M definícióban már említett klasszikus méréssel ellentétben – olyan irányított folyamatot értek, amelyben a **mérés logikai műveletekkel és/vagy számítással egészül ki/kombinálódik** akként, hogy a mért adatok felhasználásával, megfelelő logikai műveleteket és/vagy számítás(oka)t elvégezve kapunk **plauzibilis számszerű adato(ka)t** valamely objektíve létező dolog, jelenség objektíve létező tulajdonságának – amúgy méréssel (legalábbis elvben) igazolható – nagyságáról, intenzitásáról **(D$_{QM}$)**.

Kvázi-mérést alkalmaztak például az ókorban is. Az ókori geométer, ha meg akarta **ismerni** egy piramis objektíve egyébként létező magasságát, akkor – lévén, hogy a piramis belsejébe, a képzeletbeli magasságvonalhoz nem lehet behatolni, és GPS-rendszerrel sem rendelkezett – csak pl. a piramis alap- és oldalélét mérhette meg, míg a piramis magasságát, a mért adatok, valamint némi logikai analízis, következtetés, szintézis és ennek nyomán a Pitagorasz-tétel felhasználásával, csak plauzibilis adatként kiszámíthatta. Úgy is mondhatnánk: megbecsülhette. A Pitagorasz-tétel alkalmazása pedig – mint tudjuk – számítás, és nem azonos a méréssel.

Nota bene! A számítással és/vagy logikai műveletekkel kiegészült/kombinált mérés, azaz a **kvázi-mérés nem mérés,** és **eredménye nem biztos, csak plauzibilis, azaz csak valószínűen igaz** (de legalább elvben méréssel igazolható) **adat** – definíció szerint.

Az ókori geométer tehát a mérés, a logika és a számítás megfelelő kombinálásával voltaképpen kvázi-mérést hajtott végre, melynek eredményét ma pl. a GPS-rendszerben könnyedén igazolni lehet. Ugyanígy „csak" *kvázi-mérés*, s *nem klasszikus mérés* eredménye volt például a XX. század elején a Merkúr bolygó perihéliumának az einsteini általános relativitáselméleten alapuló pontosabb meghatározása, vagy például a speciális relativitáselméletbeli, a Lorenz-transzformáció révén nyert relativisztikus effektusok, pl. „rúdrövidülés" (hosszkontrakció), „időegységnyúlás" (idődilatáció) adata, valamint a mű-mezon mozgásának pálya- és időadata, továbbá a relativisztikus impulzus és az $E=mc^2$ adata is!

Jegyezzük tehát meg! Mivel az említett módon nyert adatok mind kvázi-mérés eredményei, ezért ezek *mindegyikét* (egytől egyig) *kellő számú méréssel – azaz tapasztalatilag – igazolni kell!* Ez annyit tesz, hogy amíg a kvázi-méréssel nyert adatokat – egytől egyig – elegendő számú (azaz nem két-három) klasszikus (közvetlen vagy közvetett) méréssel nem igazolták, addig azok csak plauzibilis (valószínűen igaz) adatoknak tekinthetők, 100%-ban igaznak azonban nem, a D_{QM} definíció értelmében!

2.324 Következmény: a kvázi-mérés és a számítás eredménye plauzibilis a valóságra nézve

A mérés (D_M), a számítás (D_{SZ}) és a kvázi-mérés (D_{QM}) definícióinak az alábbi következményei vannak:
1. A kvázi-mérés összetett műveletsorában minél nagyobb részt képviselnek a logikai és/vagy a számítási műveletek, annál plauzibilisabb a kvázi-mérés eredménye. És fordítva: minél kisebb részt képviselnek a kvázi-mérés műveletsorában a logikai és/vagy a számítási műveletek, annál kevésbé plauzibilis a kvázi-mérés eredménye.

2. Az 1. pontból következik, hogy a kvázi-méréssel, avagy a pusztán számítási művelet(ek) alapján kapott adat(ok) – szemben a létezők (vagy részeik) tulajdonságai nagyságának/intenzitásának mérésével – a valóságra nézve csak kisebb-nagyobb mértékben plauzibilis adatok lehetnek, melyeket még kellő számú klasszikus méréssel igazolni kell.

2.325 Természetes időmértékegységek

A Föld, mint létező, már az ember által eddig ismertnek vélt léttartama alatt is – tapasztalataink és tudományos ismereteink szerint különböző okokból és módokon – lényegében folyamatosan változott (ld.: például a geológiai, az eróziós, a biológiai vagy a világűrből érkező hatások okozta változásokat stb.). Eddigi élettartama emiatt úgyszólván tetszés szerint felbontható mintegy „különböző Földeket adó" diszjunkt, bár relatív létszakaszokra – tekintve, hogy a létezők változása amúgy állandó (A$_{I.3}$). Ezért az emberiség, már a civilizáció kezdetén is, logikusan az idő mérését szolgáló, „a természetben talált" mértékegységnek vette például a Földnek a Nap körüli periodikus keringéseinek, vagy a Földnek a saját tengelye körüli forgásainak egy átlagos periódusa által meghatározott *létszakasza tartamát*, melyek jól megfigyelhetők és megszámlálhatók voltak. Ugyanilyen természetes, valamint jól megfigyelhető és megszámlálható volt mindig a Hold Föld körüli keringései átlagaként meghatározott Föld-*létszakasz tartama* is.

Tehát az idő – valójában a létezők létezése/múló élete – tartamának meghatározása voltaképpen konvenciókon, többnyire évezredes konvenciókon alapuló léttartam-mértékegységek segítségével történik.

Az említett természetes és az ember által a mind pontosabb időmérés igényével „kitalált" mesterséges időmértékegységekről esik röviden szó a következőkben, ámde mindig *a léttartam aspektusából megközelítve* ezeket, hisz az időtartam mögött valójában a létezők létezése, létállapotaik változása/múlása áll.

2.3251 Egy év

Definíció$_{ÉV}$: Egy év alatt azt az önkényesen választott természetes[151] időegységet értem, melynek tartama azonos a Föld emberi civilizáció alatti léttartamából a Föld egy-egy Nap körüli keringő mozgása révén elszeparált („kimetszett") egyes Föld-létszakaszok átlagos tartamával, illetve más létezők azonos hosszú létszakaszával ($D_{ÉV}$).

Ez az egy évet meghatározó keringési periódus kezdődjön, mondjuk, a Föld Nap körüli pályája napéjegyenlőségi pontján – most$_1$ –, és múljon el a Föld ugyanezen ponthoz való visszaérkezésével – most$_2$. Tehát ez az egyszeri Nap körüli keringése a Földnek, az emberi tapasztalás szerint régóta és „most" is, hozzávetőleg azonos periodikus mozgásként megy végbe. Így a csekély eltérésektől az emberiség érthetően elvonatkoztathatott. Ez az „átlagos" keringési periódus voltaképpen mintegy *„kimetsz"*, vagy másképp *„elszeparál"* a Föld és más létezők élettartamából egy szintén átlagosnak tekinthető *létszakaszt*. Ezt a létszakaszt, illetve más létezők azonos „hosszú" léttartamát választotta tehát az emberiség önkényesen, ámde logikusan *az idő legnagyobb természetes mértékegységének,* és nevezte el *egy évnek.*

---

151 Természetes mértékegység, mert nem az ember szabta meg, csak kiválasztotta a természetben előforduló, megfigyelhető periodikus mozgások közül pont ennek a nagyságát. Ilyen természetes mértékegység még pl. a hosszmérésnél a láb, a könyök, a hüvelyk.

2.3252 Egy nap

Definíció$_{NAP}$: **Egy nap** alatt azt az önkényesen választott természetes időegységet értem, melynek tartama azonos a Föld emberi civilizáció alatti léttartamából a saját tengelykörüli forgó mozgásai révén elszeparált ("kimetszett") egyes Föld-létszakaszok átlagos tartamával, illetve más létezők azonos hosszúságú létszakaszával (D_{NAP}).

Szintén alap – bár a legrövidebb – természetes időegységnek vette tehát az emberiség a Föld egy átlagos tengelykörüli teljes fordulatával elszeparált Föld-létszakasz tartamát. Ez lényegében azonos a Földnek a Nap körüli egyszeri körülfordulása által **szeparált létszakaszának**, azaz az egy évnek kb. 365-öd részével. Ezeket az egy tengelykörüli fordulatokkal szeparált létszakaszait a Földnek nevezték el tehát találóan **egy napnak** – minthogy ezalatt (a Föld pólusai kivételével) a Nap mindig csak egyszer jön fel a látóhatár fölé, és egyszer le is nyugszik a látóhatár mögött. E napfelkelték, illetve a napfelkelték közötti időszakok, a napok, könnyen megfigyelhetők és mérhetők – napfelkelte$_1$ – és – napfelkelte$_2$ –, számlálhatók, regisztrálhatók, s így bármely létező létezésének, azaz az idő múlásának megfigyelésére és mérésére, a mindennapi céloknak megfelelően, kielégítően használhatók.

2.3253 Egy hónap

Definíció$_{HÓ}$: **Egy hónap** alatt azt az önkényesen választott természetes időegységet értem, melynek tartama azonos a Föld emberi civilizáció alatti léttartamából a Hold Föld körüli keringő mozgásai révén elszeparált ("kimetszett") egyes Föld-létszakaszok átlagos tartamával, illetve más létezők azonos hosszú létszakaszával ($D_{HÓ}$).

A Hold, átlagosan, közel 30 nap alatt kerüli meg a Földet. Emiatt egy évben 12 hónap van, s ezek a Gergely-naptár szerint az évhez igazítva – a február kivételével (28-29 nap) – 30, illetve 31 naposnak lettek önkényesen megválasztva.

Megjegyzések:

1) A Földnek a tengelye körüli fordulatai közül bármelyik kettőt is tekintjük, ezek a Föld kissé billegő tengelydőlésszöge, valamint a Föld Nap körüli mozgása miatt elfoglalt effektív térbeli pontjait és a Holdhoz képesti elhelyezkedését tekintve kisebb-nagyobb mértékben mind különböznek egymástól. Ám az emberiség e különbségektől – amíg nem volt nagyobb pontosságra igénye – mindig érthetően elvonatkoztatott.

2) Továbbá, ha egy évnek valamely bolygó – mint például a Föld – központi csillaga körüli egy teljes fordulatának tartamát tekintjük, akkor megállapítható, hogy annak hossza például fordulatonként is, valamint bolygónként és pl. a bolygó életkora függvényében is, változó. Az év hossza szigorúan és kozmikus időtávot figyelembe véve tehát nem állandó nagyság.

3) Másrészt egy adott **időegység** voltaképp egy **munkafogalom**. Csakúgy, mint például a következő: a **fényév** helyett mondhatnánk azt is: fényév az a távolság, amelyet **manapság** a fény a világűrben **a Földnek a Nap körüli átlagos pályáján történő egyszeri átlagos körülfordulása által elszeparált élettartama alatt** megtesz. Ez az évre vonatkozó definíciónk szerint is igaz. Csakhogy! Jóval hosszabb megjelölés ez, s így körülményesebb a fogalom használata is, mintha csupán annyit mondunk: **fényév** az a **távolság**, amelyet a fény a világűrben egy **év** alatt megtesz.

2.326 Mesterséges időmértékegységek

A természetes időegységek, mint az egy év, az egy hónap és az egy nap a civilizáció fejlődésével egyre kevésbé feleltek meg az időméréssel kapcsolatos pontossági igényeknek. Ezért kreált az emberiség további – kisebb – mesterséges időegységeket is, mint amilyen az egy óra, az egy perc és az egy másodperc, valamint újabban a Planck-idő.

2.3261 Egy óra

Definíció$_Ó$: Egy óra alatt azt az önkényesen megválasztott mesterséges időegységet értem, mely alatt például a mechanikus óra nagymutatója pontosan egy egész fordulatot tesz, s mely fordulata révén elszeparál („kimetsz") akkora létszakaszt egy napnyi Föld-léttartamból, mely ezért azonos egy napnyi Föld-léttartam egy 24-ed részével, illetve más létezők azonos hosszú létszakaszával ($D_Ó$).

2.3262 Egy perc

Definíció$_P$: Egy perc alatt azt az önkényesen megválasztott mesterséges időegységet értem, mely alatt például a mechanikus óra nagymutatója pontosan egy fordulat 60-ad részét teszi meg, s mely fordulatrész révén elszeparál („kimetsz") akkora létszakaszt egy órányi Föld-léttartamból, mely ezért azonos az egy órányi Föld-léttartam egy 60-ad részével, illetve más létezők azonos hosszúságú létszakaszával (D_P).

2.3263 Egy másodperc

Definíció$_{MP}$: **Egy másodperc** alatt azt az önkényesen megválasztott mesterséges időegységet értem, mely alatt például a mechanikus óra másodpercmutatója pontosan egy fordulat 60-ad részét teszi meg, s mely fordulatrész révén elszeparál („kimetsz") akkora létszakaszt egy percnyi Föld-léttartamból, mely ezért azonos az egy percnyi Föld-léttartam egy 60-ad részével, illetve más létezők azonos hosszú létszakaszával (D_{MP}).

Az idő ma is használatos olyan mértékegységei, mint az **egy óra,** melyből tehát egy napra 2 x 12 = 24 jut, a 12 **hónap** és a 30 x 12 = 360 nap, azaz (5 nappal kiegészítve) az **egy év, mind** egyiptomi örökség – 12-es számrendszerben véve. Az **egy perc** – melyből tehát 60 van egy órában – és az **egy másodperc** – melyből 60 tesz ki egy percet, egészen a Sumér civilizációra vezethető vissza (i.e. kb. 3000 körül)[152]. Ők az idő mérését (is) a 60-as számrendszer alkalmazásával tekintették megfelelőnek. Nyilvánvaló, hogy egy létező (objektum vagy folyamat) létének tartamát kifejezhetjük csak a léttartamát kitevő másodpercek, vagy percek, vagy órák, vagy napok, vagy hónapok, vagy évek – mint „egységléttartamok" valamelyikének – számával, illetve tört részével is, avagy ezen egységek számának és/vagy a tört rész értékének megfelelő kombinációjával.

2.3264 Planck-idő

Az időtartam mérésénél a mérhető legkisebb tartamnak nyilvánvalóan vannak technikai határai. Ez a határ a méréselmélet

---

152 Sain Márton: „Nincs királyi út!"; 20. oldal. http://mek.oszk.hu/05000/
      05052/pdf/index.html.

jelenlegi álláspontja szerint a **Planck-idő**. **Ez az időmennyiség azonban nem az idő részecskéje.** Bevezetése mindössze arra mutat, hogy jelenleg az ennél kisebb léttartamok méréssel megállapíthatatlanok (bár e téren várható még fejlődés).

Planck-idő az az időtartam, amennyi egy fénysebességgel haladó fotonnak szükséges ahhoz, hogy haladása alatti létezése közben egy **Planck-hossz** hosszúságú utat megtegyen. Értéke ~$5{,}4 \times 10^{-44}$ **másodperc**.

Egy másodperc kb. $1{,}855 \times 10^{43}$ **Planck-idő** tartamú.

Mint azt korábban már említettem, az atomóra a cézium 133 atom rezgési tulajdonságára épül, s 1967 óta a nemzetközi mértékügyi intézet (SI) a másodpercet a ^{133}Cs atom másodpercenkénti 9 192 631 770 rezgésszámaként (a másodperc etalonjaként) határozta meg.

***

Nota bene! Mind a természetes, mind a mesterséges **időegységek** – tartalmukat tekintve – a nekik megfelelő periodikus mozgások révén, a létezők **léttartamából „kimetszett", „elszeparált" kisebb-nagyobb létmozzanatok/létszakaszok**.

A Newton által pusztán „mozgásoknak" titulált időmértékegységek – az *egy óra, egy nap, egy hónap és egy év* – mindegyike valójában az így megnevezett egy-egy ciklikus mozgás által elszeparált, elmúlt földi létezés-szakaszok. Következésképp az idő mérésénél e mértékegységek révén, szemben Newton állításával, nem a körtét hasonlítjuk az almához, nem a „nem valódi" időmértékegységekkel mérjük a „valódi idő"-t, hanem az önkényesen megválasztott ciklikus mozgások által szeparált átlagos elmúlt létezés-szakaszokkal, mint létezéstartam-egységekkel mérjük a náluk nagyobb, a jelenidőponttól egy következő jelenidőpontig elmúló létezéstartamok hosszát, csakúgy, amint például a baleseti helyszínelők mérik egy ismert hosszú kerülettel bíró kerék fékúton való végigtolása révén, a kerék fordulatainak számlálásával – tulajdonképpen a fékútra „kiterített kerülethosszok" számlálásával – a fékút hosszát.

Megjegyzés:

A létezők élettartama igen különböző.

Bizonyos létezők élettartama szinte csak egy pillanat. (Pl. a vaku egy villanása, vagy egy villámcsapás „léttartama", avagy pl. egy Müon „élettartama"). Más létezők élettartama hosszabb (pl. a tiszavirág, egy egér, egy kutya, egy elefánt, az ember, egy tengeri teknős stb. élettartama). Megint másoké – pl. a bolygók, a csillagok, a galaxisok, az univerzum léttartama – pedig olyan hosszú, hogy már-már nem is mérhető az előző létezőkhöz.

A létezők e nagyonis különböző idő- illetve élettartamhosszza, mint az majd látható a következőkben, jelentősen különböző módokon határozható meg – elsősorban attól függően, hogy tartamhosszuk mennyiben érinti a múltat, esetleg várhatóan a jövőt.

2.33 Befolyásolhatja-e az idő múlását és tartamát, azaz az egyes létezők élettartamát a választott időmértékegység milyensége?

Módosítja-e az idő lényegét, természetét, valamint például az idő múlását és az időmérés pontosságát, a mérendő időtartamok hosszát az, hogy mely bolygó vagy mely „rezgő rendszer" mely periódusidejét választjuk időmértékegységnek az időtartam méréséhez? Röviden: nem. Hosszabban?

Egyrészt: ezek az általában különböző periódusidők – mint fentebb már láthattuk – egymásba átszámíthatók, egyik a másikkal kifejezhető. Például, ha a Marson élnénk, akkor is kifejezhetnénk pl. földi évvel a marsi évet, mert 1 marsi év $\cong 1{,}88$ földi év. És kifejezhetnénk földi napokkal is: 1 marsi év $\cong 1{,}88$ x 365 földi nap $\cong 686{,}2$ földi nap. És miután 1 marsi nap $\cong 1{,}03$ földi nap, ezért a marsi és földi napok hosszát pedig a mindennapi használatra nagyjából azonosnak tekinthetnénk. De természetesen a marsi évvel is problémamentesen kifejezhetnénk a földi évet (bár sok értelme manapság ennek nem lenne). Ekkor az 1 földi év ≅ 1/1,88 marsi év ≅ 0,53 marsi év.

Másrészt: Miként az 5 méter hosszú, folytonos anyagú posztó méterben kifejezett hossza nem, csak mértékszáma változik meg attól, ha hüvelykben vagy araszban mérve is kifejezzük a hosszát, akként például az 1 évnyi léttartam, s e lét múlásának sebessége sem változik meg attól, ha nap helyett, mondjuk, óra időegységben mérjük az időtartam hosszát, hiszen a 365 nap ≅ 1 év és a 8.760 óra ≅ 1 év. És természetesen, mint azt már korábban megállapítottuk, az idő múlásának sebességét sem befolyásolja, hogy milyen mértékegységgel mérjük az időt.

Harmadszor: Azt mondjuk, hogy az idő (ami a létezés – G.I.) egyenletesen (egyenletes „sebességgel") folyik bármely módszerű léttartammérés esetében. Vagyis egy periodikus létszakaszú létező átlagos létperiódusát választva (pl. egy átlagos földi évet, napot, vagy ennek mesterséges tört részeit stb.) egységül, akármilyen hosszú is az egyes létezők léte, mindenképp a választott létegységgel (lét/idő mércével) mérjük az elmúlt lét tartamát, minden konkrét létező esetében. Ugyanis az emberiséget eddigi létezése során logikusan, általában és alapvetően nem az érdekelte, hogy az egyes létezőfajták léte milyen (pillanatnyi) sebességgel múlik/rövidül, hanem többnyire az, hogy milyen hosszú a létezőfajták és egyedeik léttartama. Ez azért is van így, mert az egyes létezőfajták létezésének „sebességét" nem tudjuk befolyásolni. Számunkra ezért az kell, legyen tehát a lényeg, hogy egy lineáris skála mentén mérjünk meg bármely múló létezést/időt, hasonlóan a legtöbb fizikai alapmennyiség méréséhez, mint például a hossz, a súly, a hő, a szög stb. mérése. Mivel bizonyos – főleg mesterséges – létezők mozgásának gyorsulását és pillanatnyi sebességét tudjuk befolyásolni, más létezők (pl. égitestek) gyorsulásának, illetve pillanatnyi sebességének ismerete pedig fontos a tudomány és a technika szempontjából, ezért ezek mozgása gyorsulásának és pillanatnyi sebességének mérése értelmes és bevett dolog.

2.34 Létaxiómák (II.1-II.3)

Az előbbiek, valamint a mérés (D_M), a számítás (D_{SZ}) és a kvázi-mérés (D_{KM}) definíciója alapján kimondhatók a következő axiómák:

1. A kvázi-mérés eredménye plauzibilis.

A **kvázi-mérés** műveletsorában minél nagyobb részt képviselnek a **mérés** mellett a **logikai** és/vagy a **számítási** műveletek, annál **plauzibilisabb** a kapott eredmény $(A_{II.1})$. P_T: $T_{II.16}$.

Ekvivalencia: Csak kvázi-méréssel, illetve logikai és/vagy számítási műveleteket klasszikus méréssel kombinálva a valóságra nézve csupán plauzibilis adatok nyerhetők $(A_{II.1/E})$. P_T: $\emptyset$.

2. A létezés időtartamának mérőszáma függ az idő választott mértékegységétől

A**z (idő)tartam mérőszáma függ az időmérés választott egységétől** $(A_{II.2})$. P_T: $T_{II.12}$.

3. Az idő folyamatosan és egyenletes sebességgel múlik

Az **idő folyamatosan és egyenletes sebességgel múlik** $(A_{II.3})$. P_T: $T_{II.13}$.

2.4 Az időtartam meghatározásának módszerei

2.41 A múló idő tartamának mérése a jelen időponttól kezdve, valamely következő jelenidőpontig (alias: stopper módszer)

Tétel$_{II.12}$: **A múló idő tartama [Dt=most$_2$-most$_1$] a jelenlegi időponttól [most$_1$] kezdve, valamely következő jelenidőpontig [most$_2$] egy szabályosan működő órával mérhető.**

Jelölje $\Delta t = most_2 - most_1$ a mérendő időtartam nagyságát, és mérjük a jelenidőponttól ($most_1$) eltelő időt szabályosan működő órával ($D_{szó}$). Tudjuk, hogy a szabályosan működő óra olyan óra, amely a pontos jelenidőt (D_{JE}), vagy a mesterséges időmértékegységek megfelelő kombinációjával, diszkrét időegységenként vagy folyamatosan jelzi ($T_{II.3}$) és így mutatja, ahogy egyenletesen ($A_{II.3}$) és szakadatlanul telik-múlik az idő ($T_{II.4}$), ezen kívül időegységenként vagy folyamatosan minden *jelenpillanatot megtestesít* ($T_{II.11}$). Most állapítsuk meg az óra jelzései alapján a jelenlegi időpontot a megfelelő mértékegységgel, mert ennek nagyságától függ az idő mérőszáma ($A_{II.2}$). Jelölje ezt az időpontot $most_1$. Ezt követően várjunk egy ideig; ám eközben az idő változatlanul szakadatlanul telik-múlik ($T_{II.4}$) és előző létállapotai nem éledhetnek újra, mert végleg elmúltak ($A_{I.2}$, $A_{I.2/E}$). Most az óra jelzése alapján ismét állapítsuk meg az aktuális időpontot, az előbbivel azonos mértékegységgel. Ezt jelölje a $most_2$. A $most_2 > most_1$, mert az idő, mint előbb mondtuk, $most_1$ után is szakadatlanul telik-múlik ($T_{II.4}$), és az óra változatlanul szabályosan működő óra ($D_{szó}$), azaz mutatja, ahogy az idő valóban szakadatlanul telik-múlik. Mindebből viszont az következik, hogy a $most_1$-től $most_2$ időpontig eltelt idő tartama valóban mérhető a szabályosan működő órával, és az valóban pontosan a $\Delta t = most_2 - most_1$ nagyságú időtartam ($T_{II.12}$). Q.e.d.

T_P: D_{JE}, $D_{SZÓ}$, $A_{I.2}$, $A_{I.2/E}$, $A_{I.9}$, $A_{II.2}$, $A_{II.3}$, $T_{II.3}$, $T_{II.4}$, $T_{II.11}$. P_T: $\emptyset$.

A múló valódi (objektív) időt – a fizikusok matematikai[153] vagy „képzetes"[154] idejéhez képest – pl. egy időegységeket mutató, szabályosan működő órával mindig a jelen időponttól, másképp az aktuális „$most_0$"-tól kezdődő aktuális „$most_i$" jelenidőpontig

---

153 Lásd: Sir Isaac Newton: Principia; Definitions, Scholium I., 1687; Fordította: Andrew Motte: 1729; http://gravitee.tripod.com/definitions.htm

154 Stephen W. Hawking: Az idő rövid története; 147. oldal; Maecenas Könyvek, Budapest – Talentum Kft., 1998; Hungarian translation: Molnár István, 1989, 1993, 1995, 1998.

elmúló létszakaszok – azaz időegységek – számlálásával, ezekhez egyenként, 1-től kezdve a természetes számokat rendelve határozzuk meg például az n-ik jelenidőpontig, a *„most$_n$"*-ig. Ilyenkor **mindig csak az n-dik** időszakasz/időmozzanat (n-1;n] n. időpontja az, amelyhez létező és létezés tartozik a D_{JE} definíció szerint, míg az 1.,2.,…,(n-1)-ik időpont, és az ezekhez tartozó időszakasz/időmozzanat minden időpontja már nyilván **elmúlt**, melyekben már így **nincs – mert nem is lehet** – létező és annak létállapota a D_{MU} definíciónak megfelelően. De létező nincs a jövőben sem a $D_{JÖ}$ definíció szerint.

Érzékeltessük e problémát egy fiktív példával is! Elindult [„most(0)"-kor] Pál a lakásából gyalog a sarki fűszereshez. Házukat tatarozzák. A járdán kiloccsant mésztej tócsája terül el, amibe Pál [„most(1)"[155] figyelmetlenül belelép. A mész alaposan megfestette ezért Pál cipőtalpát, de ő siet tovább. Az úton Pál [„most(2)"] egy pillanatra megáll és hátranéz. Látja lábai nyomát (elmúlt létszakaszai jelenbeli bizonyítékait) és emlékszik is rá, hol és honnan jött, és hogy létezett a közelmúltban is, bár „most" éppen itt áll és van, és nem az idáig tartó úton, valamelyik múltban keletkezett lábnyománál. Most rákiált barátja, Jóska [„most(3)"]. – Bekapunk egy sört, Pali? – Mire Pál: – Most nem lehet, még előbb beugrom a fűszereshez. De 10 perc múlva találkozunk a kocsmában. – Pál [„most(4)"] továbbindul, eredeti szándéka szerint a fűszereshez. Ám a járdán haladva egy emeleti ablakból lehulló cserepes virág [„most(5)"] fejbe találja, és azonnal meghal. Tehát ezzel a jövőben Pál már nem fog élőként létezni, mert hisz' élete [„most(5)"]-nél megszűnt. Így többé biztosan nem jut el úti céljához, sem a sarki fűszereshez, sem a kocsmába a barátjához – **mert „valami" közbejött**. Tehát az idő – azaz **a „most"-ok és létmozzanataik sora „biztosan" csak mindig az aktuális „most(n)"-ig terjed, azon túl minden csak hipotézis**, azaz legjobb esetben olyan prognózis,

---

155 A „most (i)" (i=1,2,…) kiragadott jelenidőpontok, s nem időmértékegységek.

mint a várható időjárás, valamilyen valószínűségű kimenettel, amelynek teljesülése csak úgy értelmezhető, hogy mindig hozzágondoljuk azt, hogy pl. ez fog történni, „*ha valami közbe nem jön*"! Gondoljunk bele! Végül is azt sem tudhatjuk biztosan – csak legfeljebb valószínűsíthetjük –, hogy a Föld holnap még létezni fog. Viszont az tény, hogy a „most" az „időtengely" mentén „haladni látszik előre", mert eleddig minden soron következő „most(n)" pillanatban azt tapasztaltuk, hogy abban mindig vannak létezők, előtte és utána – már tudjuk – nincsenek. Ezt igazolja a bizonyított $T_{II.3}$ tétel is. (Az ellenkezőjére pedig nincs bizonyíték!)

***

Az idő múlását tehát így mérték (mint a szabó a rőffel a posztó hosszát) már az antik időkben is, például a napórával, a vízórával, avagy a Föld-fordulatokkal elszeparált múló Föld-létszakaszok – az egy nap, az egy hónap, az egy év –, az időegységek számának számlálásával, a középkorban pedig, az üvegfúvás kezdetétől, a homokórával is. Később jelentek meg az időmérésben a mechanikus, az elektronikus stb. órák.

Ezt az időmérést, főképp, ha „két jelenidőpont" közötti időtartam meghatározására irányul – a sportban is gyakran eszközül használt stopperóra neve alapján – *stopper módszer*nek is nevezhetjük. Például amikor elrajtolnak a síkfutók a rajt-cél vonalról, megnyomjuk a stopperóra indítógombját. A futók egy vagy több kört futnak; futásuk alatti léttartamuk minden következő aktuális pillanatát kijelzi az óra. Amikor pl. az első futó célba ér, akkor abban a jelenpillanatban megnyomjuk a stopperóra stopgombját, mire a stopperóra megáll, és számkijelzőiről vagy mutatóiról meglehetős pontossággal megállapítható az elsőnek befutó versenyző futása alatti léttartamának, másképp futása időtartamának a mért adata. Hasonlóan – e *stopper módszer* alapján – mérjük például az űrhajó világűrbe, vagy az űrszonda Mars bolygóhoz jutása alatti léttartamát, alias repülése, mozgása időtartamát. Ugyancsak így mérjük egy fizikai, kémiai, vagy biológiai stb. folyamatban résztvevő, kölcsönható létezők folyamatbeli léttartamát, hagyományos elnevezéssel e folyamatok időtartamát.

Ezek az itt említett időmérések tehát egytől egyig a klasszikus értelemben vett közvetlen mérésnek felelnek meg, egyezően a D_M definíció tartalmával, mert mindig a megfelelő *periodikus mozgás révén valamely nagyobb élettartamból elszeparált élettartamegységgel – alias időegységgel – mérünk* nála *nagyobb élettartamot (alias időtartamot)*.

Megjegyzések:

Legyen előttünk valamilyen óra[156], amely szabályosan működő. Pillantsunk rá és jegyezzük meg, hogy éppen most (*most₁*) mennyi időt mutat, majd vegyük le róla a tekintetünket. Ezután számoljunk el egyesével 1-től – mondjuk – 120-ig. Pillantsunk az órára újból, és állapítsuk meg az óra mutatta időt most is (*most₂*). Kérdés: ugyanazt az órát látjuk *most₂*-nél, mint *most₁*-nél? A válasz: nem! Ugyanis ha pontosan ugyanazt az órát látnánk *most₂*-nél, mint *most₁*-nél, akkor a látott óra nem mutatná az elmúlt, és így a *most₂*-nél aktuális jelenidőt, hisz' nem, vagy nem jól működne. Tehát a *most₂*-nél látott óra, mint létező dolog, valójában a *most₁*-nél látott órának egy lényegesen módosult létállapotú változata, míg a *most₁*-nél látott létállapotú óra-változat örökre elmúlt, e „kísérletben" vissza már nem térő óra-változat – feltéve, hogy az óra szabályosan működik továbbra is. (Persze visszaállíthatnánk az órát *most₂*-nél a *most₁* időpontra, ámde akkor sem lenne ez a „késő", de jelenbeli óra-változat azonos az eredeti, szabályosan működő, de már múltbeli óra-változattal.)

Megtévesztő lehet az a körülmény, hogy az óra főbb szerkezeti egységei és működési módja valóban **szinte** azonos, ámde

---

156 Természetesen az idő kijelzése történhet számjegyekkel (digitálisan) vagy mutatókkal, vagy bármely más módon (pl.: napóra mutatójának árnyékával, vagy homokóra maradék homokszintjével, vagy vízóra maradék vízszintjével stb.).

a szerkezeti egységek egymáshoz való viszonya, a szerkezet kopottsága, fémszerkezetének és alkatrészeinek oxidáltsága, az óra „öregedettsége", kopottsága, valamint a szerkezetet meghajtó energia mennyisége és a kijelzett időkép nyilván más, következésképp a $most_1$–nél látott tárgy a maga teljességében nem azonos a $most_2$–nél látott tárggyal.

Ez az óra-eset analóg a következő esetekkel.

1. Például: a karambolozott, összetört autót nyilván senki nem tekinti azonosnak a karambol előtti ép autóval. Avagy pl. senki nem mondaná, hogy a rólam most, 68 évesen készült fényképen látható ősz, szakállas férfi, és a rólam 22 éves koromban készült fényképen látható szőke fiatalember ugyanaz az ember. Mi több, még én sem mondanám ezt, mert sajnos pontosan tudom, hogy micsoda különbség van a két létállapotom között! ☺ Hisz' ki állíthatná azt, hogy bárki 68 évesen – biológiai, fiziológiai, mentális stb. értelemben véve – (esetleg a neve, anyja neve és egyéb születési személyi adatait kivéve) ugyanaz az ember, mint volt 22 évesen? Szerintem ép ésszel senki. [Természetesen – mint az óra néhány szerkezeti egységének azonossága – az én 22 éves génjeim és a 68 éves génjeim egy része, valamint az éntudatom is nyilván a folyamatosan változott létállapotommal nagyrészt azonos, főleg a megőrzött emlékeim okán. Ugyanakkor kinézetem, fizikai állapotom és minden sejtem, valamint az emlékeim, a bölcsességem stb. a két állapotomban lényegét tekintve más és más.]

2. Arról nem beszélve, hogy például az Androméda-köd vagy pl. a Holdunk ma látható formája, nagysága és szerkezete kialakulása időtartamának megmérése – a születésüktől kezdve – stopper módszerrel nyilván lehetetlen.

Következmények:
A szabályosan működő óra egyrészt
1. **mérőeszköze** az aktuális jelenidőponttól múló időnek (ld. e pont elején írottakat), másrészt

2. az ilyen óra a fizikai megjelenésével, a mutatott, egymástól különböző és múló létállapotaival (létmozzanataival) **megtestesíti**, s így pontosan **meghatározza az időfogalom tartalmát** a D_I és a $D_{SZÓ}$ definícióval egyezően, valamint

3. az aktuális létállapotával meghatározza az aktuális, **nagymértékben pontos jelenidőt**.

4. Végül: ezt a fajta órát használják a fizikusok az időpont és az időtartam definiálására – miközben a 2. pontban említett, az óra egymástól különböző és múló létállapotaival (létmozzanataival), mint az időfogalom lényegével nem foglalkoznak. Ez elsősorban akkor jelent számukra nagy hátrányt, ha olyan kérdéseket is meg óhajtanak tudományos alapossággal válaszolni, mint pl. mi az idő? Van-e az időnek kezdete és vége, vagy görbül-e az idő, avagy milyen, és megfordítható-e az idő iránya, avagy lehetséges-e az időutazás stb.?

2.42 Az elmúlt idő tartamának meghatározása pl. a jelen időpontig kvázi-mérés alapján

Tétel$_{II.13}$: A múltbeli időtartam nem mérhető.

Azaz: a múlt valamely két időpontja, vagy egy múltbeli és a jelen pillanat közötti idő tartamát méréssel nem lehet meghatározni, ha a „múltbeli jelenidőpont(ok)ban" elmulasztottuk a „stopper" módszer alkalmazását.

Bizonyítás:
Állítsuk a tétel ellenkezőjét!

Legyen ezért a múltbeli időtartam mérhető. De akkor a múltban van valamilyen létező óraszerű időmérő eszköz, és annak van most$_1$ jelenidőpontja, mert a jelenidő és a létező nem választható szét az igazolt $T_{II.3}$ tétel szerint. Ám a D_{MU} definíció szerint a (virtuális) múltban nincs létező, mert ahol a létező (és a létezése) az időben van, az a jelen (D_{JE}), ugyanis, mint előbb említettem, a jelenidő és a létező nem választható szét $(T_{II.3})$. Viszont inverz állításunk alapján ha a múltbeli folyamatos időmúlás tartama $(A_{II.3})$ mérhető, akkor e (virtuális) múltban van létező és annak jelenidőpontja, vagyis akkor a múlt azonos a jelennel. Ez azonban képtelenség, következésképp a múltbeli időtartam valóban nem mérhető. $(T_{II.13})$. Q.e.d. $T_P\!: D_{JE}, D_{MU}, A_{II.3}, T_{II.3}\cdot P_T\!: \emptyset$.

Megjegyzés:
Például az Androméda-köd vagy a Holdunk ma látható formája, nagysága és szerkezete kialakulása időtartamának **megmérése** stopper módszerrel **nyilván lehetetlen**.

És könnyen belátható: buta dolog lenne arra vállalkozni, hogy pl. stopperórával mérjük meg most, a jelenben, mondjuk a tegnapi Forma 1-es futam időtartamát. De tévedés lenne akár azt hinni, hogy a tegnapi futam filmfelvételének mai lejátszásával a probléma – a (virtuális) múltbeli időtartam nem mérhető – megkerülhető lenne. Ugyanis ha a filmre vett futam vetítési idejét mérjük a jelenben stopperórával, akkor a feladat ekvivalens a $T_{II.12}$-ben tárgyalt esettel, amikor is a múló (valódi) idő tartamának mérése történik a jelen időponttól (a jelenben vetítésre került filmen látható filmbeli starttól) kezdve, valamely következő jelen időpontig (itt a filmbeli futamvégig), ámde ekkor nyilvánvalóan nem a (virtuális) múltban, hanem a $most_1$(filmbeli start)-tól a $most_2$(filmbeli „leintés")-ig mérhetjük csak a futamidőt, azaz minden állapotát a futamnak egy-egy aktuális jelenpillanatban! Ez tehát ekkor is a jelenidőponttól valamelyik következő jelenidőpontig való mérés, alias stopper módszerrel, s nem azonos a $T_{II.13}$ tételbeli esettel.

És akkor most nem beszéltem pl. arról az előfordulható esetről, hogy a filmbeli futamidőt az eredetinél rövidebbnek is mérhetjük stopperóránkkal, ha pl. egy filmszakadás következtében egy-két filmkocka kimaradt az összeragasztott filmből. De a mérésben akkor is adódhat probléma, ha teszem azt a filmben látható, a startot és a célba érést jelző óra késik, vagy siet a mi stopperóránkhoz képest.

Corollárium$_{II.13/c}$**: A múltbeli időtartam csak számítással vagy kvázi-méréssel, plauzibilis becsült értékben határozható meg.**

A $T_{II.13}$ tételből már nyilvánvalóan következik e corolláriumbeli állítás igazsága. P$_T$: ∅.

A (virtuális) múltbeli időtartam lehetséges meghatározásai:

1. **Számítással:** (virtuális) múltbeli időtartam meghatározása pl. a naptár alapján, vagy pl. ismert dátumadatokból egyszerű kivonással (pl. hány éve történt egy esemény, vagy hány éves valaki, vagy hány évig tartott a II. világháború stb. – de csak becsült és plauzibilis jelleggel és nem nap és/vagy óra és/vagy perc és/vagy másodperc stb. pontossággal.)

2. **Kvázi-méréssel** meghatározott időtartamok a kronológia szerinti különféle kormeghatározási módszerekkel, pl. régészeti abszolút kormeghatározási módszerrel, valamint a kövületek, fosszíliák stb. becsült korának meghatározása kémiai-fizikai adatok (urán- vagy szénizotópos radioaktív bomlásarányokkal végzett becslés) alapján, szintén plauzibilis jelleggel.

Az években meghatározható múltbeli „abszolút" korok megállapítására természettudományos kvázi-mérési eljárások használatosak. Ezek a különböző anyagok valamely fizikai, kémiai, szerkezeti jellemzője időfüggő változásának ismeretén és statisztikailag megalapozott mérésén alapul. (Az időfüggő paraméterek vagy egy ún. „nukleáris óra", vagy pedig egy „csillagászati óra" szerint, szabályszerű ütemben változnak, a radioaktív bomlás, illetve a Naprendszer változásainak törvényszerűségei alapján.)

A (virtuális) múlt időre vonatkozó abszolút kormeghatározás néhány kémiai-fizikai módszere:

1. *Cirkon ásvány használata*
2. *C^{14} szénizotóp és a C^{12} szénizotóp arányának mérése*
3. *Urán^{133} izotóp felezési idejének felhasználásával, a bomlástermékek mennyiségének megmérése.*

2.43 A fizikusok által használt ún. „matematikai idő" és tartamának számítása

A fizikában az **s**=f(**t**) út–idő függvények által számított időt nevezhetjük – a fizikusok kedvelt megoldásaként az idő szakszerű definiálása helyett – mondjuk „matematikai időnek".[157]

Ha például az **O** objektum az **A** és a **B** térpont között mozog $\overline{AB}$=**s** méter (m) hosszúságú úton egyenletes **v** (m/mp=méter/másodperc) sebességgel, akkor kiszámítható:

1. Hány másodperc múlva ér **majd** az **O** objektum – a **jövőben** – az **A** pontból az $\overline{AB}$ =**s méterre lévő** B pontba, ha az **A** pontban van épp a t_A=0 **jelenidőpontban**? Ekkor az eredmény: a **„várható"** célba érés a **jövőben** t_B=$\overline{AB}$/**v**=**s**/**v** másodperc múlva lesz, **de csak valószínűleg – ha valami közbe nem jön**(!). [Ugyanis csak akkor biztos a célbaérés időpontja, ha az **O** mozgásának időtartamát nem számítják, hanem a klasszikus értelemben vett „stopper" módszerrel mérik ($T_{II.12}$)].

2. Mikor, hány másodperce indult az **O** objektum – a **múltban** – az **A** pontból az $\overline{AB}$ =**s méterre lévő** B pontba, ha most épp a t_B=0 **jelenidőpontban** van a **B** pontban? Ekkor az eredmény: start a **múltban valószínűleg**(!) t_A=$\overline{AB}$/**v**=**s**/**v** (mp) másodperccel ezelőtt volt. [Ám ez az adat, az indulás múltbeli időpontja, csak akkor biztos, ha az **O** mozgása időtartamát nem számítják, hanem eleve a klasszikus értelemben vett „stopper" módszerrel mérték ($T_{II.12}$)]

3. Hány másodperc alatt ér az **O** objektum – valamely **jövőbeli** időpontban – az $\overline{AB}$ =**s méterre lévő** B pontba, ha a t_A=0 **múltbeli** időpontban épp az **A** pontban volt? Ekkor az

---

157 Ezzel az erővel – mérés mellőzésekor – emlegethetnénk pl. a mágnesességet matematikai mágnesességnek, vagy a vas olvadási pontját matematikai olvadási pontnak, vagy a víz forráspontját matematikai forráspontnak stb.

eredmény: célbaérés a *jövőben, **ámde csak valószínűleg – ha valami közbe nem jön**(!) $t_B = AB/v = s/v$ (mp) másodperc alatt bekövetkezik.

4. Hány másodperc alatt ér az *O* objektum – valamely (virtuális) *múltbeli* időpontban – az $\overline{BA}$ =*s méterre lévő B* pontba, ha a $t_A = 0$ *jelenbeli* időpontban épp az *A* pontban van? Ekkor az eredmény: célbaérés a (virtuális) *múltban, **elvben**(!) $t_B = BA/v = s/v$ (mp) másodperc alatt következik be. (**Később bizonyítom, hogy ez a valóságban, csakúgy, mint az „időutazás" lehetetlen** – és ez nem trivialitás!).

5. Hány másodperc alatt ér az *O* objektum – valamely (virtuális) *múltbeli* időpontban – az $\overline{BA}$ =*s méterre lévő B* pontba, ha a $t_A = 0$ *jövőbeli* időpontban épp az *A* pontban lesz? Ekkor az eredmény: célbaérés a (virtuális) *múltban, **csak elvben**(!) $t_B = BA/v = s/v$ (mp) másodperc alatt bekövetkezik (**később szintén bizonyítom, hogy ez az „időutazás" is a valóságban lehetetlen!**).

Megállapítható, hogy az időtartam *mindegyik esetben számítással* határozható *csak* meg, mert akár a $D_{JÖ}$ definíció szerinti (virtuális) jövőt nézzük, akár a D_{MU} definíció szerinti (virtuális) múltat, egyikben sincs létező – definíció szerint. Ezért az *O* objektum (mely a jövőből a múltba utazása folytán maga is csak virtuális lehet) mozgásának (virtuális) múltbeli, illetve (virtuális) jövőbeli időtartamát minden esetben *csak fiktív* $AB = s$ út és *v* sebesség adatokból kell és lehet *kiszámítani, de csak számítani* – ám ez az eredmény csak plauzibilis adat! Mérés legfeljebb csak a jelenidőpont és egy jövőbeli, „stopper" órával mért jelenidőpont között lehetséges, a (virtuális) múltra és a (virtuális) jövőre nézve – definíció szerint – nyilvánvalóan nem.

Megállapítható az is, hogy a számítás – az adatok értelmezése függvényében – a (virtuális) múltra és a (virtuális) jövőre vonatkoztatva is elvégezhető – azonos *s/v* eredménnyel.

Megállapítható még, hogy *a számszerű eredmény független az idő irányától – hiszen a mozgás, persze csak elvben, „lejátszható időben fordítva is"* – (ld.: 4. és 5. esetet), *ha elte-*

kintünk – de csak, ha eltekintünk! – **attól a ténytől**, hogy az **O** objektum **nem létezhet** a $\overline{BA}$ =s út megtétele közben – definíció szerint – **sem a** (virtuális) **jövőben, sem a** (virtuális) **múltban.**

2.44 A létezők mozgásának és a mozgásuk időtartamának értelmezése. A létezők mozgása időtartamának, sebességének, gyorsulásának mérése, számítása vagy kvázi-mérése

Mozogjon például[158] az **L** létező (**L** élő vagy élettelen) az **A** térponttól, a t_A=**most**$_0$ **jelenidőponttól** kezdve a **B** térpontig, vagyis az $\overline{AB}$ =**s** (m) méter hosszúságú térszakaszon, az újabb t_B=**most**$_n$>t_A **jelenidőpontig**, egyenletes, vagy egyenletesen változó sebességgel.

1) Határozzuk meg az **L** létező **s** (m) hosszúságú egyenes $\overline{AB}$ térszakaszon való mozgásának Δt_{AB}=t_B-t_A=**most**$_n$-**most**$_0$ **időtartamát.**

2) Valamint állapítsuk meg, hogy mennyi **L** mozgásának v_{AB}=s/Δt_{AB} **átlagsebessége** az $\overline{AB}$ =**s** (m) hosszú térszakaszon.

3) Állapítsuk meg továbbá, hogy **L**-nek az **X** térpontban (**A**≤**X**≤**B**) mekkora a **pillanatnyi sebessége** a t_X=**most**$_i$ (i=0, 1, 2, ..., n) jelenidőpontban (t_A≤t_X≤t_B).

4) Állapítsuk meg még **L**-nek az **X** térpontban (**A**≤**X**≤**B**) mekkora a **gyorsulása.**

Ad 1) **L** mozgásának Δt_{AB}=t_B-t_A **időtartamát** célszerűen egy szabályosan működő órával pl. egy szabályosan működő stopperórával közvetlenül **mérhetjük** meg. Amint **A**-ból elmozdul **L**, t_A=**most**$_0$-nál megnyomjuk a stopperóra start gombját. Ekkor nyilván t_A=**most**$_0$=0. Ezután az **X** térpontnál leolvassuk a stop-

---

158 E példa a témakör tárgyalásához elegendő.

peróráról a t_X=$most_i$ jelenidő-adatot, majd amint **L** a **B** térponthoz ér, megnyomjuk a stopperóra stop gombját és leolvassuk a Δt_{AB}=t_B-t_A=$most_n$-$most_0$=$most_n$-0=$\underline{most}_n$ időadatot (mp).[159] Az **L mozgásának időtartama** az $\overline{AB}$ térszakaszon nyilván **azonos** az **L** AB térszakaszbeli mozgása alatti **létezése tartamával**, hiszen **L**, amikor létezik, csak akkor mozoghat a térben ($A_{1.3}$), és amikor mozog (a térben), akkor létezik ($A_{1.3}$). Nincs önmagában mozgás a mozgó létező és létezése nélkül, de nincs létező és létezése sem az ő mozgása nélkül. A léttartam-hosszat a mozgás/létezés alatt eltelt időegységek, pl. másodpercben (mp) kifejezett idő- vagy léttartam-egységek t_B=$most_n$ számával mérjük. Ekkor tehát az **L** létező AB térszakaszbeli mozgásának időtartama, ami egyben azonos e mozgása alatti létezése tartamával, számszerűen:

$$\Delta t_{AB} = t_B - t_A = most_n - most_0 = most_n - 0 = most_n \text{ (mp)}.$$

Ad 2) **L átlagsebessége** csekély plauzibilitású **kvázi-mérés** adataként meghatározható: v_{AB}=$s/\Delta t_{AB}$ (m/mp).

Ad 3) Ugyanakkor **L**-nek az **X** térpontnál a t_X=$\underline{most}_i$ jelenidőponthoz tartozó v_X **pillanatnyi sebessége** az $\overline{AB}$ =s (m) úthoz tartozó $s(t)$ út-idő függvény $s'(t)$ első deriváltja értékének kiszámításával is meghatározható t_X=$most_i$ (mp) jelenidőpontban vett „helyen". **Ez szintén kvázi-mérés adata**, ahol:
v_t=v_X=$s'(t_X)$ (m/mp).
Ámde pl. **a létező járművek tényleges** (autók, hajók, repülőgépek, űrhajók stb.) **pillanatnyi sebessége műszereik** által mutatott **klasszikus közvetett mérés alapján is** meghatározható.

---

159 Az óraszinkronizációs problémát elkerülendő mozogjon L létező egy körpályán, melynek kerülete $\overline{AB}$=s méter, és az időmérő megfigyelő az idő mérésére használt egyetlen stopperórát a rajt-cél vonalnál állva kezeli.

Ad 4) Az **L** létező a_x *gyorsulása* pedig azonos az $\overline{AB}$ =**s** (m) úthoz tartozó **s(t)** út-idő függvény **s"(t)** második deriváltjának értékével a t_x=**most**$_i$ (mp) jelenidőpontban vett „helyen". Ez az érték – a sebességből – az **s** úthossz, valamint Δt_{AB} mozgásidőtartam adatából **számítással vagy kvázi-méréssel** (azaz méréssel és számítással), de **közvetett klasszikus méréssel is** adódik (pl. autó kilométerórája, repülőgép, hajó vagy űrhajó pillanatnyi-sebességmérő műszere jelzései alapján, mely nyilván a gyorsulást és a lassulást is mutatja): a_x=**s"(t)**=**s"(t_x)**.

Tehát, mint az Ad 3) pontnál megemlítettük, a **létező** járművek tényleges **gyorsulása/lassulása** a megfelelő műszerrel **klasszikus közvetett méréssel szintén meghatározható**.

Összefoglalva:

1. Az **L létező** jelen időponttól kezdődő mozgásának időtartama azonos az **L** létezésének azon **mért** tartamával, mialatt **L** az $\overline{AB}$ térszakaszon mozog. Tehát a mozgás időtartamának **mérésénél** is léttartamot **mérünk**, „stopper módszerrel", mert a léttartam = időtartam a D_{sz} definíciónak megfelelően, noha ezt – a hagyomány szerint – időtartammérésnek nevezzük.

2. Az **L létező** szintén jelen időponttól kezdődő mozgásának **v** átlagsebessége (mialatt **L** az $\overline{AB}$ térszakaszon mozog) azonos az **L** által megtett $\overline{AB}$ =**s** (m) úthossz és **L** mozgása alatti léttartama hányadosával. Ez **kvázi-méréssel** és **klasszikus közvetett méréssel** is meghatározható.

3. Végül az **L létező** jelen időponttól kezdődő $\overline{AB}$ =**s** (m) úton való létezése alatti mozgásának **X** térponthoz tartozó v_x pillanatnyi sebessége a t_x=**most**$_i$ jelenidőpontban vett „helyen" **kvázi-méréssel**, az a_x gyorsulása a t_x=**most**$_i$ „helyen", v_x-ből, egyszerű **számítással,** másképp **kvázi-méréssel** számítható, de megfelelő **műszerekkel klasszikus közvetett méréssel is** meghatározható.

Nota bene! Az Ad 1) és Ad 3) pontok alatt vázolt adatnyerési módokra tekintettel kell lenni, amikor ezen adatokra elméletet alapozunk, mert a klasszikus mérés biztos adatot ad[160], míg a kvázi-mérés és a számítás csak valószínű adatot.

3 A létezések egyidejűsége és az idődilatáció

3.1 A létezések egyidejűsége abszolút[161]

Tétel$_{II.14}$: A létezők – bárhol is vannak a térben – mind azonos (jelen)időpontban léteznek.

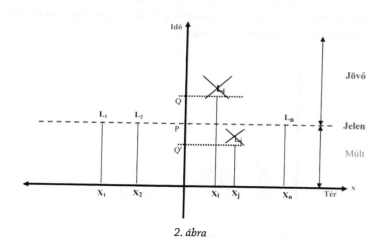

2. ábra

Tegyük fel, hogy a tétel ellenkezője az igaz! A létezők – bárhol is vannak a térben – nem mind azonos jelenidőpontban léteznek.

---

160 Nyilván a tudományosan megalapozott, elfogadható mérési hibahatáron belül.

161 Abszolút = itt: semmitől sem függő.

Legyenek L_1, L_2, L_i, L_j és L_n létezők[162]. Ekkor L_1, L_2 és L_n a P jelenidőpontban léteznek, viszont van (most) pl. két olyan létező, ez legyen éppen L_i és L_j (i<j; i=3,4,...,n-2), amelyek nem a P jelenidőpontban léteznek a többi létezővel együtt – bárhol is vannak (X_1, X_2, ... X_i, X_j, ... X_n) a térben – hanem pl. a Q jövőbeli, illetve a Q' múltbeli időpontban, ahol Q, $Q' \neq P$ (ld.: fent 2. ábrán). De ez ellentmond a D_{JE} definíciónak (mert D_{JE} szerint a létezők a jelenben vannak) és a $T_{II.3}$ tételnek, miszerint a létező (és a létezése), valamint a jelen egymástól elválaszthatatlanok. Tehát eme ellentmondás miatt az eredeti állítás az igaz, vagyis L_1, L_2, L_i, L_j, L_n mind a P jelenidőpontban léteznek – bárhol is vannak a térben ($T_{II.14}$). Q.e.d. T_{P}: D_{JE}, $T_{II.3}$, P_{T}: $T_{II.15}$.

Tétel$_{II.15}$: A létezők – bárhogyan is mozognak a térben – mozgásuk közben is mind egyazon (jelen)időpontban léteznek (a létezők egyidejűsége abszolút).

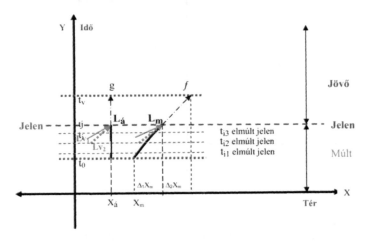

3. ábra

162 Mivel a tétel általános létezőkről szól, ezért e tétel állítása a létezőkre és testük minden pontjára vonatkozik, akkor is, ha nagyságuk és/vagy alakjuk egyező vagy tetszés szerint különböző.

Legyen $L_á$ álló, L_m pedig mozgó[163] ($L_á$=3x $\overline{AB}$ =3s[164], L_m= $\overline{AB}$ =s hosszúságú) „merev testű" létező.[165] Mozogjon az L_m létező (pl. legyen ez egy vasúti kocsi) a térbeli $[\mathbf{X}_m;(\mathbf{X}_m+\Delta_1\mathbf{X}_m+\Delta_2\mathbf{X}_m)]$ intervallumban tetszőleges sebességgel (pl. most az f görbével[166] jellemzett sebességgel, ld.: fent a 3. ábrát). Ekkor L_m a $[t_0;t_v]$ időintervallumnak mindig valamely adott jelenidőpontjában tartózkodik a térbeli mozgásának sebességétől függően, ámde $L_á$ és L_m minden aktuális jelenidő-pillanatban egyidejűen léteznek (pl. az ábrán jelzett kék szaggatott szintvonalaknál), noha $L_á$ áll a példánkban háromszor rövidebb L_m–hez képest. Tekintsük először a múló időből kiragadott t_0, majd a t_{i1}, később a t_{i2}, végül a t_{i3} jelenidőpontnál – melyek persze elmúlnak. Végül legyen az aktuális jelenidőpont t_j, melyet a zöld szaggatott szintvonal vetít az „időtengely"-re. Tehát e $[t_0;t_v]$ időintervallumban a 3x $\overline{AB}$ =3s hosszúságú $L_á$ létező (pl. a vasúti sín) L_m–hez képest relatíve nyugalomban legyen (azaz pl. most éppen $\mathbf{X}_á$ térbeli helyen a

---

163 $L_á$ álló (az összehasonlíthatóságért pl. legyen: „vasúti töltés"), L_m mozgó (pedig pl. legyen a „vasúti töltésen mozgó vonat"), hasonlóan Einstein „A speciális és általános relativitás elmélete" című, 1978-ban a Gondolat által kiadott népszerűsítő könyve 32–35. oldalán a „9. Az egyidejűség relativitása" című részében írtakhoz.

164 $L_á$=3x AB =3s hosszú pl. vasúti sín; L_m= AB =s hosszú, az előbbi vasúti töltésen valamilyen sebességgel mozgó vonat, mely a $[t_0;t_j)$ intervallumban gyorsuljon v>0 sebességig, a $[t_j;t_v]$ intervallumban viszont egyenletes v sebességgel mozogjon.

165 Az $L_á$ létezőbe és az L_m létező AB =s hosszú vonatba a vonat A, illetve a B végpontjánál egyidejűleg csapó villám itt voltaképp nem feltétele az „abszolút" egyidejűség kimutatásának, mert nem a c sebességű villámfényt tükörrel megfigyelő einsteini gondolatkísérletet alkalmazom. Itt a létaxiómákra és tételeire épülő axiomatikus-deduktív elméletrendszerben arra nincs is szükség. A történeti egyezés csak a kiinduló tényállás összehasonlíthatóságának megkönnyítésére van.

166 Az f időgörbe a t_j jelenidőt mutató vízszintes szaggatott szintvonala alatti része, azért görbül a függőlegestől kissé kifelé, hogy az L_m mozgásának ezen részét kissé gyorsulónak mutassa be, érzékeltetve ezzel, hogy nem elvárás, hogy csak egyenletesen mozogjon.

g függőleges idő-egyenes és az X tér-tengely metszésénél álljon ld.: most is a **3.** ábrát). Ugyanekkor, szintén a t_j időpontban, amikor az $L_m = \overline{AB}$ =s hosszúságú vonat valamilyen sebességgel halad az $L_\acute{a}$ sínen, csapjon bele $L_\acute{a}$ sínbe és az L_m vonatba az L_m A és B végeinél, *egyidőben*, az L_{v1} és az L_{v2} létező villámok eleje. Tehát a sínbe csapó villámot a vonat A pontjánál folytonos piros nyíl, a vonat B pontjánál piros szaggatott nyíl jelöli[167]. De ami a térben mozog, vagy relatíve nyugalomban van, az létező és létezik ($A_{I.3}$). Így L_m és $L_\acute{a}$, valamint L_{v1} és L_{v2} két villám eleje is létező a $[t_0;t_v]$ időintervallum minden $t_i \le t_j$ pontjában, ha éppen ott tartózkodik (ld.: a t_i már elmúlt jelenidőpontjait kék színű szaggatott vízszintes vonalakkal az „időtengely"-re vetítő szintvonalakat).

Merevítsük most le L_m mozgását a villámcsapás t_j pillanatában ($t_0 < t_j \le t_v$), mintha egy mozgófilm vetítését egy képkockájánál megállítanánk. Ekkor megállapíthatjuk, hogy mivel L_m és $L_\acute{a}$, valamint L_{v1} eleje és L_{v2} eleje is létezők a $[t_0;t_v]$ időintervallum bármely t_j jelenidőpontjában, ezért nyilván *mind a négy létező egyidejűleg létezik* az intervallum épp aktuális t_j jelenidő pillanatában is, de most csak ott (!), bárhol is vannak ekkor az említett létezők a térben a $T_{II.14}$ tétel szerint.

Ha most feloldjuk a mozgás kimerevítését és kihasználjuk azt a tényt, hogy t_j, valamint t_0 és t_v értékét nem rögzítettük, azaz a $t_i < t_j$ bármelyik pillanat lehet a $[t_0;t_v]$ időintervallumban, továbbá kihasználjuk azt, hogy L_m bárhogyan (egyenletes

---

167 A $T_{II.15}$ ábrán az $L_\acute{a}$ és az L_m létező g és f görbéje, valamint a t_j szaggatott időszint egyenesnek metszéspontjánál a két villámcsapást jelző két piros nyíl helyett azért van két-két (azaz egy-egy szaggatott és egy-egy folytonos) nyíl, mert ezzel kívánom érzékeltetni azt, hogy az L_m létező A és B végpontjánál az L_m-be és az $L_\acute{a}$-ba is belecsap egy-egy – de csak egy-egy – villám. Természetesen a tétel akkor is igaz, ha az ábrán $L_\acute{a}$ és az L_m létező jele nem a vasúti pályát és nem a pályán mozgó vonatot jelöli, hanem más és más létezőt – akár villámcsapások és jeleik nélkül.

vagy változó sebességgel) mozoghat $L_{\acute{a}}$-hoz képest, azzal a feltétellel, hogy L_{v1} és L_{v2} villámpár mindig egyidőben csap $L_{\acute{a}}$-ba az L_m A és B végpontjainál, és hogy L_m és $L_{\acute{a}}$ szerepe fordított is lehet, valamint azt, hogy akárhány létező is mozoghat, akkor ebből az következik: valóban igaz, hogy a létezők – bárhogyan és bárahányan mozognak is a térben – most épp $L_{\acute{a}}$ és L_m, valamint L_{v1} és L_{v2} villámcsapás (eleje) – mozgásuk közben is, s így a villámok becsapódása időpillanatában is mind egyazon t_j (jelen)időpontban léteznek (ld.: a zöld szaggatott vonalat) $(T_{II.15})$.
Q.e.d. T_P: $A_{I.3}$, $T_{II.14}$. P_T: $T_{II.15/C1}$, $T_{II.15/C2}$, $T_{II.15/C3}$, $T_{II.16}$.

Corollárium $_{II.15/C1}$: ***A létezők – bárhogyan is mozognak a térben – mozgásuk közben is egyazon (jelen)időpontban léteznek, akár azonos, akár tetszőleges mértékben különböző a nagyságuk és/vagy az anyaguk és/vagy a tömegük és/vagy az alakjuk stb.***

A $T_{II.15}$ tételből nyilvánvaló a corollárium igazsága. P_T: $\emptyset$.

***

Felhívom a kedves olvasó figyelmét arra, hogy a most következő részben az egyidejűség problémáját más aspektusból közelítem majd meg, amikor szintén azt bizonyítom, hogy az egyidejűség abszolút az einsteini állítással szemben.

Megjegyzés: Einstein a létezők egyidejűségéről.
Einstein: az egyidejűség relatív[168].

Einstein az elméletét népszerűsítő, már említett könyve „9. Az egyidejűség relativitása"[169] című részében a következőket írja, idézem:

---

168 Relatív = itt: függ a vonatkoztatási test/rendszer mozgásának v $(0 < v \leq c)$ sebességétől.

169 Ld.: Einstein „A speciális és általános relativitás elmélete" című, 1978-ban a Gondolat által kiadott népszerűsítő könyve 32–35. oldalán a „9. Az egyidejűség relativitása" című fejezetben írtakat.

*„Eddigi megfontolásainkat meghatározott testre vonatkoztattuk, amelyet «vasúti töltésnek» hívtunk. Haladjon a síneken egy nagyon hosszú vonat állandó **v** sebességgel a 4. ábrán (ld. alább) megadott irányban. A vonaton utazók előnyösen használják majd a vonatot merev vonatkoztatási testnek (koordinátarendszernek); minden eseményt a vonathoz viszonyítanak. Minden esemény, amely a pálya mentén megy végbe, a vonat egy bizonyos pontjában is lejátszódik. Az egyidejűség definíciója a vonathoz viszonyítva is ugyanúgy adható meg, mint a vasúti töltéshez viszonyítva. Ebben az esetben azonban a következő kérdés vetődik fel:*

Egyidejűek-e a vonathoz viszonyítottan is azok az események *(pl. az A és B pontokon lecsapó két villám),* **amelyek a töltéshez viszonyítva egyidejűek?** *Azonnal be fogjuk bizonyítani, hogy a* **válasznak tagadónak kell lennie.**

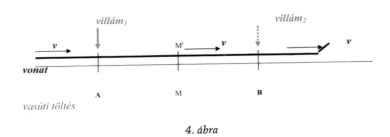

4. ábra

Ha azt mondjuk, hogy az A és B villámcsapások a töltésre vonatkoztatva egyidejűek, akkor ennek az a jelentése, hogy az A és B villámok helyéről kiindult fénysugarak az $\overline{AB}$ töltésdarab **M** felezőpontjában találkoznak. Ám **az A és B eseményeknek az A és B helyek felelnek meg a vonaton is.** Legyen **M'** a gördülő vonat $\overline{AB}$ darabjának közepe. Ez az **M'** pont **egybeesik ugyan az M ponttal a villámütés pillanatában** (a töltésről nézve), az ábra szerint azonban a vonat **v** sebességével mozog jobbfelé. Ha a vonatban az **M'** pont mellett ülő megfigyelőnek nem volna meg a vonat **v** sebessége, úgy tartósan az **M** pontban maradna, és ebben az esetben az A és B villámütésekből felvillant fénysugarak őt egyidejűleg érnék, vagyis a két fénysugár éppen nála találkozna. Csakhogy a valóságban (a töltésről

166

nézve) ő a B-ből jövő fénysugárnak elébeszalad, az A-ból érkezőtől viszont eltávolodik. Tehát a megfigyelő a B pontból jövő fénysugarat korábban fogja megpillantani, mint az A-ból jövőt. Annak a megfigyelőnek tehát, aki a vonatot használja vonatkoztató testnek, arra az eredményre kell jutnia, hogy B pontban a villám előbb csapott le, mint az A-ban. Mindebből pedig azt a fontos következtetést vonjuk le:

Olyan események, amelyek a töltéshez viszonyítva egyidejűek, a vonathoz viszonyítva *már* **nem egyidejűek, és megfordítva** *(az egyidejűség relativitása).* **Minden vonatkoztató testnek (koordinátarendszernek) megvan a saját külön ideje;** *az időadatnak csak akkor van értelme, ha a vonatkoztató testet is megadjuk, amelyre az időadatok vonatkoznak.*

A fizika a relativitás elmélete előtt hallgatólagosan **mindig feltette, hogy az időadatok abszolút jelentésűek, vagyis függetlenek a vonatkoztató rendszer mozgásállapotától.** Hogy **ez a feltevés az egyidejűség kézenfekvő definíciójával össze nem egyeztethető,** *éppen most láttuk...".*

Az einsteini felfogás kritikája.

Einstein előbb idézett álláspontját, az „egyidejűség relativitása" kérdését most a következő három 5.,6.,7. ábrával és a hozzáfűzött kommentárokkal veszem górcső alá.

Ezzel a három szemléltető ábrával jól értelmezhető az einsteini „egyidejűség relativitása" teória. E vizsgálat közben Einstein tényállításait és érvelését veszem alapul, és az einsteini matematikai-geometriai formalizmust fogom alkalmazni, nem az e könyvben előbbiekben használt saját bizonyítási módszeremet, axiómáimat, tételeimet. Viszont a probléma szemléltetéséhez előnyösebb idő~út(tér) függvény szerinti ábrázolást használom, ahol Y az idő és X az út (a tér) tengelye, szemben a mindennapi használatban ismert út~idő függvény koordinátarendszerével és a mozgások szokásos ábrájával.

Nézzük először az alábbi 5. ábrát:

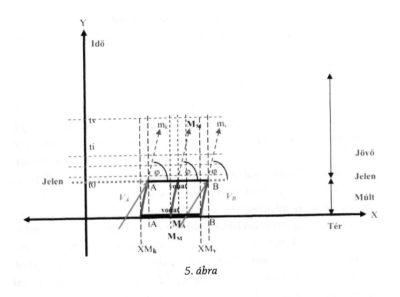

5. ábra

Jelölések legyenek a következők:

Y jelöli az idő, **X** az út (a tér) „koordinátatengelyét" (most itt **X** az egyenes vonalú vasúti pálya). A **vízszintes szaggatott vonalak** a **t** időpontok „szintvonalai" (ti. egy t ponthoz tartozó „szintvonal" minden pontja az adott **t** időpontot képviseli). A **függőleges szaggatott vonalak** az **X** „tértengely" **X** „helyeit" mutatják (azaz minden pontjuk itt **a vasúti pálya** egy adott **X** pontját képviseli). A függőlegestől és vízszintestől **eltérő** („ferde"), **színes és nyílban** végződő vonalak **mindig valamilyen sebességgel mozgó létezők mozgáspályáját jelölik (piros nyíl: a villám mozgása** a térben és az „idő"-ben; **a kék, nyílban végződő** szaggatott és nem szaggatott vonalak a vasúti pályán a **vonat mozgását illusztrálják.** Az **A** és **B** pont közötti szakasz mindenütt a vonat hosszát mutatja. **Ahol a felfelé tartó kék vonal jobbra hajolva kissé ívelt** (az ábrán a múlt részben), azon a szakaszon **a vonat gyorsul** 0-ról **v**>0 sebességig, **a szaggatott egyenes szakaszon pedig állandó v sebességgel mozog**; a kék szaggatott **egyenesek** φ **hajlásszöge** azt jelzi, hogy **a vonatnak minden pontja** – köztük a

168

kezdő-(X_{Mk}), a vég-(X_{Mv})- és a középpontja(M_{Mk}) is – *azonos v sebességgel mozog*).

Az **A** és **B** pont (az $\overline{AB}$ szakasz két végpontja) jelzi a vonat kezdő- (azaz első) és végpontját (azaz utolsó pontját) *mozgás közben*, és a sínen *még álló vonat* hosszát is, melynek X_{Mk} a kezdő-, X_{Mv} a vég- és M_M a középpontját jelenti. Következésképpen Einstein előadása, valamint a jelölések és az ábra szerint fennáll, hogy [$X_{Mk;}X_{Mv}$] zárt intervallum és az $\overline{AB}$ szakasz egyenlő hosszú, vagyis mindkettő a vonat hosszát adja. Az m_k és az m_v jelölésű „görbe" a vonat elejének, illetve végének tér-időbeli mozgását, míg az M_M jelölésű „görbe" a vonat középpontjának tér-időbeli mozgását mutatja. A V_A és V_B *piros nyilak* jelölik azt a két villámot, melyek az ábra szerint a t_0 „Jelen" időben csapnak bele mind a vonatba, mind a vasúti sínbe a vonat **A** illetve **B** végénél. *Egyidőben* ($\overline{AB}$ =[$X_{Mk;}X_{Mv}$]), mert Einstein szerint: „...*az A és B pontokon lecsapó két villám, ... a töltéshez viszonyítva egyidejű ... az A és B eseményeknek az A és B helyek felelnek meg a vonaton is*" – noha az már a t_0 „Jelen"-ben *v* sebességgel mozog jobbra. Ezen kívül $M_{\acute{A}}$ jelöli a nyugvó vasúti töltés $\overline{AB}$ szakaszának *felénél* tartózkodó $M_{\acute{A}}$, míg M_M jelöli a mozgó vonat $\overline{AB}$ szakaszának *felénél* tartózkodó M_M *megfigyelőt*[170], melyeknek helye az előbbi einsteini idézet szerint a villámcsapás pillanatában egybeesik (ld.: **5.** ábrát).

Einstein felteszi a kérdést: „*Egyidejűek-e a vonathoz viszonyítottan is azok az események (pl. az A és B pontokon lecsapó két villám), amelyek a töltéshez viszonyítva egyidejűek? Azonnal be fogjuk bizonyítani, hogy* a válasznak tagadónak kell lennie*.*" – írja.

---

170 Mind a két megfigyelő egy-egy derékszögben „hajló", a kezében tartott tükörből figyeli a lecsapó villámokat, és állapítja meg, hogy egyidőben látszanak lecsapni, avagy sem, a villámokból feléje érkezett fény megpillantása alapján. (Einstein idézett művében így „definiálta" az egyidejűséget és annak „mérését".)

Nos, erre a kérdésre az Einstein által előadott tényállításokat tükröző **6.** ábra szerint kell válaszolnom.

Az ábra és Einstein szerint az f_1 **piros nyíl mutatja** az **A** pontból **B** felé, az f_2 **piros nyíl pedig a B**-ből **A** felé **c** állandó sebességgel terjedő a villámcsapásból induló fény útját. Mivel a vonat a villámcsapástól kezdve **v** sebességgel jobbra mozog, vele mozog szintén **v** sebességgel a vonat minden pontja, így az $\overline{AB}$ szakasz felénél a vonaton tartózkodó M_M megfigyelő is. Ám az M_M megfigyelő e mozgásakor az f_2 **piros nyíl hegye** által jelzett jobbról balra terjedő fényjelnek elébe fut, míg az f_1 **piros nyíl hegye** által jelzett balról jobbra terjedő fényjeltől eltávolodik. Einstein ezt így írja: Ha a vonatban az M_M pont mellett ülő megfigyelőnek *nem volna meg a vonat **v** sebessége, úgy tartósan az $M_Á$ pontban maradna, „... és ebben az esetben az **A** és **B** villámütésekből felvillant fénysugarak őt egyidejűleg érnék, vagyis **a két fénysugár éppen nála találkozna. Csakhogy a valóságban (a töltésről nézve) ő a B-ből jövő fénysugárnak elébeszalad, az A-ból érkezőtől viszont eltávolodik. Tehát a megfigyelő a B pontból jövő fénysugarat korábban fogja megpillantani, mint az A-ból jövőt."* – Einstein ez utóbbi állításának helytálló voltát mutatja a **6.** ábra is, hiszen az M_M megfigyelő tartózkodási helyét jelző **kék nyíl hegye** és a B-ből érkező **fény** f_2 **jelének piros nyílhegye** összeér. A **fényt** jelző nyílhegy **és az** M_M **megfigyelőt** jelző **kék nyíl hegye** az ábrán azért érhetnek össze, mert a fényjel *az* M_M *megfigyelő* szemének retináján megjelent, vagyis az M_M *megfigyelő az* f_2 *fényjelet a* t_j *jelen-időpontban meglátta*. Ez utóbbi tény bizonyítja az M_M *megfigyelő* észlelése és az f_2 *fényjel* egyidejűségét. Ehhez képest viszont *az* M_M *megfigyelő* szemének retinájára **nem** esett az f_1 **fénysugár eleje** a t_j **jelen**-időpontban.

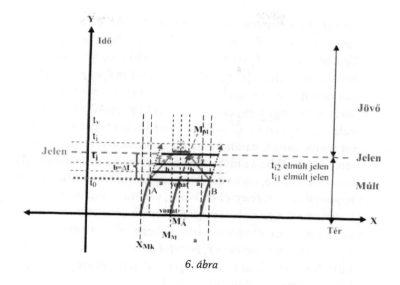

6. ábra

E két tényből Einstein arra a következtetésre jut:

„Annak a megfigyelőnek tehát, aki a vonatot használja vonatkoztató testnek, arra az eredményre **kell** jutnia, **hogy B pontban** (a vonat **B** pontjában is – G.I.) **a villám előbb csapott le, mint az A-ban** (a vonat **A** pontjában is – G.I.). Mindebből pedig azt a fontos következtetést vonjuk le:

Olyan események, amelyek a töltéshez viszonyítva egyidejűek, a vonathoz viszonyítva már **nem egyidejűek, és megfordítva** (az egyidejűség relativitása). **Minden vonatkoztató testnek (koordinátarendszernek) megvan a saját külön ideje.**"

Ez a következtetése Einsteinnek azonban téves.

Téves az alábbiak miatt:

1) M_M megfigyelő retinájának és az f_2 fényjel „elejének" érintkezése valóban és tényszerűen egyidejű – Einstein szerint is –, hisz' az M_M megfigyelő megpillantja az f_2 fényjel elejét, ezért ekkor: $t_{MM}=t_{f2}$ időpont.

2) Viszont igaz a $t_{f1}=t_{f2}$ időpont-egyenlőség is, azaz az f_1 **fényjel** és f_2 **fényjel eleje** is egyidejű minden időpillanatban, mert f_1 és f_2 fényjel sebessége azonosan **c**, ezért az f_1 és az f_2 **fény-**

171

jel a $[t_0;t_j]$ időintervallumban *az* $\left|t_j\text{-}t_0\right|=\Delta t$ idő alatt egyenlő utakat fut be. Emiatt az f_1 és f_2 fényút hossza is egyenlő. Továbbá az f_1 és f_2 fényút időtengelyen lévő *b* vetületének hossza is egyenlő: $\left|t_j\text{-}t_0\right|=\Delta t$. Azonfelül az f_1 és f_2 fényút $\overline{AB}$ szakaszon lévő *a* vízszintes vetületeinek hossza is egyenlő, mert sebességük egyenlősége folytán f_1 és $\overline{AB}$ hajlásszöge, valamint f_2 és $\overline{AB}$ hajlásszöge egyenlő. Így tehát az f_1 *fényjel* szakaszának, valamint az $\overline{AB}$ szakaszon lévő *a* jelű vetületének, továbbá az időtengelyen lévő *b* jelű vetületének Δt hosszú szakasza, olyan derékszögű háromszöget alkot, amely *egybevágó* az f_2 *fényjel* szakasza, valamint annak az $\overline{AB}$ szakaszon lévő *a* és az időtengelyen lévő *b* vetületének hosszával alkotott derékszögű háromszöggel. Következésképpen $t_{f1}\text{=}t_{f2}$, azaz f_1 *fényjel* és f_2 *fényjel eleje* is *egyidejű* – ezt mutatja **6.** ábra is, ahol az f_1 *fényjel* és f_2 *fényjel eleje* is a t_j *jelenidő szintvonalára* illeszkedik.

3) De ha $t_{MM}\text{=}t_{f2}$ és $t_{f1}\text{=}t_{f2}$, akkor az egyenlőségi reláció tranzitivitása folytán $t_{MM}\text{=}t_{f1}$ is fennáll. Azaz *akár látja* az M_M megfigyelő az f_1 *fényjel elejét*, *akár nem látja*, fennáll az f_1 *fényjel* és az f_2 *fényjel elejének* **egyidejűsége** *(csak a megfigyelő ezt egyrészt nem észleli, másrészt nem veszi figyelembe a geometria és a matematika elemi szabályait sem).* De ha az f_1 *fényjel* és az f_2 *fényjel eleje* **egyidejű**, akkor f_1 *fényjel* és az f_2 *fényjel* indulási pontja és így az *A* és *B* pontot ért két villámcsapás is egyidejű. Ezt az egyidejűséget mutatja a **6.** ábra is.

4) Sőt az egyidejűség akkor is fennáll, ha a vonat továbbmegy. (Ld.: **7.** ábrán, mely mutatja, hogy a vonat minden pontja, így az M_M megfigyelő helye is, és az f_1, f_2 *fényjelek* eleje is az újabb, aktuális t_j *Jelen*-idő szintvonalra illeszkednek, noha M_M megfigyelő már a fényjelek egyikének elejét sem látja).

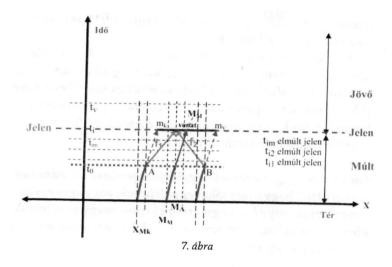

7. ábra

E következmények nem az ábrákból, hanem az Einstein említette tényekből [1] **A**-ba és **B**-be egyidőben történik a villámcsapás; 2) a villámból induló f_1 és f_2 fénysugár azonos c sebességgel terjed egymással szemben, függetlenül a vonat és a közepén tartózkodó megfigyelő v sebességétől] és azok geometriai-fizikai következményeiből adódnak! Megjegyzem: az **A** és **B** pontba egyidőben csapó két villám egyidőben induló és azonos c sebességgel haladó f_1 és f_2 fénysugarának egyidejű találkozása az $\overline{AB}$ szakasz felezőpontján ábra nélkül is nyilvánvaló, akár figyeli e találkozást megfigyelő, akár nem, akár mozog a megfigyelő, akár nem, mert e két fénysugár, egymással szemben az **A** és **B** pontból, azonos időpontban indulva és azonos c sebességgel haladva, bármely időpontig és bármilyen időtartam alatt csakis egyenlő utat futhat be. Így pl. a találkozásukig csak az $\overline{AB}$ szakasz felét teheti meg azonos idő alatt, ha egyszer egyidőben indultak. Ez akkor is igaz, ha megfigyelő értelmes lények egyáltalán nem is léteznek ott, ahol a jelenség épp lejátszódik.

Következésképpen **nem az egyidejűség relatív, hanem az egyidejűség észlelhetősége.** Az egyidejűség csak annak relatív, aki egy „szobában" végez az egyidejűség természetének megállapítására felületesen és a fizikai tényeknek, valamint azok ma-

173

tematikai-geomtriai-fizikai következményinek logikailag nem megfelelő gondolatkísérletet.

Mindebből és az axiomatikus időelméletem $T_{II.15}$ tételéből tehát már nyilvánvaló hogy az **egyidejűség abszolút**, és így **az einsteini relatív egyidejűség és minden következménye (idődilatáció, ikerparadoxon stb.) elesik** – akár Einstein „pályáján focizunk", akár nem. Ezt ezért a következő 3.2 pontban a saját elméletrendszeremben is bizonyítom.

Corollárium$_{II.15/C2}$**: A létezők egyidejűsége abszolút, azaz független attól, hogy a létezőket egyidejűnek, vagy nem egyidejűnek látjuk, vagy hogy egyáltalán látjuk avagy nem látjuk, s hogy a vonatkoztatási rendszer, melyben e létezők vannak épp, mozog vagy nem.**

A $T_{II.15}$ tételből nyilvánvaló a corollárium igazsága. P_T: Ø.

Corollárium$_{II.15/C3}$**: A létezőkre nézve van „univerzális most", azaz a létezők egyidőben léteznek, melynek ténye a mozgásuk és állapotváltozásaik megfigyelésével és regisztrálásával, a sebességüktől és a távolságuktól függő idő elmúltával, utólag megállapítható (tesztelhető).**

A $T_{II.15}$ tételből már nyilvánvaló a corollárium igazsága. P_T: Ø.

3.2 Nincs idődilatáció, és nincs a mozgó létezőknek sebességfüggő saját (helyi) idejük sem

Tétel$_{II.16}$**: Nincs idődilatáció.**[171]

Bizonyítás:

Állítsuk a tétel ellenkezőjét! Van idődilatáció.

Az összehasonlíthatóság kedvéért induljunk ki Einstein gondolatkísérletéből. Jelöljön **K** és **K'** két Descartes-féle térbeli koordinátarendszert, melyeknek megfelelő tengelyei párhuzamosak és kezdetben egybeesnek. **K** (relatíve) nyugvó, **K'** pedig egyenes vonalban, forgásmentesen és **K**-hoz képest egyenletes **v** sebességgel (0<**v**<**c**; **c** a fénysebesség) mozog az **x** tengely mentén, gravitációmentes térben[172], mondjuk a +∞ irányban. Tehát mindkettő inercia-rendszer, és $t=t'=0$ amikor $x=x'=0$ (ld.: a 8. ábrát)

Tekintsük a **K** origójában lévő, azzal együtt nyugvó **Ó**$_{ny}$ és a **K'** origójában lévő, és azzal együtt **v** sebességgel, egyenes mentén, egyenletesen mozgó **Ó**$_m$ órát. (Órának tekinthetünk bármilyen periodikus mozgású, rezgésű, működésű, vagy bizonyos idő alatt elbomló létezőt.) Legyenek ezek az órák tehát szabályosan működők (**D**$_{szó}$), és ezért nyilván egymáshoz szinkronizáltak[173]. Tegyük fel még, hogy mindkettő speciális a tekintetben, hogy létezésük csak, mint működő/létező óra értelmezett, azaz létük a $t=t'=0$ másodpercnél kezdődik egy kettyenéssel, és – ha mind-

---

171 Idődilatáció = a dilatáció jelentés itt az időre alkalmazva: idő(egység) tágulás/idő(tartam)nyúlás.

172 Itt persze gravitációmentes tér alatt, a gravitáló testektől/létezőktől olyan távol lévő vonatkoztatási testet/koordinátarendszert értek, amelyre, a nagy távolság miatt, a gravitáló testek/létezők vonzerejének hatása elhanyagolható mértékű.

173 A szabályosan működő órák – per definitionem (D$_{SZÓ}$) – „hivatalból" szinkronizáltak, hiszen minden szabályosan működő óra egyik lényegi tulajdonsága, hogy pontosan mutatja az aktuális jelenidőt, azaz a szabályosan működő órák eleve szinkronban vannak.

ketten nyugvó állapotban volnának – az időegység elteltével, azaz $t=t'=1$ másodpercnél végleg elmúlnának, és az elmúlásuk előtti időegység végén még kettyennének is egyet.

Mármost, amíg a nyugvó $Ó_{ny}$ óra utolsó kettyenése K-ban $t=1$ szekundum időegység (t) végén bekövetkezik, addig a mozgó $Ó_m$ óra K'-beli időegysége (t') végét jelző kettyenésének a nyugvó K koordinátarendszerre vonatkoztatott t_v időpontjáról a Lorentz-transzformáció szerint végzett **számításból** értesülhetünk,

miszerint az a $t_v = \dfrac{1}{\sqrt{1 - \dfrac{v^2}{c^2}}}$ >1 szekundum időpontnál volt

(ld.: alább a 8. ábrán az $P(X_{Óm};t_v)$ pontot, és $Ó_{ny}$–t, mely a nyugvó, $Ó_m$–et, mely a mozgó óra „mozgásának" pályagörbéjét jelöli).

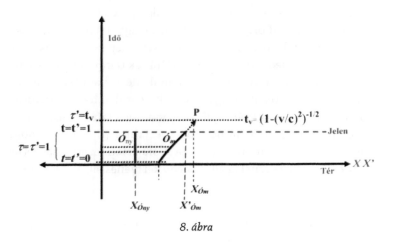

8. ábra

Tehát a transzformációs számítás alapján a mozgó $Ó_m$ óra **két kettyenése közti időegység nagyobb a K-beli nyugvó $Ó_{ny}$ óra két kettyenése közti időegységhez** viszonyítva – Einstein és a Lorentz-transzformáció, valamint inverz feltevésünk szerint. Vagyis a számított **t' időegység $t'=t_v$>t=1 nőtt**, azaz az $Ó_m$ óra **mozgása miatt helyi idődilatáció („időnyúlás")** következett be a v sebességgel mozgó K'-beli koordinátarendszerben a nyugvó K-hoz képest, s ha a K'-beli mozgó óra „ritmusa" is igazodik az „*idő/időegységnyúlás*"-hoz, akkor a mozgó $Ó_m$ óra a K-beli nyugvó $Ó_{ny}$ óra járásához képest késik.

Ámde:

1) A $T_{II.15}$ tétel értelmében a létezők (itt most az $Ó_{ny}$ és az $Ó_m$ óra) – bárhogyan is mozognak a térben – mozgásuk közben is mind egyazon jelenidőpontban léteznek, vagyis amikor t=1, akkor t'=1 is fenn kell álljon, azaz nem lehet t'=t_v>t=1. Ez azonban ellentmond az inverz állításnak, ezért az inverz állítás hamis, a tétel viszont igaz.

2) Az indirekt állítás alapján – az Einstein-alkalmazta Lorentztranszformáció szerint számítva – a két óra létezésének utolsó és minden előző pillanata nem egyazon jelenidőpontban volt, mert „megnyúlt a mozgó óra helyi időegysége és annak minden momentuma". Ez azonban **ellentmond** az előbb már említett és igazolt $T_{II.15}$ tételnek. Azaz mivel a mozgó $Ó_m$ óra a [0;**1**] időintervallumbeli mozgása közben folyamatosan létezett az $A_{I.3}$ axiómának és a $D_{szó}$ definíciónak megfelelően a nyugvó és így szintén létező $Ó_{ny}$ órával egyazon jelenidőpontokban (ld.: az ábrán a jelenidő zöld szintvonalát és alatta, az elmúlt jelenidőpontokból néhányat jelző sűrűn szaggatott fekete szintvonalakat), így a t=t'=1 szekundumnál is – $Ó_m$ akár kettyent ekkor, akár nem. Ez az ellentmondás is a tételt igazolja az indirekt állítással szemben.

3) Nem mellesleg a **transzformációs számítás szerint volt** a mozgó $Ó_m$ óra **időegysége** t_v>t=1 mp hosszú, ami **csak egy számítás (D_{sz})**, azaz elegendő számú klasszikus méréssel nem igazolt, **plauzibilis adat ($A_{II.1}$)**. Arról nem is beszélve, hogy a Lorentz-transzformáció, mint számítás, nem adja kétségbevonhatatlan okát egy hipotetikus idődilatációnak.

4) Ugyancsak nem mellékes, hogy a t=t'=1 szekundumnál kiinduló, indirekt feltételünk szerint az $Ó_{ny}$ óra „kimúlt", míg az $Ó_m$ mozgó óra a t'=1 szekundumnál, „idő(egység)dilatáció" esetén, még nem. Azonban **ez is az indirekt állítást cáfoló ellentmondás. Mert** ha egyszer, mint létezők, egyidejű létezésük

177

okán mindkét óra mutatója egyidőben, a $t=t'=1$ szekundumnál kellett mutassa az első időegység végét (az igazolt $T_{II.15}$ tétel szerint), akkor viszont mindkettő $t=t'=1$ szekundumnál egyidejűleg ki kellett múljon induló feltételünk szerint.

5) Valójában, ha az $\acute{O}_m$ mozgó óra nem múlt ki a $t=t'=1$ szekundumnál, nem az $\acute{O}_m$ mozgó óra időegysége nyúlt meg (nem volt idődilatáció), mert az idő nem nyújtható és nem zsugorítható mint egy anyaggal bíró önálló létező ($A_{l.1}$), hiszen nem az, hanem a létezők egyik elválaszthatatlan tulajdonsága (D_1). Nem volt, nincs tehát idődilatáció, vagyis csak a mozgó óra „járása lassulhatott le" a mozgása miatt.[174]

Tehát az indirekt állítás több tekintetben is ellentmondásra vezetett, ezért a tétel igaz ($T_{II.16}$). Q.e.d. T_p: D_{sz}, $D_{szó}$, $A_{l.3}$, $A_{II.1}$, $T_{II.15}$. P_T: $T_{II.16/C1}$, $T_{II.16/C2}$, $T_{II.16/C3}$.

Megjegyzés: Einstein a mozgó órák viselkedéséről.
Einstein: a mozgó óra ideje megnyúlik, azaz a mozgása miatt idődilatáció keletkezik.

Einstein ezt írja a már idézett népszerűsítő művében[175]: „*Vegyünk most vizsgálat alá egy másodperces órát, mely állandóan a K' rendszer kezdőpontjában (x'=0) nyugszik. Az óra t'=0 és a t'=1 időpontokban ketyeg egyet. A Lorentz-transzformáció első és negyedik egyenlete értelmében e két óraütésnek*

---

174 Ez a $[1-(v/c)^2]^{-1/2}$ faktor szerinti lassulás egyezik a közel fénysebességgel száguldó μ-mezonok „továbbélésének" tapasztalásával, melynek következtében azok a sztratoszférából (10 km-nél is magasabbról) a tengerszintre is lejuthatnak, holott olyan instabil elemi részecskék, melyeknek keletkezésük után átlagosan kb. 2,15 milliomod másodperc alatt el kellene bomlaniuk, így 600 méternél hosszabb utat nem tehetnének meg (ld.: Jánossy Lajos „A relativitáselmélet és fizikai valóság" című, 1967-ben a Gondolat Kiadó által megjelentetett könyve 138–139. oldalán.).

175 Ld.: Einstein „A speciális és általános relativitás elmélete"; 1978; Gondolat Kiadó által kiadott népszerűsítő könyve 44. oldalán.

a $t=0$ és a $t= \dfrac{1}{\sqrt{1 - \dfrac{v^2}{c^2}}}$

*időadatok felelnek meg. A **K rendszerből nézve** az óra **v** sebességgel mozog; ebben a rendszerben az óra **két ütése között** tehát nem*

egy másodperc, hanem $t= \sqrt{1 - \dfrac{v^2}{c^2}}$

másodperc telik el, azaz valamivel több idő." – írja Einstein.

Az einsteini felfogás kritikája.

Abból a tényből, hogy a mozgó óra, mely állandóan a **K' rendszer** *kezdőpontjában van* – Einstein szerint – «**másodperces**» óra, és abból a tényből, hogy eme óra – Einstein szerint – **t'=0 és a t'=1 időpontokban ketyeg egyet,** az következik, hogy az ilyen óra **ritmikusan** jár, vagyis **időegységenként** jelzi mutatójával és ketyegésével pontosan az idő múlását – közben viszont pontosan nem –, hiszen **t'=0**-tól 0 sebességről gyorsul, majd a **t'=1** időpontig 0 sebességre lassul. Továbbá abból az Einstein által megállapított tényből, hogy a **K** *rendszerben a Lorentz-transzformáció első és negyedik egyenlete értelmében* **e két óraütésnek**

a $t=0$ és a $t= \sqrt{1 - \dfrac{v^2}{c^2}}$

időadatok felelnek meg, egyúttal az is következik, hogy a mozgó óra 1 másodperces időegysége nyúlt meg

$t= \dfrac{1}{\sqrt{1 - \dfrac{v^2}{c^2}}} >1$

időtartamú időegységre (azaz: idődilatáció következett be), s a késlekedő óraütésnek megfelelően a mozgó óra a megnyúlt időegység miatt lassabban is jár ahhoz képest, ha nem mozogna.

Ámde az idő (az időegység, pl. a másodperc) nem nyúlhat meg (de nem is rövidülhet), mert nincs anyaga ($T_{II.10}$), mert nem önálló létező (D_I), és mert egyébként is folytonosan és egyenletesen múlik ($A_{II.3}$).

Megjegyzés$_1$:
Ha létezne idődilatáció, akkor a létező nyugvó $Ó_{ny}$ órával szinkronizált létező mozgó és szabályosan működő $Ó_m$ óra „jelene átcsúszna a jövőjébe" [ld.: 8. ábrán a $P(X_{Óm};t_v)$ pontot]. Ez azonban **képtelenség** a múlt-, jelen- és jövőidő szeparált volta miatt ($T_{II.1}$). Tehát **nincs idődilatáció**.[176]

Megjegyzés$_2$:
E II. fejezet B) része előbbi 3.1 pontja „Megjegyzés" rovatában cáfoltam Einsteinnek azt a meglátását, hogy az egyidejűség relatív. Kimutattam az egyidejűség abszolút voltát. Einstein az egyidejűség relatív jellegét a nyugvó sínen mozgó vonatot ért két egyidejűleg lecsapó villám esetében tapasztalható körülményekre alapozta. Ebből vonta le a következőket: „*Mindebből pedig azt a fontos következtetést vonjuk le: **Olyan események, amelyek a töltéshez viszonyítva egyidejűek, a vonathoz viszonyítva** már nem egyidejűek, és megfordítva (az egyidejűség relativitása). Minden vonatkoztató testnek (koordinátarendszernek) meg van a saját külön ideje...*" Azonban mint kimutattam, az egyidejűség abszolút, következésképpen **nem lehet minden vonatkoztató testnek (koordinátarendszernek) saját külön ideje, nem lehet idődilatáció**, valamint **érvénytelen ezek minden einsteini folyománya**.

---

176 Viszont a Lorentz-elvnek megfelelően a felgyorsított óra lassulása – ami nem azonos az einsteini mozgó vonatkoztatási rendszerbeli idődilatációval (időegységnyúlással) – megtörténik, a felgyorsított test kontrakciójával parallel, amint ezt Jánossy Lajos „A relativitáselmélet és fizikai valóság" című, 1967-ben a Gondolat Kiadó által megjelentetett könyve 130–135. oldalain érthetően, ábrákkal is illusztrálva szintén kifejti.

Megjegyzés$_3$:

Jánossy Lajos fizikus, akadémikus írja[177] ezügyben a következőket:
„Az óralelassulást … sokan olyan színben tüntetik fel, mintha maga
az idő lassulna le – például a rakétában. Ha a magyarázat mélyére
nézünk, arra a meggyőződésre kell jutnunk, hogy egy ilyen kijelentés tökéletesen **értelmetlen**. Mit jelentsen az, hogy a rakéta ideje
lelassult? Ennek a kijelentésnek csak akkor lenne értelme, ha feltételeznénk, hogy a rakéta utasai nemcsak a lélegzéshez szükséges oxigént viszik magukkal és tárolják a kabinjukban, hanem az időt is, és
ez az idő a rakéta felgyorsulásakor lelassul, magával ragadva órákat,
embereket és berendezéseket. Ezt a szemléltetési módot éppen azért
alkalmaztuk, hogy kimutassuk, milyen **képtelen következtetésre vezet, ha az idő lelassulásáról beszélünk. Az időnek nincs
ritmusa**[178], tehát nem is lassulhat le vagy gyorsulhat fel; a fizikai
folyamatoknak (vagy pl. egy órának – G.I.) lehet ritmusa, ami egymáshoz képest megváltozhat. Ez az, amit a rakétákkal kapcsolatban
ismertetett gondolatkísérletek és a bomló részecskékkel végrehajtott
valóságos kísérletek[179] egyaránt mutatnak."

**Corollárium$_{II.16/C1}$: Nincs a különböző módon mozgó létezőknek
„saját", más létezők idejétől különböző, ún. „helyi" idejük.**

A **T**$_{II.16}$ tételből nyilvánvaló a corollárium igazsága. P$_T$: Ø.

**Corollárium$_{II.16/C2}$: Az univerzumban végtelenül sokféle élő és
élettelen (makró és mikró) létező van, s e létezők, egymáshoz képest különböző sebességgel mozognak. Nem lehet és
értelmetlen feltételezni végtelen sokféle „saját", más létezők idejétől különböző „helyi" időt, ami – ha volna – az idő
mérését értelmetlenné és lehetetlenné tenné.**

---

177 Jánossy Lajos „A relativitáselmélet és fizikai valóság" című, 1967-ben
a Gondolat Kiadó által megjelentetett könyve 228. oldalán.
178 Egy órának lehet, de nem az időnek.
179 A μ-mezon és más elemirészecske-kísérletek felvázolását lásd idézett
mű 210–211. oldalán.

A $T_{II.16}$ tételből nyilvánvaló a corollárium igazsága. P_T: Ø.

Corollárium$_{II.16/C3}$: Nincs a mozgó létezőknek „saját" ún. „helyi" idejük, azért sem, mert a létezés, azaz az idő nem önálló létező, csak annak egy tulajdonsága, így nincs nyújtható-zsugorítható teste/anyaga sem.

A $T_{II.16}$ tételből nyilvánvaló a corollárium igazsága. P_T: Ø.

4 Az időutazás

4.1 Az időutazás hipotézise

Több **neves fizikus** bizonyos feltételek mellett **nem tartotta/ tartja lehetetlennek az időutazást**. Nem csoda, hogy a téma ezek után megragadta a sci-fi írók fantáziáját is. Neves tudósok állítják, hogy bizonyos körülmények között valamely létező „átléphet" a jelenből a jövőbe vagy a múltba, s egyes felfogások szerint még be is avatkozhat akár a múlt történéseibe, s így megváltoztatható a történelem eredeti menete. Vagy a jövőbe „átlépő" létező információkat szerezhet, s ezt a jelenbe visszatérve hasznosíthatja. Kevésbé vérmes elképzelések szerint a múltba vagy a jövőbe „behatoló létező" csak mint egy filmet „nézheti a múlt vagy a jövő eseményeit", s csak információkat szerezhet azokról, de be nem avatkozhat a folyamatok menetébe.

Például: **Kurt Gödel** osztrák matematikus és filozófus szerint[180] a gravitációs egyenleteknek vannak olyan kozmológiai megoldásaik, amelyekből bizonyos forgó **univerzumok** létezé-

---

180 K. Gödel tanulmányából idézi P. A. Schilpp az Albert Einstein als Philosoph und Naturforscher. Kohlhammer (Stuttgart, 1955.) könyv 406–412. oldalán.

sére lehet következtetni. *Ezekben az univerzumokban elvileg nem lehet kizárni annak a lehetőségét*, hogy egy elég nagy kiterjedésű zárt görbét leíró űrhajóban mindenki elutazhat a saját múltjába vagy a jövőjébe, és onnan visszatérhet a saját jelenébe. *Albert Einstein* a következő 9. ábra kíséretében fejti ki ezzel kapcsolatos nézetét:

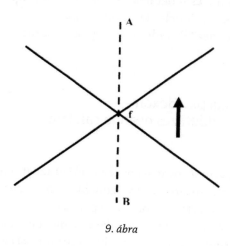

9. ábra

„Ha *P* egy világpont (a téridő-kontinuum egy elemi eseménye – G.I.), akkor egy »fénykúp« tartozik hozzá (ds²=0) – [lásd: *P*-nél a kúpok metszetének csúcsát]. Húzzunk *P*-n keresztül egy »idő jellegű« világvonalat (szaggatott vonal), és vegyük szemügyre a rajta levő közeli *B* és *A* világpontokat, amelyeket *P* elválaszt egymástól. Van-e értelme nyíllal ellátni a világvonalat és azt állítani, hogy *B* előtte van *P*-nek, *A* pedig utána? Vajon aszimmetrikus összefüggés marad-e a relativitáselméletben a világpontok időbeli viszonya, vagy pedig fizikai szempontból ugyanolyan jogos lenne-e az ellenkező irányba húzni a nyilat és azt állítani: *A* van a *P* előtt és *B* van a *P* után?" – teszi fel a kérdést Einstein.

Az így megfogalmazott kérdésre az a válasza, hogy ennek a kijelentésnek: „*B megelőzi A-t*", csak abban az esetben van objektív fizikai tartalma, amikor *B* és *A* egymáshoz elég közeli világpontok, mert akkor **P**-ből elektromágneses jelet csak **A**-ba küldhetünk, **B**-be azonban nem. Egy ilyen jel küldése ugyanis termodinamikailag entrópianövekedéssel járó, megfordíthatatlan folyamat. Ha azonban B és A tetszőleges mértékben eltávolodnak egymástól, és ha **önmagukba záródó** világvonalakat tételezünk fel, akkor a múlt és a jövő megkülönböztetése értelmetlenné válik, és fellépnek az egyirányú oksági összefüggésekre vonatkozó Gödel-féle paradoxonok.

Igaz-e mindez? E kérdéseket fogjuk most megvizsgálni.

4.2 Az oksági paradoxon – mint az időutazás gyenge cáfolata

Albert Einstein a „beavatkozásos" időutazást lehetetlennek tartotta a kauzális (oksági) viszonyok szabályszerűsége (az ok megelőzi az okozatot) és az oksági paradoxon[181] fellépése miatt.

Közkedvelt példa az oksági paradoxonok közül a **„nagypapa paradoxon"**. Eszerint az unoka (**mint létező**) visszament a múltba addig, amikor nagyapja még csecsemő volt, hogy kisded korában eltegye láb alól a jelenben folyton őt vegzáló nagyapját. Megfojtja a kisdedet, aki így a nagyapja már nem lehet, s nem molesztálhatja unokáját. De ez esetben viszont az unoka nem születhetett meg, következésképp nem mehetett vissza a múltba és nem ölhette meg a saját nagyapját annak csecsemőkorában. Pedig állítólag visszament...

Az oksági paradoxonnal, mint minden paradoxonnal kapcsolatban, felvethető és fel is vetik, hogy egyrészt majd a tudomány és a technika fejlődése következtében megoldódhat, „hisz' ilyenre már volt precedens". (Bár szerintem ez nem történhetett meg,

---

181 Valójában ezek nem paradoxonok (azaz látszólagos ellentmondások), hanem antinómiák (azaz valóságos ellentmondások).

csak az, hogy a tudomány és a technika fejlődése következtében a paradoxonról kiderül, hogy nem az!) Másrészt felvetik még azt is, hogy a visszacsatolást tartalmazó folyamatokban az okozat olykor megelőzheti és kiválthatja okként az okot, azt így okozattá téve. Emiatt az ok-okozat sorrend állandó volta bizonytalanná válik. Ezért e paradoxonok megléte nem erős érv, nem erős bizonyíték az időutazás lehetetlensége mellett. Tehát szükség van a szabályos bizonyításra, azaz az időutazás lehetőségének precíz cáfolatára. Ez következik most.

4.3 Az időutazás lehetetlenségének bizonyítása

$Tétel_{II.17}$: Az időutazás lehetetlen.

Kíséreljük meg bizonyítani a tétel ellenkezőjét! Az időutazás lehetséges.

Tegyük fel hát, a létező – az utazás céljából – már át is lépett a múltba vagy a jövőbe. Ámde a D_{JE} definíció szerint igaz, hogy ahol a létező (és a létezése) van, az a jelen, mert a létező (és létezése) valamint a jelen egymástól elválaszthatatlan ($T_{II.3}$). Az inverz feltétel szerint azonban a létező átlépett a múltba vagy a jövőbe. Következésképp a létező vagy nem lépett át mégsem a múltba vagy a jövőbe, noha azt állítjuk, hogy átlépett, vagy a múlt illetve a jövő azonos a jelennel. De az első eset önellentmondás (átlépett úgy, hogy nem lépett át), a második eset pedig képtelenség, hiszen a múlt, a jelen és a jövő az idő szeparált (diszjunkt) részei a létezőkre és létezéseikre nézve ($T_{II.1}$), s így a D_{MU}, és $D_{JÖ}$ definíció szerinti, a D_{JE}–től merőben különböző (D_{MU}, és $D_{JÖ}$) „időrészekben" létező nem lehet. Másképp, a létezők/létezés tekintetében merőben különböző D_{JE}, D_{MU} és $D_{JÖ}$ diszjunkt időrészek nyilvánvalóan „nem olvadhatnak egymásba", és nem válhatnak azonossá.

Tehát a tétel ellenkezőjének feltevésével ellentmondásra és képtelenségre jutottunk, ezért a tételbeli eredeti állítás az igaz:

az időutazás lehetetlen. $(T_{II.17})$. Q.e.d. $T_{P'}$: $\boldsymbol{D_{MU}}$, $\boldsymbol{D_{JE}}$, $\boldsymbol{D_{J\ddot{o}}}$, $\boldsymbol{T_{II.1}}$, $\boldsymbol{T_{II.3}}$.

$P_{T'}$: $T_{II.17/C1}$, $T_{II.17/C2}$, $T_{II.17/C3}$, $T_{II.17/C4}$, $T_{II.17/C5}$.

Corollárium$_{II.17/C1}$**: Az úgynevezett „időjellegű világvonal"**
távoli múltban illetve távoli jövőben lévő pontjainál való
önmagába záródása, miképp a „görbült" vagy „elliptikus"
idő léte – tudjuk ($T_{I.7}$, $T_{I.7/C}$) –, lehetetlen. Másképp, egy ilyen
struktúra létével a két, elemeiben merőben különböző és
így egymástól elszeparált jövő illetve múlt idő ($T_{II.1}$) olvad-
na egybe, azaz a jövő egyben a múlt lenne, a múlt pedig egy-
ben a jövő is – ami képtelenség.

A $T_{II.17}$ tételből már nyilvánvaló a corollárium igazsága. $P_{T'}$: $\varnothing$.
Corollárium$_{II.17/C2}$**: Nem változtatható meg a múlt, így a tör-**
ténelem menete sem.

A $T_{II.17}$ tételből már nyilvánvaló a corollárium igazsága. $P_{T'}$: $\varnothing$.
Corollárium$_{II.17/C3}$**: Nem szerezhető teljes és pontos informá-**
ció sem a múltról, sem a jövőről, csak részleges és plauzibilis.

A $T_{II.17}$ tételből már nyilvánvaló a corollárium igazsága. $P_{T'}$: $\varnothing$.
Corollárium$_{II.17/C4}$**: A létezők számára mindig csak a jelen van.**

A $T_{II.17}$ tételből már nyilvánvaló a corollárium igazsága. $P_{T'}$: $T_{III.4}$.

A $T_{II.17/C3}$ állítás tehát nem jelenti azt, hogy a múltról – a hajdani jelen(ek)ről – legalább **közvetett** és **hozzávetőlegesen korrekt információnk** sem lehet. Lehet. Méghozzá olyan, a jelenben fellelt bizonyítékok alapján, mint pl. a kövületek vagy a fosszíliák, vagy az égboltnak az égitestek múltbeli állapotát mutató képe, avagy az írott és a szóbeli emlékezet stb. És a jövő alakulását is bizonyos vonásai tekintetében **sejthetjük, valószínűsíthetjük,** a múlt és a jelen tényeiből adódó ismereteink alapján következtetve (extrapolációt is alkalmazva), ámde ez a jövőkép sohasem tekinthető biztosan megvalósulónak – amint pl. az időjárás előrejelzése és bármely más jóslaté sem ☺.

Corollárium$_{II.17/C5}$: *Nem létezik olyan objektum (pl. ún. féreg-lyuk), amelyen a jelenből a múltba vagy a jövőbe lehet átlépni.*

A $T_{II.17}$ tételből már nyilvánvaló a corollárium igazsága. P_T: $\emptyset$.

4.4 Miért emlékszünk a múltra, a jövőre miért nem?

Alapfogalmak: ,tudat', ,éber állapot', ,tudati lenyomat'.

Definíció$_{emlék}$: emléknek nevezzük az éber állapotban lévő élő lé-tezők (főleg az ember) tudatában, a múltban (főleg a közelmúlt-ban) volt létezők és változásaik felidézhető lenyomatát (képét, hangját stb.). P_T: $T_{II.18}$.

Megjegyzés:

Az álom(kép) az emlékek és/vagy egyes elemeiknek véletlen-szerű kombinálódása a tudatban akkor, amikor a létező éppen alszik, következésképp nem azonos az emlékkel.

Tétel$_{II.18}$: *A jövő esetleges történéseire nem tudunk emlékezni.*

Kíséreljük meg bizonyítani a tétel ellenkezőjét! A jövő esetleges történéseire tudunk emlékezni.

Az emlék az éber állapotban lévő élő létezők (főleg az ember) tudatában a múltban (főleg a közelmúltban) volt létezők és változásaik felidézhető lenyomata (**D$_{emlék}$**). Viszont a jövő az elmúlt létezők elmúlt létmomentumainak üres halmaza (**D$_{JÖ}$**). De ha a jövőben nincsenek létezők (elmúlt létezők sem), akkor nincsenek velük kapcsolatos létmomentumok, velük kapcsola-tos valós történések, és így emlékeink sem lehetnek ezekről, s a jövőről. Ellentmondásra jutottunk, ezért a tétel állítása az igaz ($T_{II.18}$). Q.e.d. T_P: **D$_{emlék}$ D$_{JÖ}$**. P_T: $\emptyset$.

5 Múlt a jelenben-paradoxon és a kvázi- vagy buborékjelen(idő)

Múlt a jelenben-paradoxon:

1.) Tudjuk, hogy a fény-, gravitációmentes környezetben – vákuumban – és közelítőleg a levegőben is $c \approx 300.000$ km/s$=3 \cdot 10^5$ km/s$=3 \cdot 10^8$ m/s azaz, 300 000 000 (háromszázmillió) m/s állandó sebességgel terjed (lásd később az $A_{11.5}$ axiómát). Emiatt a fénynek bármilyen kicsiny (de nem nulla) távolság megtételéhez igen kicsiny, ámde nullánál nagyobb időtartamra van szüksége. Például ha a barátunk, Péter, az utca túloldaláról, 10 méter távolból int nekünk, akkor a róla szemünkbe érkező fénysugárnak a távolsággal arányosan kevesebb időre – egyharmad tízmilliomod szekundumra – van szüksége e távolság megtételéhez (ld. a következő 5.2 szakasza I/g. pontját). Következésképp barátunk integetése – melyet most látunk – nyilvánvalóan korábban, a múltban történt. Sőt! Ha mellénk ér másik ismerősünk, Pál, és 1 méterről ránk köszön kalapot emelve, akkor a róla szemünkbe érkező fénysugárnak is időre, bár arányosan kevesebb időre – egyharmad százmilliomod szekundumra – van szüksége (ld.: 5.2 szakasz I/h. pont). Emiatt az ő kalaplengetése is – melyet látunk épp – nyilván korábban, a múltban történt. De akkor hogyan válthatunk szót a 10 méterre lévő Péterrel és az 1 méterre lévő Pállal, és hogyan mosolyoghatunk egymásra a jelenünkben, mert hiszen ők mindketten a múltban voltak, és nem biztos, hogy még egyáltalán vannak? A jelen(idő) – D_{JE} definíciója szerint – az az *egyetlen* (amint létrejött máris elmúló) létmomentum (**D_{LM}**), másképp *időpont vagy pillanat*, amelyben az éppen létező(k) léte (**D_{LT}**), illetve valamely létmozzanata (**D_{LSZ}**) elkezdődik, vagy folytatódik, avagy befejeződik. A múlt (idő) – a **D_{MU}** definíció szerint – az a *virtuális (azaz képzeletbeli vagy nem valódi) idő*, amelyik valamely elmúlt létező léttartamának (**D_{LT}**), valamint a még létező elmúlt létmozzanata (**D_{LSZ}**) tartamának és/vagy elmúlt létmomentumának (**D_{LM}**) összege (**D_{MU}**).

De akkor nem mosolyoghatunk egymásra a 10 méterre lévő Péterrel és az 1 méterre lévő Pállal a jelenben, mert ők – minthogy távol vannak tőlünk – a múltban mosolyogtak, s lehet, hogy válaszmosolyunkat már észre sem veszik, hiszen a rólunk induló fénysugárnak ugyanannyi időre van szüksége, hogy elérje őket, mint amennyi idő alatt hozzánk érkezett róluk a fény. Mi mégis visszamosolygunk. Ez paradoxonnak tűnik.

2) Ha a jelenidő – D_{JE} definíció szerint – mindössze egy kiterjedés nélküli pillanat, akkor hogyan lehetséges az, hogy úgy éljük meg, mintha a jelenidő folyamatosan (egy percen, egy órán stb. át) tartana? Sőt! Miért érezzük azt, hogy folyamatosan a jelenben élünk? Ha körülnézünk, miért tűnik úgy, hogy mindent mindig a jelenben látunk? Függetlenül attól, hogy ismereteink szerint a tőlünk s>0 távolságban található létezőkről (pl. távoli bolygókról, csillagokról, de földi méretek esetén is pl. egy távolabb haladó autóról, vagy egy fán ülő, majd onnan elrepülő madárról) a szemünk retinájára érkező fény (a foton) nagy valószínűséggel t=(s/c)>0 idővel ezelőtt, azaz a múltban indult el, s így a távoli létező múltbeli álló vagy mozgó képét mutatja, azt látjuk – ha a távoli létező áll vagy ha mozog. Ez szintén paradoxonnak tűnik.

A következőben e paradoxonokat kíséreljük meg feloldani.

5.1 Princípiumok

5.11 Alapfogalmak

Ismertnek tételezem fel, s így nem definiálom a következő szavakkal jelölt fogalmakat:
- ,fény', ,fényjel', ,vizuális információ', ,foton',
- ,hang', ,hangjel', ,hanghullám', ,auditív információ',
- ,sebesség', ,horizont'.

5.12 Definíció

A kvázi- vagy buborékjelen(idő) fogalmát pl. az alábbiak szerint határozhatom meg:

Definíció$_{BJ}$:
Kvázi- vagy buborékjelen(idő)nek nevezem azt a Δt_{bj} időtartamot, amely alatt vizuális és/vagy audio és/vagy más (vegyi és/vagy erő jellegű stb.) hatás/információ éri az **L** élőlényt az adott pillanatbeli K_L tartózkodási helyének ama **R**>0 sugarú f(**G$_R$**) gömbi környezete valamely **P** pontjából (**R**≥**P**>K_L=0) úgy, hogy az **L** élőlényhez **P**-ből az **L** fajtájára jellemző ΔT_R **észlelési időnél kisebb/egyenlő időtartamon belül** (azaz: 0<Δt_{bj}≤ΔT_R) jut el ez a hatás/információ (**D$_{BJ}$**).

Megjegyzés:
Ez a hatás/információ a tér ama pontjainak valamelyikéből érkezhet az ottani létezőről (A$_{II.4}$), amely azon **R** sugarú (**G$_R$**) gömb pontjának felel meg, melynek középpontjában az információt észlelő élőlény épp tartózkodik. Az emberi észlelési időnek megfelelő **D$_{BJ}$**=**G$_R$** gömb **R** sugara – vizuális információ esetében – **R**≤0,15 s·3·10^8 m/s=0,45 s·10^8 m/s=45.000.000 m=45.000 km A$_{II.5}$ és A$_{II.7}$ szerint – más esetekben **R** ennél jóval kisebb.

5.13 Létaxiómák (II.4–II.7)

4. A fény csak fényforrásból indulhat ki
Fénysugár (fotonok sora) fényforrásból indulhat csak ki (A$_{II.4}$).
P$_T$: **T$_{II.19}$**.

5. A fény 300 000 km/sec egyenletes sebességgel terjed vákuumban (közelítőleg a levegőben is) gravitációmentes térben

A fény vákuumban (közelítőleg a levegőben is) – gravitáló tömegtől távol – $c \cong 300.000$ km/s állandó sebességgel terjed ($A_{II.5}$).
P_T: $T_{II.20}$, $T_{II.22}$.

6. A hang 340 m/sec egyenletes sebességgel terjed levegőben

A hang levegőben $v_h \cong 340$ m/s állandó sebességgel terjed ($A_{II.6}$).
P_T: $T_{II.22}$.

7. A fény- ás hanghullámok együttes észlelési ideje embernél kb. 0,15 sec

A fény- és hanghullám együttesének átlagos észlelési ideje ember esetében $t_é \cong 0,15$ s $(A_{II.7})^{182}$. P_T: $T_{II.22}$.

5.2 A kvázi- vagy buborékjelen és „működése"

Tétel$_{II.19}$: Foton akkor is csak létezőről indulhat, ha egy létezőbe ütközve elnyelődik, vagy megváltozott irányba halad tovább.

Bizonyítás:

A tétel ellenkezőjét állítsuk!

Foton, ha egy létezőbe ütközve elnyelődik vagy megváltozott irányban halad tovább, akkor nem csak létezőről indulhat. Ez azonban nem lehet igaz, mert az $A_{I.7/E1}$ axióma szerint

---

182 Ez az észlelési idő nem azonos a gépjármű fékezésénél figyelembe vett észlelési idővel (annál lényegesen kevesebb). Abba beleszámítják az akadály észlelésén kívül a fékezés megkezdésére vonatkozó döntés meghozatalának időtartamát is – itt csak magát az észlelést vesszük figyelembe, a reakcióra vonatkozó döntés idejét nem. Ez az észlelési idő pl. a fénynek a létező retinájára érkezésétől az agyába jutásáig és a tudatosulásáig eltelt időt foglalja magában.

létező csak létezőből keletkezhet, a mozgó foton pedig létező $(A_{I.3})$, amely egyrészt csak létező fényforrásról indulhat $(A_{II.4})$, másrészt ha a foton elnyelődik vagy a pályája megtörik valamely létező tárgyon, vagy arról visszaverődik, avagy amiatt pályája elgörbül, akkor is létezőről indult, s nem a semmiből. Ellentmondásra jutottunk, ezért a tétel igaz $(T_{II.19})$. Q.e.d. T_P:
$$A_{I.3}, A_{I.7/E1}, A_{II.4}. \ P_T: T_{II.20}.$$

$Tétel_{II.20}$: A P térponttól r távolságban egy L létező van vagy volt a t időpontban, ha a t'=(r/c)+t időpontban (t<t') L-ről foton érkezik gravitációmentes térben a P térpontba.

Bizonyítás:
Foton csak létezőről indulhat $(T_{II.19})$. A t'=(r/c)+t igaz, mivel c a fény sebessége gravitációmentes térben az $A_{II.5}$ axióma szerint, és t induló feltétele a tételnek. Mindebből pedig következik a tétel igazsága $(T_{II.20})$. Q.e.d. T_P: $A_{II.5}, T_{II.19}. \ P_T: T_{II.20/E}.$
$Ekvivalencia_{II.20/E}$: Ha a B térpontból foton indul az L_B létezőről t' időpontban, mely a P térpontba (B≠P) érkezik a t (t'<t) időpontban, akkor B-ben az L_B létező vagy még most, a t időpontban is ott van, vagy csak a t' időpontban volt ott, mert a t" (t'<t"<t) időpontban B-ből elmozdult, avagy akkorra már elpusztult.

A $T_{II.20}$ tétellel nyilvánvaló az ekvivalencia $(T_{II.20/E})$. Q.e.d. P_T:
$T_{II.21}, T_{II.22}.$

$Tétel_{II.21}$: Ha a B térpontba foton érkezik valamely A (A≠B) térpontból, akkor a foton egy múltban létező objektumról indult, s megérkezése B-be mindig a múltbeli létezés tényét jelzi.

Bizonyítás:
Állítsuk a tétel ellenkezőjét! A B térpontba foton érkezik az A térpontból (A≠B), noha az A térpontban nem volt létező. De akkor a foton a semmiből keletkezett és érkezett B-be. Ez viszont

ellentmond az $T_{I.2}$ és a $T_{II.20/E}$ ekvivalens tételnek. Ergo a tétel igaz $(T_{II.21})$. Q.e.d. T_{P}: $T_{I.2}$, $T_{II.20/E}$. P_T: $T_{II.21/E1}$, $T_{II.21/E2}$.

Ekvivalencia$_{II.21/E1}$: A B térpontban lévő látó $É_L$ élőlény bármely A_i ($A_i\overline{B}$ =s$_i$>0, i=1,2,...) térpontban látszó L_i létező felé is tekint a jelenben, L_i-nek mindig csak a múltbeli – álló vagy mozgó – képét látja [múlt a jelenben paradoxon].

A $T_{II.21}$ tétellel nyilvánvaló az ekvivalencia $(T_{II.21/E1})$. P_T: $\emptyset$.

Ekvivalencia$_{II.21/E2}$: a jelenben, a B térpontban lévő látó $É_L$ élőlény képes a tőle $A_i\overline{B}$=s$_i$>0 (i=1,2,...) távolságra bármely A_i térpontban látszólag létező L_i-t látni, ha felé tekint, noha a látszólag létező L_i--nek mindig csak a múltbeli – álló vagy mozgó – képe jut el $É_L$-hez a B térpontba – azaz $É_L$ a jelenben L_i-nek csak ezt a múltbeli képét látja [múlt a jelenben paradoxon].

A $T_{II.21}$ tétellel nyilvánvaló az ekvivalencia $(T_{II.21/E2})$. P_T: $\emptyset$.

Vizsgáljuk meg, hogy a fény mennyi idő alatt tesz meg különböző utakat!

I. A fény (a foton) mozgása vákuumban és (közelítően) levegőben – gravitáló tömegtől kellően távol:

a) A fény (kissé kerekítve) 300 000[183] km-t 1 s (sec) alatt tesz meg $A_{II.3}$ szerint. Ez kicsivel kevesebb, mint a Hold-Föld távolság.

---

183 Alaphelyzetben a távmérővel történő távolságmérésnél a fény levegőben halad. A levegő abszolút törésmutatója 633 nm hullámhosszon, 101 325 Pa nyomáson, 20 °C-on (kerekítve) 1,00027. Az előző képlet alapján a fény sebessége levegőben:

$$c_{levegő} = \frac{c}{n} = \frac{299\,792\,458\,\text{m/s}}{1,00027} \approx 299\,712\,000\,\text{m/s}$$

(Mérések lézeres távmérővel. Öveges József-díj pályázata; 10. oldal,; 2011. október 6.) **A továbbiakban, mivel nem mérni akarunk, hanem elveket megállapítani, ezért egységesen 300 000 km/s értékkel számolok, akár vákuumban, akár levegőben, de gravitáló tömegtől távol terjed a fény. Az elveim szempontjából ezzel nem követek el érdemi hibát – G.I.**

b) 300 km-t mindössze 10^{-3} (egy ezred), azaz 1 **milli** s alatt tesz meg szintén $A_{II.3}$ szerint.

c) 30 km-t már csak 10^{-4} (egy tízezred) s alatt tesz meg $A_{II.3}$ szerint.

d) 3 km-t csak 10^{-5} (egy százezred) s alatt tesz meg ugyancsak $A_{II.3}$ szerint.

e) 300 m-t már csak 10^{-6} (egy milliomod), azaz 1 **mikro** s alatt tesz meg $A_{II.3}$ szerint.

f) 30 m-t csak 10^{-7} (egy tízmilliomod) s alatt tesz meg $A_{II.3}$ szerint.

g) 10 m-t $3^{-1} \cdot 10^{-7} = 10^{-7}/3$, azaz egyharmad tízmilliomod s alatt tesz meg $A_{II.3}$ szerint.

h) 1 m-t $3^{-1} \cdot 10^{-8}$, egyharmad százmilliomod s alatt tesz meg $A_{II.3}$ szerint.

i) 0,1 m-t $3^{-1} \cdot 10^{-9}$ (egyharmad milliárdod), azaz 3^{-1} **nano** s alatt tesz meg $A_{II.3}$ szerint.

II. A mozgófilm/a tv mozgóképének emberi érzékelése:

1) Kezdetben a mozgófilmen egy s alatt a mozgás fázisait ábrázoló 16 állóképet vetítettek – ez kissé szaggatott mozgást mutatott.

2) Később növelték az egy s alatti mozgásfázisok számát 25-re. Ez jelentősen csökkentette a mozgás szaggatottságát.

3) Ma már a mozik és tv-k egy s alatt kb. 50 mozgásfázist mutatnak, így minden villózástól és szaggatottságtól mentes lett a mutatott mozgókép, mert **az emberi agy nem tudja a 0,02 másodpercig, azaz másodpercenként 50-szer egymás után mutatott állóképeken rögzített különböző mozgásfázisokat elkülöníteni egymástól.**

III. A látóhatár (a horizont) távolsága a Föld „sík"-nak tűnő felületén (pl. tenger, vagy nagyobb tó, sík terep) 1,7 m szemmagasságú embert figyelembe véve:

Jelölje d a horizont nagyságát (távolságát) km-ben és h az ember szemmagasságát méterben. Ha a szemlélő ember szemmagassága h=1,7 méter:

$$d \cong 3,57 \cdot \sqrt{h} = \sqrt{13h}\,(km) = 3,57 \cdot \sqrt{1,7} \cong 4,7 \; km$$

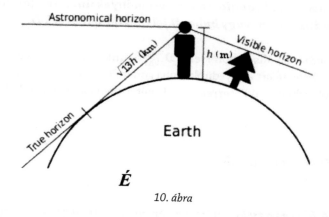

10. ábra

kb. 4,7 km sugarú kör a látóhatár (a horizont) kiterjedtsége [ld.: 10. ábra, True horizon – $(13h)^{\frac{1}{2}}$(km) szakasza]. Ami a szemlélő szemmagasságát és a kb. 4,7 km-re lévő horizontot összekötő, a földgömböt érintő, $\acute{E}$ egyenesen mérve a 4,7 km-re lévő horizonton túl van, abból mindössze akkora rész látható, amennyi belőle az $\acute{E}$ egyenes fölé magasodik (ld.: 10. ábra, True horizon). Például, ha a tengeren egy vitorlás hajó közeledik és még csak kb. 5 km-re van a tengerparton a víz szintjén álló szemlélőtől, akkor csak a vitorláit vagy annak is csak egy részét látná, ámde a hajó testét nem. A hajótest csak akkor tűnik fel, amikor a hajó elérte a szemlélőtől számított 4,7 kilométert – mindez a Föld gömb alakja, a földfelszín görbülete miatt van. Éppen ezért, ha a horizont közelében (a horizont előtt vagy után) magasabb domb vagy hegy emelkedik, akkor a szemlélő a domb vagy hegy mögötti, a földfelszínen lévő, a domb vagy hegy magasságánál nem nagyobb tárgyakból biztosan nem lát semmit sem.

Definíció$_{VBJ}$: *Az ember R sugarú (R≤0,15 s·3·10^8 m/s= 45 000 km) gömbi környezetében a létezőkkel kapcsolatosan bekövetkezett vizuális események ún. „V" (vizuális) kvázi- vagy buborékjelen(idő)ben való történések (D$_{VBJ}$).*

Definíció$_{AVBJ}$: *Az ember R sugarú (R≤0,15 s·3,4·10^2 m/ s=51 m) gömbi környezetében a létezőkkel kapcsolatosan bekövetkezett audiovizuális események ún. „AV" (audio- vizuális) kvázi- vagy buborékjelenbeli történések (D$_{AVBJ}$).*

Az audiovizuális buborékjelen D_{AVBJ} definíciója alapján már érthető, hogy miért elegyedünk szóba gondtalanul a tőlünk 10 méter távolságban lévő Péterrel és az 1 méter távolságban lévő Pállal.

5.21 Létaxióma (II.8)

8. A film és a tv képét az ember mozgónak látja, ha az egymástól alig különböző képek az emberi észlelési időnél (0,15 sec) rövidebb ideig (pl.: 0,02 szekundumig) láthatók.

A film és a tv egyetlen képkockájának megjelenítési ideje $t_m \cong 1/50$ s=0,02 s. Az egymás után folyamatosan, egyenként két század másodpercig (az emberi észlelési időnél – 0,15 szekundumnál – rövidebb ideig) mutatott, egymástól csak nagyon kis mértékben különböző állóképek sora, villózástól és szaggatottságtól mentes, folyamatosnak tűnő „mozgóképet" ad (A$_{II.8}$). P$_T$: $T_{II.22}$.

Tétel$_{II.22}$: *A buborékjelen feloldja sok élőlény (köztük az ember) számára a múlt a jelenben paradoxont.*

Bizonyítás:
A fény által 0,02 s, azaz a mozi vagy tv egy-egy állóképének vetítési ideje (a 0,15 s emberi észlelési időnél [A$_{II.7}$] rövidebb idő) (A$_{II.8}$) alatt megtett út$_c$=c·t= 300 000 km/s·0,02 s = 6 000 km

196

(majdnem a földgömb sugara és több, mint ezerszerese a horizont távolságának)! Viszont a fény a 0,02 s időhöz képest 300 métert már csupán csak 10^{-6} (azaz egymilliomod) sec., másképp 1 mikro sec. alatt tesz meg $A_{II.5}$ axióma szerint. A 10^{-6} s (egymilliomod s), másképp 1 mikro s időtartam a 0,02 s időnek mindössze a 20 ezred része (0,02 s $/10^{-6}$ s = $2 \cdot 10^{-2}/10^{-6}$ = $2 \cdot 10^{-2} \cdot 10^6$ = $2 \cdot 10^4$ = 20.000). Mármost, ha a buborékjelen (D_{BJE}) G_R gömbjének/félgömbjének R sugara 300 méter, akkor belátható, hogy e buborékjelen határáról vagy valamely belső pontjából (legyen ez a P pont) a K középpontjába érkező foton és/vagy hangjel Δt útidőtartama elhanyagolható értékkel különbözik csak a nullától (minél közelebb van a P pont a K középponthoz, annál inkább). Ebből következik, hogy pl. a K középpontban álló egészséges elméjű ember számára az R=300 méter sugarú G_R gömb/félgömb bármely P pontjában ($P \neq K$) lévő foton- és/vagy hangforrás ($A_{II.6}$) által kibocsátott hullámok az észlelő számára jelen idejűnek tűnnek, jóllehet a köztük lévő, nagyobb, mint nulla távolság miatt a foton- és/vagy a hangforrás vagy létezik a P pontban a jel(ek) K középpontba érkezésekor is, vagy már nem ($T_{II.20/E}$). A jelenidejűség illúziója annak köszönhető, hogy az állatok jórészének és az embernek az agya az evolúció folyamán az egy milliszekundumnál korábbi történés idejét a saját jelenidejétől nem kellett megkülönböztesse, ezért ma sem tudja megkülönböztetni – hisz' a rövidtávú memóriájával úgy emlékszik rá, mintha az a jelenben történt volna. Ez a tény fény és hangjel esetében is ($A_{II.7}$) – azaz audiovizuális kvázi vagy buborékjelenben (D_{AVBJ})–, valóban feloldja az ember számára *a múlt a jelenben-paradoxont* ($T_{II.22}$). Q.e.d. T_P: D_{AVBJ}, $A_{II.5}$, $A_{II.6}$, $A_{II.7}$, $A_{II.8}$, $T_{II.20/E}$. P_T: $\varnothing$.

III A TÉR

A) MI A TÉR?

1 A létezők kiterjedése „kétarcú" – egyrészt tapasztalható, másrészt nem

Ebben a részben az anyagi világ ‚tér' szóval illetett fogalmával és e tér attribútumaival foglalkozom. Az *absztrakt ‚matematikai terek'*[184] nem képezik vizsgálataim tárgyát – bár ahol szükséges, említést teszek némelyikről.[185]

---

184 TTL. 362–363. oldal; Akadémia kiadó, Budapest, 1968.

185 Absztrakt matematikai terek: pl. a háromdimenziós euklideszi (geometria szerinti) tér, mint a valós tér első absztrakciója; ennek általánosítása a Bólyai-Lobacsevstkij-féle hiperbolikus tér, melyben a Bolyai és a Lobacsevszkij alkotta hiperbolikus geometria érvényes. Ebben érvényesek az euklideszi axiómák, kivételt képez a párhuzamossági axióma. ... A 19. század közepére esik a háromnál több dimenziós euklideszi tér fogalmának megalkotása (H. Grassmann, A. Cayley). A matematikai térfogalom fejlődésében a következő döntő lépés B. Riemann nevéhez fűződik, aki 1854-ből származó értekezésében megadta a többdimenziós görbült tér általános fogalmát. Ez a térfogalom később fontos alkalmazást nyert az általános relativitás elméletében. A geometria fejlődésével mind újabb és újabb terek kerülnek vizsgálat alá, így az említetteken kívül az affin, a projektív, a metrikus, a topologikus terek, stb. A modern matematikában általában térnek (topologikus térnek) nevezik bizonyos objektumok (geometriai alakzatok, függvények stb.) olyan halmazát, amelyben a környezet (nyílt halmaz) fogalma értelmezve van. A geometria régebben csak az anyagi világ közvetlenül észlelhető térbeli formáit és viszonyait

Amint az időnél is említettem, a létezők (az élők és élettelenek) létezését – ha másképp nem, legalább műszerrel – általában tapasztalja az ember. Érzékszerveink révén többféle létező léte gyakran közvetlenül is észlelhető, „kézzel foghatóan" tapasztalható. A létükön kívül tapasztalhatjuk sok létező létét igazoló különféle, egyéb tulajdonságát is. Például kitapinthatjuk anyagának minőségét, testhőmérsékletét, érezhetjük illatát, láthatjuk (ha kell mikroszkóppal, távcsővel, vagy esetleg más műszerrel) színét, szerkezetét, nagyságát, érzékelhetjük súlyát stb. De tapasztalhatjuk – bizonyos esetekben csak műszerrel – a létezők kiterjedését (szélességét, hosszúságát, magasságát) is. A létezők kiterjedése azonban kétarcú. **Egyrészt** jelenti a konkrét – élő vagy élettelen – létezők anyaggal bíró testének szélességét, hosszúságát, magasságát/vastagságát. **Másrészt** jelenti az egyes konkrét létezők „teste" közötti anyag látható kiterjedését (gondoljunk pl. egy völgyet kitöltő ködre stb.). De jelenti például – a távcső, a spektroszkóp és a mikroszkóp feltalálása előtt – a konkrét létezők közötti, anyaggal kitöltetlennek látszó „helyeket" (pl. a Naprendszerben a Nap és a bolygói illetve más égitestek közötti, avagy például egy szoba falával, mennyezetével és padlójával körülzárt – üres doboznak tetsző – helyet, melyeket ekkor „űr"-nek, illetve „térfogat"-nak is szok-

---

vizsgálta (euklideszi geometria) az absztrakt terek segítségével viszont a modern matematika képes leírni a valóság sok más olyan formáját és viszonyát is, amelyek csak hasonlóak a térbeli formákhoz és viszonyokhoz. Absztrakt térre példa a folytonos függvények tere, ahol a tér pontjai függvények. Az általános matematikai térfogalom megalkotásában nagy szerepe volt Riesz Frigyesnek a 20. sz. elején. Azt, hogy melyik matematikai tér tükrözi vissza legpontosabban a valóságos tér tulajdonságait, csak a tudományos tapasztalat döntheti el. Bolyai korának matematikusai még azonosították a háromdimenziós euklideszi teret a valóságos térrel. A relativitás elmélete szerint a háromdimenziós euklideszi tér geometriája csak közelítőleg alkalmas a valóságos tér leírására: erre pontosabban a Riemann-geometria alkalmazható. (TTL. 362–363. oldal; Akadémia kiadó, Budapest, 1968.)

tunk nevezni – szinonimaként. Űrnek leginkább azért nevezzük az égitestek, a galaxisok közötti helyet, vagy egy edény belsejét (ekkor űrtartalmáról beszélünk), mert az számunkra ma is üresnek tűnik – noha nem az, csak az ott lévő anyag vagy apró élőlény megfelelő műszer nélkül általában nem látható. (Sőt van olyan kicsiny létező, amely még mikroszkóppal sem látható.)

Elvonatkoztatva hát a konkrét létezők által „kifeszített", anyaggal „kitöltött vagy kitöltetlennek" látszó hely esetében maguktól a létezőktől, az amúgy a létezők tulajdonságát képező három, páronként egymásra merőleges irányú kiterjedésükről, mint a létezők objektív tulajdonságáról (szélességükről, hoszszúságukról, magasságukról/vastagságukról vagy a távolságukról) beszélhetünk, ámde sohasem, mint a létezőktől független önálló entitásról.[186]

Tehátamíg a 'test', annak 'alak'-ja, a 'szélesség'-e, 'hosszúság'-a, 'magasság'-a, a 'tömeg'-e, a 'súly'-a, a 'szín'-e, a 'szag'-a, a 'hőmérséklet'-e stb. szavak által jelölt fogalmak az ember által többnyire (legalább műszeresen) tapasztalható és objektív tulajdonságait jelentik az anyagi világ mikro és makro létezőinek, addig a 'tér' nevű fogalom – jóllehet sejthetően van köze a létezőkhöz – nem egészen ilyen. Gondoljuk csak meg! Például az idő vizsgálatánál már említett felhőből a földbe csapó villám terjedése a föld felé és az alakja látható. Továbbá, színe és az általa keltett hang, valamint ha belecsap valamibe, akkor a hőmérséklete is tapasztalható (pl. meggyújtja a fát, épületet, amibe belecsapott), s e jelenség és mindezen tulajdonsága akkor is lenne, ha az emberiség nem is létezne – azaz objektív dolog. Ezzel szemben a 'tér'-nek például se színe, se szaga, se hangja, se tömege, se súlya, se hőmérséklete nem érzékelhető. Hát akkor voltaképp milyen dolgot is jelöl a 'tér' szó, melyet az emberiség ősidők óta használ? Miféle dolog a 'tér', melyet az ember ezer évek óta különféle mérőeszközökkel (pl. láb, könyök, rőf,

---

186 Entitás = valamely dolog tulajdonságainak az összessége, melyektől a dolog az, ami, illetve olyan, amilyen.

illetve méterrúd, tolómérő stb.) nagy gondossággal mér? Ezt a kérdést vizsgáljuk most meg.

Mielőtt azonban saját elméletemet a 'tér' mibenlétéről részletesen ismertetném, nézzünk néhány térre vonatkozó álláspontot ismert filozófusok, fizikusok, matematikusok felfogásán keresztül.

2 A térről vallott tudományos nézetek

E rész funkciója néhány véleményformáló tudós térrel kapcsolatos nézetei lényegének bemutatása. Ennek során, bár némelyik meglátáshoz fűzök megjegyzést, nem célom az ismertetett nézetek kimerítő bírálata. Egyező vagy eltérő álláspontom az elméletemből megmutatkozik.

Lássuk, mit gondolt a térről például az ókori Zénón, Arisztotelész vagy Ptolemaiosz, majd a középkorban N. Kopernikusz, G. Brúnó, Galilei, Kepler, G. W. Leibnitz, Isaac Newton és I. Kant. Végül hogyan vélekedett ugyanerről a XIX–XX. század határán Minkowski, Ernst Mach és Albert Einstein?

Az ókorban a filozófusok különféleképp vélekedtek a tér természetéről.

Zénón (Elea, kb. i.e.488–430) *görög filozófus* úgy tartotta, hogy **anyagtól független tér „...nincs, mert ha volna, akkor annak ismét térben kellene lennie, és így tovább, ami lehetetlen."**[187]

Arisztotelész (i.e. 384–322., görög *tudós, filozófus*) még a testek közötti űrt sem tartotta létezhetőnek. Szerinte egy test „helye" a környező test határa.[188]

---

187 TTL. 361. oldal.
188 Lásd előző lábjegyzetet.

Ptolemaiosz (i.sz. 130.) alexandriai *matematikus, csillagász, geográfus, asztrológus.* Vallotta, hogy *a tér és az anyag elválaszt-hatatlan.* Szerinte a világegyetem középpontjában nyugszik a Föld, körülötte a különböző szférák, legkívül az állócsillagok szférája, ezzel együtt vége van magának a térnek is, amely ily módon mint egy „atmoszféra" veszi körül a Földet.[189]

Szent Ágoston (i.sz. 354–430) a „Szent Ágoston vallomá-sai" című műve hetedik könyve I. fejezetében[190] a térrel kapcso-latban annyit ír, hogy „...az volt a meggyőződésem, hogy amit a térkiterjedéstől megfosztva gondolok, az egyszerűen semmi, még csak olyan űr sem, mintha például valamely testet elvi-szünk helyéből s helye minden föld, víz, légi vagy égitest híján teljesen üresen maradna, de mégis csak üres hely, mondhatnám: keretek közé szorított semmi volna. Az én anyagias felfogásom tehát, még saját mivoltom iránt is tájékozatlanul, egyszerűen semminek ítélte mindazt, aminek nem volt hely szerint való kiterjedése vagy űrben szétömlése, ami nem volt súlyos tömeg vagy szétkívánkozó légnemű test, ami ezekből semmit nem tar-talmazott, s nem tudott tartalmazni."

A középkorban a tér még *N. Kopernikusz* (1473–1543, len-gyel csillagász) számára is **véges** gömb volt.[191]

A végtelen tér, benne *a végtelen anyag* gondolatával **G. Brúnónál** jelenik meg kifejezetten, a középkorban.

J. Kepler (1571–1630) német matematikus, csillagász és op-tikus unszolására **Isaac Newton „*Principia*"**[192] című 1687-ben megjelent művében foglalkozott az idővel és a térrel. Azonban

---

189 Lásd előző lábjegyzetet.
190 Eredeti kiadvány: Szent Ágoston vallomásai/ [magyarra fordította Vass József] Budapest: Szent István Társulat, [1995]; http://mek.niif.hu/04100/04187/.
191 Lásd előző lábjegyzetet.
192 Lásd: Sir Isaac Newton: Principia; Definitions, Scholium, 1687; Fordí-totta: Andrew Motte: 1729; http://gravitee.tripod.com/definitions.htm

nem definiálta sem az időt, sem a teret. Arra hivatkozott, hogy eme fogalmak jelentését meghatározás nélkül is mindenki ismeri. Axiomatikus elméletrendszerében alapfogalomként kezelte ezeket. Ámbár néhány jellemvonásukat ismertette. Ezt írta például a térről: *"Az abszolút tér saját természeténél fogva független minden külső hatástól, változatlan és mozdíthatatlan".* Newton azt persze nem részletezte, hogy milyen is az általa említett *„abszolút"* tér természete, s hogy miben különbözik attól, ha nem lenne abszolút. Azt sem tudatta, hogy miért független minden külső hatástól, s hogy miért változatlan és mozdíthatatlan. Végül szerinte a tér (amint az idő is) önálló létező.

G. W. Leibnitz (1646–1716) szerint **az idő és a tér valami viszonylagos.**[193] Newton abszolút tér- és időfelfogását nem fogadta el, de **ő sem definiálta sem az időt, sem a teret.**

I. Kant (1724–1804) német filozófus főleg Newton hatására a teret **a priori**[194] kategóriaként kezelte.

Ernst Mach (1838–1916)[195] morvaországi osztrák fizikus, filozófus kritikája Newton tér- és időfelfogásáról befolyásolta Einsteint, aki azonban később arra a megállapításra jutott, hogy itt Mach és Newton filozófiájának szembenállásáról van szó, és hogy Mach fizikára vonatkozó kritikája nem volt eléggé megalapozott.

Albert Einstein (1870–1955) német származású elméleti fizikus relativisztikus fizikájában szintén **mellőzte a tér** (és az idő) **természetének feltárását és fogalmi meghatározását.** Ez kitűnik az 1905-ben megjelent munkájából[196], illetve az 1921-ben

---

193 Ld.: http://www.kirjasto.sci.fi/leibnitz.htm

194 Lásd: ISZSZ, Akadémia Kiadó – Kossuth Könyvkiadó 57. oldal: a priori (latin, filozófia) 1. a tapasztalatot, a tényeket megelőző; a tapasztalatot mellőző, attól független (megállapítás, ítélet).

195 E. Mach: Die Mechanik in ihrer Entwicklung historisch-kritisch dargestellt. Brockhaus, Leipzig 1933. 229. oldal.

196 Lásd: Zur Elektrodynamik bewegter Körper; von A. Einstein; Annalen der Physik IV. Folge. 17. (Eingegangen 30. Juni 1905.).

megjelent „*A speciális és általános relativitás elmélete*" című, nagyközönségnek írott könyvéből.[197] A speciális relativitáselméletben például alapvetően *az események* térbeli és időbeli „helyét" tér- és időkoordinátákkal, egymáshoz képest egyenletesen és forgásmentesen mozgó tér-koordinátarendszerekben, illetve egy-egy ezekhez tartozó „időtengelyen" határozta meg. E koordináták a K nyugvó és K' mozgó két koordinátarendszer között a *Lorentz-transzformáció* segítségével átszámíthatók. *Einstein elméletében ezzel kapcsolatban azt állítja:* a mozgó rúd viselkedése olyan, hogy *egyidejű események* (a rúd eleje és vége) *különböző helyen vannak*, azaz *a rúd a mozgása miatt rövidül* (hosszkontrakciót szenved) a másik koordinátarendszerből nézve.

Max Planck (1858–1947), német fizikus szerint valamely fizikai mennyiség mérési módjának megadása teljesen pótolja a fogalmi definíciót (ti. a fizikus szempontjából)." (Megjegyzem: ezzel, mint jogosságát a II. fejezet A) része 1. pontjában igazolom, nem érthetek egyet, mert a definiálatlanság pl. a kozmológiai kérdések terén is, már lényeges információhiányhoz, s emiatt téves következtetések levonásához vezet.)

3 Voltaképp mi a tér?

Lássuk! Mi a tér és melyek az alapvető vonásai? Erre – mint láthattuk – sem a filozófiában, sem a fizikában nincs máig egyértelmű válasz.

Nos, akkor folytassuk tovább a kutatást! Minek a megjelölésére használja az ember a 'tér' szót? Az biztos, hogy valami *ki-*

---

197 A. Einstein: „A speciális és általános relativitás elmélete"; 5. magyar kiadás, Gondolat kiadó, Budapest, 1978; fordította: Vámos Ferenc; a bevezetőt és a jegyzeteket írta: dr. Novobátzky Károly Kossuth-díjas, az eredeti könyv német kiadása 1921-ben jelent meg.

terjedéssel bíró dolognak e *mérhető kiterjedése* (szélessége, hosszúsága, magassága/vastagsága), illetve *egy* vagy *két* különböző *dolog két* különböző *pontjának távolsága* (másképp fogalmazva a két pont közötti 'helybeli' el[tér]és) jelölésére. Például gyakran szokták – s nem csak köznapi értelemben véve – azt is mondani: *„Nagy ez a tér.", „Mérjük a térbeli távolságot.", „Kimegyünk a játszótérre."* stb.

Megjegyzem: A 'tér' szó etimológiája – eredettana – szerint is hasonló jelentést kapunk: *„tér...'*terület'. Ősi, ugor kori szó, vö. osztják 'tir' adott szélesség <a halászhálónál>', 'tiraŋ' magas, mély <húzóhálónál>', 'tärimt' elterül. Az ugor alapalak 'tärɜ' tér, hely lehetett."[198]

Vizsgálódásunk tehát leszűkíthető és leszűkítendő ama létező dolgokra, amelyek 1.) objektíve *kiterjedtek* és 2.) melyeknek a *kiterjedése* – azaz valamely dimenziója szerinti *két pontjának távolsága* – valóságosan is *mérhető, számszerűsíthető,* illetve az ember által évezredek óta, a hosszúság mérésére alkalmas különféle mércékkel, más alkalmas eszközzel effektíve *mért* is.

E vonásokra is tekintettel, mi az tehát, amit a 'tér' szóval jelölt, és nagyságát évezredek óta tapasztalta, később nagy gonddal mérte az ember? Röviden: A létezők teste háromdimenziós kiterjedésének (szélességének, hosszúságának, magasságának/ vastagságának) mért/és vagy számított mértéke, illetve egy létező testén lévő *A* és *B* pont (*A≠B*), vagy pl. az L_1 létezőn lévő *A* és az L_2 létezőn lévő *B* pont mért/és vagy számított *távolsága* ($L_1≠L_2$).

A páronként merőleges irányú kiterjedésekből álló kiterjedés-hármast, mellyel szükségképp mikro- és makrovilágunk összes létezője, köztük a molekulák, az atomok és ezek elemi részecskéi, valamint a Földünk, és annak élő, illetve élettelen világa, de a Naprendszer és a galaxisunk többi objektuma és maga a Tejútrendszer, valamint az univerzum is rendelkezik,

---

198 Ld.:http://www.tankonyvtar.hu/hu/tartalom/tinta/TAMOP-4_2_509_
   Etimologiai_szotar/Etimologiai_szotar_739_739.html

nevezte el az emberiség „térnek". Mindezt úgy, hogy a történelem folyamán – több ezer év alatt – az ember a tapasztalatai és ismeretei fejlődésével fokozatosan bővítette, pontosította a „tér" fogalmának tartalmát. Tehát a „tér" a létezők kiterjedése, az ember által (legalább segédeszközökkel: mérőeszközzel, műszerrel) mindenképpen tapasztalható és objektív tulajdonsága.

Nos, mindezek után először is a 'tér' szóval jelölt fogalom definícióját pótoljuk.

B) A TÉR AXIOMATIKUS ELMÉLETE

1 A tér elméletének alapjai

1.1 Princípiumok

1.11 Alapfogalmak

A 'létező', a 'kiterjedés', az 'anyag', a 'mozgás', a 'nyugalom', a 'pályagörbe ', a 'fény sebessége – jelöli: c', az 'idő – jelöli: t', a 'koordinátarendszer', a '(hajlás)szög', a 'tér dimenziói', a 'dimenziós', az 'euklideszi tér', a 'nem-euklideszi tér', az 'euklideszi tér koordinátái', a 'Minkowski-féle tér', a 'Minkowski-féle tér koordinátái' szavak által jelölt fogalmakat itt nem definiáltam, ezeket ismert – alapfogalmaknak – tekintem. (Definiálom ezeket közvetetten a létaxiómák és ekvivalenciáik megadásán keresztül.)

1.12 Definíciók

1.121 A dimenzióval kapcsolatos fogalmak

Lássuk először néhány dimenzióval kapcsolatos fogalom definícióját:

Definíció$_D$: Dimenziónak nevezem a létezők (ill. részeik vagy halmazaik) kiterjedését, valamint a belőlük absztrakció révén kigondolt geometria alakzatok **méreteit** (azaz hosszát és/vagy

207

szélességét és/vagy magasságát, mint a megfelelő irányú virtuális vagy valós egyenes(ek) méretét) jellemző **számadato(ka)t** (D_D).

Definíció$_\emptyset$: **Nulladimenzió**snak nevezem a létező bármely pontjának és a belőle absztrakció révén kigondolt geometriai pontnak a **méreteit** (hosszát, szélességét és magasságát) jellemző **számadatot**, mely a pont esetében mindhárom tekintetben nulla, azaz a pont kiterjedés nélküli ($D_\emptyset$).

Definíció$_1$: **Egydimenzió**snak nevezem a létező bármely körvonalának, illetve a két vagy több, de nem azonos hajlásszögű metszésével keletkező metszeti élvonalának (álljon egyenes szakasz(ok)ból vagy legyen valamilyen görbe) és a belőle absztrakció révén kigondolt hasonló geometriai vonalnak a **méretét** (azaz a **hosszát**) jellemző **számadatot** (D_1).

Megjegyzés: ami egydimenziós, annak nincs szélessége és nincs vastagsága, csak hossza van.

Tekintsünk egy egydimenziós valós vagy virtuális vonalat (egyenest vagy görbét). A valós vonalra illeszkedő pontja egy létezőnek bármely irányban („előre" vagy „hátra") „mozgatható". Ugyanilyen irányban „mozgatható" egy virtuális vonalra illeszkedő pont is. Az egydimenziós végtelen valós vagy virtuális vonalon – egyenesen vagy görbén – nincs kitüntetett irány vagy hely (pl. középpont), véges szakaszán azonban legalább középpont van, de lehet még inflexiós pont, esetleg lokális vagy globális minimum- illetve maximumpont is.

Definíció$_2$: **Kétdimenzió**snak nevezem a létező bármely felszínének, illetve egy vagy több, de nem azonos hajlásszögű metszésével keletkező felületének és a belőlük absztrakció révén kigondolt geometriai alakzat (felület) **méreteit** (vagyis a hosszát és szélességét) jellemző **számadatot** (D_2).

' Megjegyzés: Ami kétdimenziós, annak nincs vastagsága, csak szélessége és hossza van.

Nézzünk egy kétdimenziós valós vagy virtuális (sík vagy görbült) felületet. A valós felületre illeszkedő pontja egy létezőnek a felületen bármely irányban („előre" vagy „hátra", „jobbra" vagy „balra", illetve a felületre simuló egyenes vagy görbe vonal mentén) mozgatható. Ugyanígy bármely irányban mozgatható egy virtuális felületre illeszkedő pont is. Következésképp a kétdimenziós valós vagy virtuális (sík vagy görbült) felületen nincs kitüntetett irány, véges kiterjedésű felületen azonban kitüntetett hely (pl. középpont) van, míg véges vagy végtelen kiterjedésű felületen lehet még az előbbin kívül inflexiós pont és/vagy lokális vagy globális minimum- illetve maximumpont, avagy ilyen típusú pontok halmazából álló egyenes).

Definíció$_3$: Háromdimenziósnak nevezek minden létezőt, vagy annak bármely részét, illetve bármelyik létezőhalmazt és a belőle absztrakció révén kigondolt geometriai alakzat **méreteit** (azaz a hosszát, szélességét és magasságát/vastagságát, mint három, páronként egymásra merőleges virtuális vagy valós egyenes méretét) jellemző **számadatot** (**D$_3$**).

Megjegyzés:
Szemléljük meg egy létező (lapos vagy görbült) háromdimenziós testét, vagy egy virtuális (lapos vagy görbült) háromdimenziós geometriai alakzat „testét". Valamely létező teste egy létező felületén vagy (él/kör)vonalán, vagy a létező belsejében valamely pontja bármely irányban („előre", „hátra","jobbra", „balra", „kifelé", „befelé", „fel" és „le") egyenes vagy görbe vonal mentén mozgatható. Ugyanígy bármely irányban mozgatható egy létező terében lévő másik létező. Ugyancsak bármely irányban mozgatható egy virtuális háromdimenziós geometriai alakzat virtuális vonalára vagy felületére illeszkedő pontja, illetve a virtuális háromdimenziós geometriai alakzatban annak belső pontja is. Következésképp a háromdimenziós valós vagy virtuális (lapos vagy görbült) testben/alakzatban nincs kitüntetett irány, a véges testben/alakzatban kitüntetett hely azonban (pl. középpont stb.) lehet.

További megjegyzés:
Persze a létezők három, kettő, egy, vagy nulladimenziósnak
tűnő egyszerű vagy összetett része csak közelít valamely virtu-
ális geometriai alakzatot. Ezért például **kvázi kettődimenzi-
ós** bármely vékony papírlap vagy hártya vagy luftballon, azon-
ban ha nagyítóval nézzük, nem felel meg a felület fogalmának.
Nagyítóval nézve ugyanis láthatólag van vastagsága, s emiatt
a kétdimenziósnak tűnő felület valójában igen vékony három-
dimenziós test.

Kvázi egydimenziós valamely létező éle (pl. a kocka, a pira-
mis vagy egy kés éle) és **kvázi nulldimenziós** valamely létezőn
lévő csúcs „végső pontja" (pl. a piramis, vagy pl. a kúp csúcsa,
a kocka csúcspontjai, vagy pl. egy kés, vagy egy tű szúrásra al-
kalmas csúcspontja), mert valójában mind igen kicsiny három-
dimenziós „testrésze" az adott létezőnek.

1.122 A tér fogalma és egyéb meghatározások

Az eddigiek alapján a tér fogalmát például a következőképpen
határozhatom meg:

Definíció$_T$
Tér elnevezéssel illetjük bármely **létező** (vagy annak egy része,
avagy összetartozó létezők egy csoportja, azaz valamely létező-
halmaz és részhalmaza) **3D szerinti kiterjedésének** (szélessé-
gének, hosszúságának, magasságának/vastagságának) **hossz-
mértékben kifejezett** konkrét **nagyságát** ($\mathbf{D}_T$).

Megjegyzés:
A geometriában ábrázolt pontnak, egyenesnek, síknak vagy
testnek nincs valós, csak absztrakció révén keletkezett virtu-
ális kiterjedése, míg a létezők testének – bármily kicsinyek le-
gyenek is azok – van valós terük/háromdimenziós kiterjedésük.

Például van valós tere/háromdimenziós kiterjedése a baktériumoknak, a vírusoknak, de még a létezőket felépítő anyag elemi részecskéinek (az atomoknak, a protonoknak, a neutronoknak, az elektronoknak stb.) is – pedig szabad szemmel nem is láthatók, sőt az utóbbiak java még mikroszkóppal sem.

A tér fogalom kapcsán fontos meghatározni még a „subler vagy tolómérő effektus" fogalmát, melyre a későbbiekben még hivatkozni fogunk.

Definíció$_{SUB}$: **Subler** vagy **tolómérő effektus**nak nevezem azt a tényt, hogy bármely létező két – P_1 és P_2 ($P_1 \neq P_2$) – felületi vagy metszeti pontjának **távolságát jellemző számadatot** egy valódi vagy elképzelt tolómérővel (alias sublerrel) meg lehet határozni. A mérés úgy történik, hogy a tolómérő a létező P_1 és P_2 pontját ($P_1 \neq P_2$) virtuálisan vagy a valóságban összekötő egyenesdarab hosszának **mérőszámát** adja meg, akként, hogy a P_1, P_2 pontot érintő mérőpofák közti, azokra merőleges és a két pontot öszszekötő valós vagy virtuális egyenesdarabbal párhuzamos, de kalibrált mérőszakasz hosszát mutatja ($\mathbf{D_{SUB}}$).

Megjegyzések:

1) A **subler effektus** működése:

Sublerrel többnyire a kézbevehető nagyságú gömbök, hengerek, hasábok, kúpok, gúlák, szabálytalan testek, stb. hozzá nem férhető átmérőjét, átlóját, illetve magasságát/vastagságát stb. szokták megmérni[199]. Ez tehát a **klasszikus mérésfajták (D_M)** egyike.

2) Egy piramis belülről hozzá nem férhető **m** magasságának meghatározása **kvázi-méréssel** történhet (ekkor tekintsük a piramist egy szabályos négyzet alapú egyenes gúlának):

---

199 Természetesen a mérés eredménye mindig legfeljebb a tudományosan indokolt mérési hibán belüli eltéréssel adódik.

A piramis **m** magasságát tehát meghatározhatjuk kvázi-méréssel:

a)   pl. a piramis éleinek mért számadatait felhasználva, a Pitagorasz-tétel kétszeri alkalmazásával

b)   vagy ha van elég hosszú sík terep a piramis mellett, akkor déli napsütésben a piramiscsúcspont árnyékánál a piramis alapnégyzetének felét összekötő **e** egyeneshez képest mért α csúcspont-látószög tangense segítségével [ahol **e=a+b,** és **a** a piramis alapélének fele, **b** a szögmérés helyéig tartó, **e** egyenesből az **a** szakasz után maradó rész] (ld.: 11. ábra). A magasság számítása: $m=tg\alpha\times(a+b)$

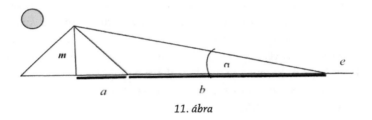

11. ábra

c) vagy kiszámíthatjuk ugyancsak **kvázi-méréssel** a piramis **m** magasságát szintén déli napsütésben a piramis árnyékának és a piramis alapnégyzetének **a** felét és árnyéka csúcsát összekötő **e** egyenesen a piramiscsúcspont árnyéka előtt, de még a piramis árnyékában merőlegesen leszúrt **d** hosszúságú bot csúcsához tartozó **f** árnyék és a piramis csúcsának az **m** magasságához tartozó (**a+b**) árnyékát légvonalban összekötő egyenes által meghatározott két hasonló derékszögű háromszög (**m**⊥**a+b** és **d**⊥**f**) segítségével [ahol **e=a+b,** és **a** a piramis alapélének fele, **b** a szögmérés helyéig tartó, **e** egyenesből az **a** után maradó szakasz] (ld.: 12. ábra). Ekkor $m=(d/f)\times(a+b)$

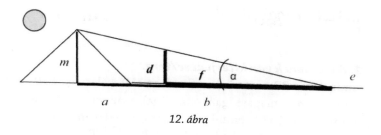

12. ábra

Azonban az a), b) és c) műveletsorok egyike sem kizárólag klasz-
szikus mérések sora (D_M), hanem klasszikus mérés, logika és
számítás (D_{SZ}) kombinációja, azaz az eredménye **kvázi-méré-
sé** (D_{QM}), ezért számértéke csak valószínű (plauzibilis) lehet.
Tehát a kapott számadat pontossága többszöri klasszikus mé-
réssel igazolandó.

3) A Nap-Föld távolságának, valamint

4) a Naprendszer, a Tejút, vagy más galaxisok és bolygóik,
avagy az univerzum valamely térrésze méreteinek meghatározá-
sa **csakis kvázi-méréssel** kapható meg, csak valószínű (plauzi-
bilis) adatként, melynek pontossága – a tudomány és technika
fejlődésének megfelelően szaporodó – klasszikus méréssekkel
többszörösen igazolandó.

***

A tér egyéb fontos tulajdonságaival a későbbiekben részlete-
sen foglalkozom.

1.13 Létaxiómák (III.1-III.3)

1. A létezőnek van kiterjedése/tere.

Aminek van **3D**-s kiterjedése (konkrét **a>0** szélessége, **b>0** hoszszúsága, **m>0** magassága/vastagsága), azaz tere, az egy létező, aminek nincs, az a semmi; ami létező, annak van **3D**-s kiterjedése/tere, a semminek nincs. $(A_{III.1})$. P_T: $T_{IV.5}$, $T_{IV.12}$, $T_{IV.14}$.
Ekvivalencia$_1$: A létező és a tere egymástól **elválaszthatatlan**, egyik sincs a másik nélkül. $(A_{III.1}/E_1)$. P_T: $T_{III.8}$.
Ekvivalencia$_2$: Létezőktől független tér nincs, mert **a tér (a kiterjedés) nem önálló létező**, hanem a létezők egyik alapvető tulajdonsága, csakúgy, mint a létezők anyaga, avagy a múlékonysága (az idő). $(A_{III.1}/E_2)$. P_T: $T_{III.5}$. $T_{III.7}$.

2. Minden létező (és/vagy része) a saját vagy egy nagyobb létező (vagy létezőrész) terében van.
Minden létező (és/vagy része) a saját vagy egy nagyobb létező (vagy létezőrész) terében van[200] $(A_{III.2})$. P_T: $T_{III.5}$.

Megjegyzés:
A tér a különféle konkrét létezők tereitől elvonatkoztatott és általánosított, objektív tartalmat hordozó fogalom – a létező 3D-s kiterjedése, illetve pontjai, vagy a létezők pontjai közötti távolság és/vagy a létező térfogata/űrtartalma értelemben.

3. A mikro- és a makrolétezők mozgása összetett: rezegnek és/vagy tengelyük körül forognak, eközben más létező gra-

---

200 Az univerzum nem lehet másik, nála nagyobb létező terében, mert nincs nála nagyobb létező. Az univerzum ugyanis végtelen kiterjedésű, ahogy ezt a IV. részben bizonyítom. Ellenben az univerzum, vagy valamely részhalmaza igen, mégpedig vagy a saját terében, vagy a mozgó rész teljes univerzumra vonatkozó komplementer részhalmazában.

*vitációs hatására parabola- vagy hiperbolapályán haladnak,
avagy másik létező(k) körül körszerű pályán keringenek.*

A mikrolétezők[201] és a makrolétezők[202] mozgása[203] összetett, azaz egyrészt rezegnek és/vagy forognak a saját (testen belüli vagy a testen kívüli) forgástengelyük körül (rotációs mozgás), másrészt eközben más létező(k) gravitációs hatására parabola- vagy hiperbolapályán is haladnak[204], avagy körszerű[205] pályán is keringenek (transzlációs mozgást végeznek) a másik létező(k), mint középpont körül $(A_{III.3})$. P_T: $T_{III.9}$, $T_{III.10}$.

Megjegyzés:
1) Rezgő és haladó (azaz hullám) mozgást végez pl. a fény.

2) Elnyújtott parabola- vagy hiperbolapályán is haladnak pl. a hosszúperiódusú üstökösök – eltekintve a rotációs és/vagy rezgő mozgásuktól.

3) Kering (transzlációs mozgást) is végez pl. a Hold a Föld, a Föld a Nap, a Nap a Tejútrendszer, míg a Tejútrendszert és az Androméda-ködöt is tartalmazó „lokális" galaxis-csoport a csoport tömegközéppontja körül – eltekintve a keringő létező vagy része rotációs és/vagy rezgő mozgásától.

---

201 Mikrolétezők pl. az atomok, az elemi részecskék és a sugárzó elemek.

202 Makrolétezők pl. az élőlények, a bolygók, a holdak (pl. a Föld és a Hold), az üstökösök, aszteroidák, kentaurok, valamint a csillagok (pl. a Nap, az Alfa Centauri hármas stb.) és a galaxisok (pl. a Tejútrendszer, az Androméda-köd stb.)

203 A mozgás relatív volta helyett az igaz az, hogy a mozgás abszolút! Relatívnak két test mozgását csak úgy ítélhetik, ha eltekintenek a környezetükben lévő más anyag/test mozgásától, mintha az nem is létezne – amint ezt már korábban is leszögeztük.

204 Pl. a hosszúperiódusú üstökösök vagy pl. a fény.

205 Körszerű=kör, vagy excentrikus kör (másképp: ellipszis).

215

1.2 A tér attribútumai

Tétel$_{III.1}$: A térnek nincs anyaga.

Bizonyítás:
Állítsuk a tétel ellenkezőjét!
A térnek van anyaga. De akkor a tér önálló létező ($\mathbf{A}_{I.1}$). Ám a $\mathbf{D}_T$ definíció szerint a tér nem önálló létező, hanem, mint a létező(k) 3D-s kiterjedésének számadata – hosszmértékben kifejezve –, „csak" a létező(k) egyik elválaszthatatlan tulajdonsága. Ellentmondásra jutottunk, tehát a tétel igaz ($T_{III.1}$). Q.e.d.
T_P: $\mathbf{D}_T$, $\mathbf{A}_{I.1}$. P_T: $\varnothing$.

Tétel$_{III.2}$: Nincs üres tér (vagy térrész).[206]

Bizonyítás:
Állítsuk a tétel ellenkezőjét!
Van üres tér (vagy térrész). Akkor viszont „az üres térben, vagy valamely üres részében" nincs létező, csak a semmi van. De a semminek nincs anyaga ($\mathbf{A}_{I.1}$, $\mathbf{A}_{I.1/E}$). Ám a tér (vagy része) egy vagy több (összetartozó) anyaggal bíró létező 3D-s kiterjedése az $\mathbf{A}_{I.1}$ axióma és a $\mathbf{D}_T$ definíció szerint, vagyis nincs üres

---

206 A $T_{III.1}$ és a $T_{III.2}$ tételbeli állítások ellentmondónak (antinómiának) tűnnek, noha csak látszólagos ellentmondást (azaz paradoxont) takarnak. Ugyanis mindkét állítás egyszerre igaz, mert egyrészt igaz az, hogy a tér – mint a létezők kiterjedése – nem anyagi tulajdonsága a létezőknek, hanem a létezők kiterjedését hosszmértékben kifejező szám, melynek tehát nincs anyaga. Másrészt az is igaz, hogy a tér – mint a létezők kiterjedése – nem lehet „üres", mert hisz' pont a létező(k) kiterjedése. Másképp fogalmazva: a térnek magának, mint a létezők kierjedésének nem lehet anyaga, mert a tér nem önálló létező. Viszont nem lehet „üres" sem, mint egy üres, „fal nélküli" doboz, mert a tér a létező(k) kiterjedése. Vagyis: létező nincs kiterjedése/tere nélkül, és kiterjedés/tér nincs a kiterjedt, anyaggal bíró létező(k) nélkül.

tér vagy térrész. Ellentmondásra jutottunk, tehát inverz állításunk hamis, a tétel igaz: nincs üres tér (vagy térrész) $(T_{III.2})$.
Q.e.d. T_P: $D_{T}, A_{I.1}, A_{I.1/E}, A_{I.2/E}$. P_T: $\emptyset$. „"

$Tétel_{III.3}$: A tér örök.

Bizonyítás:

A létezés örök ($A_{I.7/E2}$), az idő pedig maga a létezés (D_I), következésképpen az idő is örök ($T_{I.2}$) (azaz, ahogy mindig van létpillanat, úgy mindig van időbeli pillanat is, hisz' az idő maga a létezés (D_I) – annak egy nem „túl" frappáns és nem ráutaló elnevezése). Ám létező (és létezése) nincs idő és tér nélkül, de idő és tér sincs létező (és létezése) nélkül. Végül idő nincs tér és tér nincs idő nélkül, mert kettőjüket elválaszthatatlanul összeköti a létező (és létezése), melynek ezek alapvető sajátságai ($T_{II.9/E2}$). Mindebből az következik, hogy a tér (is) örök ($T_{III.3}$). Q.e.d. T_P:
$D_I, A_{I.7/E2}, T_{I.2}, T_{II.9/E2}$. P_T: $T_{III.3/E1}, T_{III.3/E2}$.
$Ekvivalencia_{III.3/E1}$: A tér nem keletkezhet a semmiből, és nem válhat semmivé, amint a létező sem, mert a tér a létező sajátsága.

A $T_{III.3}$ tételből már nyilvánvalóan igaz az ekvivalencia. P_T: $\emptyset$.
$Ekvivalencia_{III.3/E2}$: A térnek nincs sem időbeli kezdete, sem időbeli vége, sem szakadása.

A $T_{III.3}$ tételből már nyilvánvalóan igaz az ekvivalencia. P_T: $\emptyset$.

$Tétel_{III.4}$: Tér csak a mindenkori jelenben van.

Bizonyítás:

Létezők csak a mindenkori jelenben vannak, mert számukra mindig csak a jelen van ($T_{II.17/C4}$). De akkor a létezők kiterjedése – ami a tér (D_T) – is csak a mindenkori jelenben van ($T_{III.4}$).
Q.e.d. T_P: $D_T, T_{II.17/C4}$. P_T: $T_{III.4/E}, T_{III.4/C}$.
$Ekvivalencia_{III.4/E}$: Tér a múltban már nincs, a jövőben még nincs.

217

A $T_{III.4}$ tételből már nyilvánvaló, hogy az ekvivalencia igaz. P_T: $\emptyset$.

Corollárium$_{III.4/C}$: Mivel tér csak a mindenkori jelenben van, ezért a térből a múltba vagy a jövőbe átlépni nem lehet; ezért sem lehet időutazás a múltba vagy a jövőbe. A $T_{III.4}$ tételből már nyilvánvaló, hogy a corollárium igaz. P_T: $\emptyset$.

2 Térgörbülés, tér-kontrakció és pályagörbe

Tétel$_{III.5}$: A v sebességgel mozgó M tömegű/energiájú (M>0) L létező „térgörbülést/tértorzulást" nem okoz.

Bizonyítás:

Tegyük fel a tétel ellenkezőjét!

A **v** sebességgel mozgó **M** tömegű/energiájú (**M**>0) **L** létező „térgörbülést/tértorzulást" **okoz**.

Ezen inverz állítás szerint, ahol a **v** sebességgel mozgó **M** tömegű/energiájú (**M**>0) **L** létező adott pillanatban a térben (azaz – **A$_{III.2}$** szerint – egy másik létező terében) éppen van, ott van az **L** miatti „térgörbülés/tértorzulás" (**D$_G$**). De ha **L** egy létező, akkor mindenképpen mozog a térben (**T$_{II.9}$**), egy másik létező terében (**A$_{I.3}$**). Ha viszont **L** mozog a térben, akkor ahol adott időpontban **L** éppen van, ott kell legyen a mozgó **L** miatti „térgörbülés/ tértorzulás", másutt nem, hisz' ahol nincs a mozgó **L** a térben, ott nem lehet **L** miatt „térgörbülés/tértorzulás". Tehát a „térgörbülés/tértorzulás" is mozog az **L** létezővel együtt **v** sebességgel. Ha viszont a „térgörbülés/tértorzulás" mozog, és mindig csak ott van, ahol az **L** létező épp tartózkodik, akkor ez azt jelenti, hogy a tér eme időben folyamatosan, „görbülve/torzulva" változó része is **v** sebességgel mozog (**T$_{II.9}$**). De ez esetben a tér egy önálló létező az **A$_{I.3}$** axióma szerint, mert ami (vagy része) mozog/ változik, az egy létező. Ámde **ez ellentmond** az **A$_{III.1/E2}$** axiómának, miszerint a **létezőktől független tér nincs... a tér nem önálló létező... A tér ugyanis „csak" a létező(k)nek – mint a**

létező(k) 3D-s kiterjedése – egyik objektív és immanens tulajdonsága. Mivel inverz feltevésünkkel ellentmondásra jutottunk, ezért a tétel igaz $(T_{III.5})$. Q.e.d. T_P: D_G, $A_{I.3}$, $A_{III.1/E2}$, $A_{III.2}$, $T_{II.9}$. P_T: $T_{III.5/C1}$, $T_{III.5/C2}$, $T_{IV.9}$.

Corollárium$_{III.5/C1}$: A mozgó „M" tömegű/energiájú L_1 létező „térgörbülést/tértorzulást" nem okozhat,[207] **ezért a mozgó „m" tömegű/energiájú L_2 létezőre nézve (M≥m>0) L_1 nem okozhat a tér „görbítése/torzítása" révén gravitációs hatást, és ez fordítva is igaz.**

A $T_{III.5}$ tételből már nyilvánvaló, hogy e corollárium igaz. P_T: $\emptyset$.
Corollárium$_{III.5/C2}$: A tér – amiért nem görbülhet/torzulhat – ugyanazért nem is nyúlhat és nem zsugorodhat (a tér kierjedése/dilatációja és/vagy kontrakciója nem lehetséges).[208]
A $T_{III.5}$ tételből már nyilvánvaló, hogy e corollárium igaz. P_T: $T_{III.7}$.

Megjegyzések:

1) Einstein írja népszerűsítő könyvében:[209] „A K' rendszerben az x' tengelybe helyezek egy méterrudat olyképpen, hogy kezdete az x'=0 pontban, vége pedig az x'=1 pontban legyen. Mekkora a rúd hossza a K rendszerben? Hogy a kérdésre felelhessünk, csak azt kell megnéznünk, hol lesz a rúd kezdő- és végpontja a K rendszer egy bizonyos t idejében a K' rendszerhez viszonyítva? A két megadott pontra vonatkozóan a Lorentz-transzformáció első egyenletéből a t=0 időben..."

1) x (rúdkezdet)= $0 \cdot [1-v^2/c^2]^{1/2}$ méter,
2) x (rúdvég)= $1 \cdot [1-v^2/c^2]^{1/2}$ méter,

_____

a két pont távolsága (2-1): $[1-v^2/c^2]^{1/2} < 1$ méter.

---

207 Mást – pl. anyaggörbülést – okozhat, de nem térgörbülést.
208 Csak az anyaggal bíró test görbülhet/torzulhat, nyúlhat (dilatálhat)/ zsugorodhat (kontrahálhat).
209 Lásd 130. lábjegyzet szerinti mű 42. oldalán

„K-hoz képest a méterrúd azonban v sebességgel mozog. Tehát egy hosszirányban v sebességgel mozgó merev rúd annál rövidebb, minél gyorsabban mozog...".

Einstein tehát itt egy merev méterrúddal végzi a gondolatkísérletet, melynek eredményét a Lorentz-transzformáció első egyenletéből számítja a K' rendszer t időpontjában.

Az Einstein által előadottakból viszont nyilvánvaló, hogy mind a K, mind a K' rendszer x ill. x' tengelye 1 méteres hossz-egységekkel lett beosztva. Ebből az következik, hogy ha a K' rendszert – most csak a szemléletesség kedvéért – merev négyzetes hasáb-szerű tákolmánynak (pl. egy ilyen alakú vonatnak vagy rakétának) tekintjük, ami v sebességgel mozog az x tengely mentén – K lerombolása nélkül –, és x' tengelye n méter hosszú, akkor maga az n méter hosszú, v sebességgel mozgó merev „testnek" tekinthető x' tengely hossza K-ból tekintve $n \cdot [1-v^2/c^2]^{1/2}$ hosszúságúra rövidülni fog, ami másképp felírva: $(1+1+...+1) \cdot [1-v^2/c^2]^{1/2}$ 1,2,... n

ahol az x' tengely 1,2,... n darab $[1-v^2/c^2]^{1/2}<1$ méteres szakaszból tevődik össze. Ezért az n méter hosszú x' tengely, és mindegyik méterének tört részei is a $[1-v^2/c^2]^{1/2}<1$ faktor szerint rövidül. A **Lorentz-transzformációval számított** eredményből ekkor viszont úgy tűnik, hogy K-ból nézve a K' rendszer x' tengelye hosszának a felhasznált mértékegysége és n-szeresének, valamint tört részeinek mérőszáma is $[1-v^2/c^2]^{1/2}$ szerint rövidülni fog, azaz a „mértékegységek" is rövidülnek pont annyit, mint a mérendő rúd, következésképpen K-ból nézve sem lehet rövidebb a K'-beli mérőrúd a K'-beli mértékegységnél, csak, ha figyelmen kívül hagyjuk a K' vonatkoztatási „test" (azaz a K' koordinátarendszer) $[1-v^2/c^2]^{1/2}$ arányú rövidülését. Azonban a K' koordinátarendszer, ha nem egy létező „test", mint a méterrúd, azaz nem valós, hanem csak egy virtuális viszonyítási rendszer, akkor a K' rendszer x' tengelyének valós $[1-v^2/c^2]^{1/2}$ arányú rövidülése nem állhat fenn, így azt figyelmen kívül kell hagyni. Ebből viszont az következik, hogy csak a mozgó rúd rövidülhet, azonban az a kiterjedés, „amiben" a rúd van, az nem. Einstein ebben az esetben is (csakúgy, mint az idődilatáció kérdésében kifejtett teóriájában) „csúszkál" a fogalmak között, mert nem tesz határozott különbséget a tér (a koordinátarendszer) lehetetlen és a rúd lehetséges hosszkontrakciója között.

2) **Az** 1) pontban említett **„a tér részét képező"** K' rendszer és x' tengelyének hosszára a $T_{III.5}$ tételből és a $T_{III.5/C2}$ corolláriumból következően is igaz: a tér (vagy része) – amiért nem görbülhet/torzulhat – ugyanazért nem is nyúlhat és nem is zsugorodhat.[210]

3) **Novobátzky Károly** (1884-1967; fizikus, akadémikus) leszögezi Albert Einstein említett könyvének 1978-as magyar fordítása 42. oldalának lábjegyzetében: *„A rúd megrövidülésével kapcsolatban felmerül az az érdekes kérdés, történt-e a rúddal valamilyen belső objektív változás? Felelet: a rúddal nem történt semmi. A bizonyítás nagyon egyszerű. Feküdjék a rúd nyugalomban a töltésen. Hossza ott lemérve legyen 1 méter. Most vonat halad el mellette **v** sebességgel. A vonatról mérve hossza:* $[1-v^2/c^2]^{1/2}$. *Ha egy párhuzamos vágányon ugyanakkor egy másik vonat halad el mellette* **V** *(V>v) sebességgel, onnan mérve a hossza* $[1-V^2/c^2]^{1/2}$-*nek adódik, vagyis kisebbnek* (mert hisz' **V**>**v**>0). Ha tehát a rúd megrövidülése objektív valóság volna, egyszerre két különböző hosszúsággal kellene rendelkeznie, ami képtelenség. A helyes értelmezés a következő: a rúddal ténylegesen nem történik semmi, de hosz-

---

210 A v sebességre felgyorsult mozgó rúd a gyorsulása miatt valóban rövidülhet a $[1-v2/c2]1/2$ tényező szerint, azonban a tér (vagy része) nem. Azért nem, mert a térnek (vagy részének) nem változhat a hossza a TIII.5/C2 corolláriumból is következően – hiszen nem elasztikus anyagú önálló létező, hanem a létezőknek pusztán egy tulajdonsága, azaz a kiterjedése hosszmértékben kifejezve – ld. a tér definícióját. Ezzel kapcsolatban idéztük már Arisztotelészt is, aki szerint a „szubsztancia előbb" van, mint a tulajdonsága, azaz pl. a fehér rózsa (a szubsztancia) fehérsége (a tulajdonsága). Következésképp: a fehér rózsa fehérsége nem választható le a fehér rózsáról, mert nem önálló létező, és így a rózsa fehérségét nem lehet görbíteni/torzítani/nyújtani/zsugorítani – csakúgy, mint pl. a teret (vagy annak valamely részét) – ahogy az időt sem.

szának mérőszáma különbözőnek adódik aszerint, hogy a vonaton lévő mérőszalag(ok – G.I) más és más sebességgel mozog(-nak – G.I) hozzá képest (a nyugvó méterrúdhoz képest – G.I)."

3) Jánossy Lajos fizikus szerint[211]: *„Ha a rakéta igen nagy sebességre tesz szert, akkor a Lorentz-kontrakció folytán nyilvánvaló, hogy hosszmérete jelentősen csökken. Ez az összehúzódás különös zavart nem okoz, hiszen nemcsak a kabin lesz kisebb, hanem azok is, akik benne tartózkodnak, és így a kabin nem fogja összenyomni őket. Viszont értelmetlen volna azt állítani, hogy a tér húzódik össze, és vele együtt a térbe merült rakéta részei. Ennek a félrevezető állításnak a cáfolata pontosan egyezik az idő lelassulására vonatkozó hasonló kijelentés ismertetett cáfolatával. A térnek nincs szerkezete, tehát nem húzódhat össze és nem tágulhat ki, viszont a tárgyak, amelyek a térben mozognak, változtathatják formájukat és méreteiket, és e változásokat a különböző tárgyak méreteinek összehasonlításával megállapíthatjuk és mérőszámokkal kifejezhetjük."*

Tétel$_{III.6}$: Valós (fizikai) görbült tér nincs.

Bizonyítás:
Tegyük fel a tétel ellenkezőjét!
Valós (fizikai) görbült tér **van**.

De a tér $\mathbf{D}_T$ definíciója szerint: a **tér** valamely **létezőnek** (vagy a létező egy részének, avagy összetartozó létezők csoportjának/egy létezőhalmaznak) **három euklideszi dimenzió szerint vett kiterjedése**, azaz szélességének és hosszúságának, valamint magasságának vagy vastagságának mért és/vagy számított **nagysága hosszmértékkel kifejezve,** ámde nem görbíthető anyaggal bíró létező. Ha a $\mathbf{D}_T$ definíció szerint a tér **egy létező kiterjedésének hosszmértékkel kifejezett, számszerűsített nagysága**, akkor erről azt állíthatjuk, hogy

211 Ld.: Jánossy Lajos „A relativitáselmélet és fizikai valóság" című, 1967-ben a Gondolat Kiadó által megjelentetett könyve 228. oldalán.

egy másik létező teréhez képest kisebb vagy nagyobb, ámde azt nem, hogy görbült (D_G) – mert az egy létező anyagtalan tulajdonságára nézve értelmetlen állítás. Kiinduló inverz feltételezésünk képtelenségre vezetett, következésképp a tételbeli eredeti állítás az igaz: nincs valós (fizikai) görbült tér ($T_{III.6}$). Q.e.d.

T_P: D_G, D_T. P_T: $T_{III.7}$, $T_{IV.8}$.

Megjegyzések$_1$:

1. A D_G definíció szerint a virtuális „görbült" dologra az a jellemző, hogy legalább egydimenziós, míg a valós „görbült" dologra, azaz a létezőre az jellemző, hogy háromdimenziós. Ezek a virtuális vagy valós görbült dolgok a háromdimenziós euklideszi térben lévő, vagy elvben felvehető érintőleges egyenestől vagy síktól eltérnek, elhajlanak. Ekképp az egydimenziós virtuális egyenes – gondolatban, vagy a rajzlapon ábrázolva – görbülhet pl. körívként, parabolaként stb. folytatható. A kétdimenziós virtuális síkfelület is görbülhet, ha gondolatban vagy a rajzlapon vagy rajztáblán illusztrálva pl. henger- vagy gömbfelületként folytatódik. De *erő hatására* görbülhet *egy létező* (háromdimenziós kiterjedésű) *teste* is, mint pl. egy drótszál, egy rúd, vagy egy lemez, avagy egy léc teste. Ámde a létezők három euklideszi dimenzió szerint vett *kiterjedése, azaz a tere nem görbülhet*, mert a tér nem önálló létező, csak a létező(k) egyik, bár objektív és alapvető tulajdonsága ($A_{III.1/E2}$), mellyel *azt fejezzük ki számmal és mértékegységgel, hogy a létező milyen* széles, milyen hosszú, valamint milyen vastag vagy magas *más létezőhöz (akár egy létező mércéhez) képest*. E számértékek pedig nulldimenziósak, mint pl. bármely számmal jelzett pont a virtuális számegyenesen, a virtuális síkon vagy a virtuális, illetve valós térben (valamely létező terében), következésképpen nem tudhatnak görbülni.

Vannak dolgok, amelyeknek nem lehet az a tulajdonságuk, hogy görbülnek/görbültek. Ilyen dolog többek között a piros rózsa piros színe, egy marhacsorda létszáma, vagy egy galaxis csillagainak száma, valamint a létező múlása (a létezés), azaz a már említett idő, és ilyen dolog a létező kierjedése, a tér is.

223

2. Akik lehetségesnek tartják „a tér görbülését/torzulását",
azok a teret olyan önálló anyagi létezőnek állítják be, mely „gör-
bíthető/torzítható" – noha a tér a létező(k)nek mindössze az a
tulajdonsága, hogy 3D-s kierjedése van hosszmértékben kife-
jezve (D_T). A „tér görbül/torzul" felfogás alapján pl. azt is mond-
hatnánk: a tér létező, mert a tömegtől és annak mozgásától füg-
gően változik (görbül/torzul) az $A_{I.6}$ axióma szerint. Viszont ha
a tér létező, akkor van kiterjedése, azaz tere a D_T definíciónak
megfelelően. Röviden tehát: „a térnek van tere", vagy másképp:
„a kiterjedésnek van kiterjedése"[212]. De ez utóbbi állításokból is
már nyilvánvaló, hogy a „tér görbül/torzul" felfogás a valóság-
tól való elrugaszkodás, képtelenség – egyébként pedig értel-
metlen tautológia[213].

Az 1–2. pontban előadottakkal egyezik **Arisztotelész** már
említett véleménye: a görög tudós és filozófus (élt i.e. 384-322)
a **Metafizika** című művében kifejti: „Szubsztancia szerint ko-
rábbi ugyanis az, amit mint különállót, a létben elsőbbség illet
meg." „...A szubsztanciák mellett azonban a szubsztanciák tu-
lajdonságai nincsenek külön, mint pl. hogy valami mozgó, vagy
hogy fehér."[214] A mozgás – Arisztotelész szerint – nem létezik
különválasztva a mozgó (azaz a létező – G.I) testektől, ahogy a
fehérség sem a fehér színű tárgyaktól. A mozgás és a fehérség
csak úgy „léteznek", mint szubsztanciák tulajdonságai. Ebben
tökéletesen igaza volt Arisztotelésznek – G.I.)

---

212 Ugyanígy érvelt az ókori Zénón (Elea, kb. i.e. 488–430) görög filozó-
fus, aki úgy tartotta, hogy anyagtól független tér „...nincs, mert ha
volna, akkor annak ismét térben kellene lennie, és így tovább, ami
lehetetlen."

213 Tautológia (görög–latin nyelvtan, irodalom): szószaporítás, szó-
fecsérlés; azonos vagy hasonló jelentésű szavak indokolatlan ismétlé-
se. ISZSZ. Akadémiai Kiadó – Kossuth Kiadó, 1984; 837. oldal.

214 Arisztotelész, Metafizika. Felsőoktatási Jegyzetellátó Vállalat, Buda-
pest 1957., 288. oldal.

Megjegyzések$_2$:

1. Gondoljunk találomra egy számot, melyet jelölje **X,** és amely, mondjuk méterben, kifejezi valamely dolog kiterjedését/méretét. Legyen ez a szám most például az **X**=12508, a 10-es számrendszerben. Hogyan lehetne ezt a szám által kifejezett virtuális távolságot/hosszt/kiterjedést fizikai értelemben görbíteni? Minden kétséget kizáróan sehogy. Hogyan lehetne ezt a számot fizikai értelemben nyújtani vagy zsugorítani? Evidens, hogy sehogy. És ez nyilván igaz az **X** jelölte szám bármilyen számrendszerbeli, bármilyen értékére is.

2. A nagy tömegű égitest körül – tömegétől is függően – keringhet hold vagy bolygó, vagy naprendszerszerű konstelláció stb. Eme keringésnek nem lehet oka a nagy tömeg által meggörbített tér – merthogy a tér (másképp a rendszer kiterjedése) nem lehet görbült a $T_{III.6}$ szerint, mert nem egy fizikailag görbíthető létező, hanem a létezőknek pusztán egy nagyságukat számszerűsítő objektív tulajdonsága. Persze – jobb híján – virtuális (matematikai-geometriai) konstrukció létrehozható pl. a keringés ilyen magyarázatára azonban az igazolt $T_{III.6}$ tétel szerint az nem valós ok, ezért *a fizikusok, a kozmológusok a „gravitációs" hatás működésének, érvényesülésének a valósággal bizonyíthatóan egyező magyarázatával még adósak.* Adósak azért, mert *a térgörbülést, mely állítólag „gravitációs" hatást okozna, a tudományos tapasztalat a mai napig egyáltalán nem igazolta.* Ugyanis önmagában egy csillag fényének megfigyelt elhajlása a Nap mellett nem igazolja azt, hogy mi a fényelhajlás oka. Másképp, *a nagy tömeg melletti fényelhajlás tapasztalása csak azt igazolja, hogy van nagy tömeg melletti fényelhajlás, ámde azt nem, hogy mi annak a tényszerű oka.* Az a körülmény, hogy Einstein fényelhajlási jóslata a tapasztalat szerint fennáll [mellesleg e fényelhajlást Newton elméletéből következően már 100 évvel korábban Laplace (1749–1827) francia matematikus, csillagász és fizikus – bár kisebb pontossággal – megjósolta (csak techni-

kailag akkor még nem volt igazolható)[215], nem bizonyítja az einsteini jóslat magyarázatának helyénvaló voltát, csak azt, hogy van nagy tömeg melletti fényelhajlás. Nem azt kell tehát igazolni tapasztalatilag, hogy fennáll a fényelhajlás, hanem azt, hogy mi annak a valódi oka: a térgörbülés, avagy valami egészen más. Ha nem ez történik, ha nem a nagy tömeg melletti fényelhajlás valós okát igazolják tapasztalati úton, akkor a fizikusok és csillagászok a formális logika alapvető leibnitzi törvényét, az elégséges alap törvényét sértik meg. Egyébként Einstein egyik legnagyobb bűvészmutatványa éppen az volt, hogy („némi" matematikusi segítséggel) a tenzoralgebrát felhasználva, a matematikában és a logikában nem kellően jártas „fizikus szakemberek" és a laikusok számára (igaz, hosszú töprengése és több téves, s emiatt javított nyilvános akadémiai előadása után) megalkotta „gravitációs" egyenletrendszerét, amelyben az „üres" téren keresztül „távolható" newtoni erőt egy másik képtelenségre, az anyag/tömeg/energia miatti „térgörbületre/tértorzulásra" cserélte le, amely hat a vonzott test/hullám pályagörbéjére. A newtoni gravitációs erő negligálására és lecserélésére azért volt szüksége, mert a Michelson-Morley-féle interferométeres kísérlet (többször és többféleképpen megismételve) negatív lett a Föld transzlációs (haladó) mozgására nézve, noha a tengelykörüli forgására (rotációs mozgására) kísérletileg igazoltan nem! A Föld transzlációs mozgásának negatív kísérleti eredménye miatt Einstein az éter létezését nem látta igazoltnak, így az „üres" téren keresztül a gravitációs-erő távolhatását sem – igaz, ilyen távolhatás létét Newton is tagadta (ld. a következő pontban). Einstein csak így tudta kiküszöbölni az „üres" téren át távolható newtoni gravitációs erőt, helyébe a tér görbülését/torzulását helyezve („egyik kutya, másik eb"), amelyet feltevése szerint a gravitáló anyag/tömeg/energia okozna.

---

215 Jánossy Lajos: A relativitáselmélet és a fizikai valóság; Gondolat Kiadó 1967, 260. oldal.

3. Egyébként Newton 1693-ban maga is kételkedett az általa megfogalmazott, amúgy a bolygók pályaszámításaiban eredményesen alkalmazott gravitációs erő hatásmechanizmusában. Bentleyhez írott levelében[216] kifejtette: „*Elképzelhetetlen ...*, *lélektelen merő anyag anélkül, hogy valami más, nem materiális létező közreműködnék ebben, kölcsönös érintkezés nélkül hasson más anyagra, márpedig így kellene lennie, ha a gravitáció, mint Epikurosz[217] gondolata, lényegi és inherens[218] tulajdonsága volna az anyagnak. Ez az egyik oka annak, hogy arra kérem, ne tulajdonítsa nekem az anyaggal veleszületett gravitáció gondolatát.* **Hogy a gravitáció az anyag veleszületett, inherens és lényegi tulajdonsága, melynek révén egy test egy másikra vákuumon keresztül távolhatást gyakorolhatna bármi másnak a közbejötte nélkül, ami az erőhatást az egyiktől a másikhoz közvetítené, mindez számomra oly nagy képtelenségnek tűnik**, hogy úgy hiszem, nincs ember, aki elfogadja, ha megfelelően jártas a filozófiai gondolkodásban. A gravitációt egy állandóan és törvényszerűen ható tényező kell, hogy okozza; mármost, hogy ez a tényező anyagi-e vagy sem, azt olvasóim megfontolására bíztam.*" (Érdekes azonban, hogy távolhatási kételyei ellenére Newton Robert Boyle-hoz 1679-ben írott levelében[219] előadja egy sejtését az éter gravitációs erőt kifejtő lehetséges tulajdonságával kapcsolatban – lásd a $T_{IV.2}$ tételhez fűzött megjegyzést). Einstein nagy valószínűséggel ismerte Newton kételyeit a vákuumon keresztül megvalósuló távol-

---

216 Isaac Newton válogatott írásai, 171-172. oldal; Tipotex Kiadó, 2010; Hungarian translation: Fehér Márta, Heinrich László; Hungarian edition: Rapolyi László, Szegedi Péter 2003.

217 Epikurosz (i.e. 341–270) görög materialista és ateista filozófus, az atomizmus hirdetője.

218 ISZK, 369. oldal.: (latin) = valamivel velejáró, valamihez szorosan hozzátartozó, valamiben benne rejlő.

219 Isaac Newton válogatott írásai, 321-323. oldal; Tipotex Kiadó, 2010; Hungarian translation: Fehér Márta, Heinrich László; Hungarian edition: Rapolyi László, Szegedi Péter 2003.

hatást illetően, hisz' maga is emlegette e „misztikus" távolhatás lehetetlenségét. Ezért, s mert a Michelson-Morley kísérlet a Föld éterhez viszonyított haladó mozgásának kimutatására negatív lett – vagyis az éter létezése számára nem tűnt értelmes feltételezésnek – más lehetőséget nem látva lényegében megkerülte a problémát. Ha a **„kalapácsvető modell"**, amikor a sportoló a kötél végén lévő súlyos golyót körbe röpteti, nem alkalmazható, merthogy nincs gravitációs erőt közvetítő „kötél" pl. a Nap és a körötte keringő Föld között, ezért úgy döntött, görbüljön a tér a Nap tömege miatt, s e térgörbületet (annak közvetlen hatásaként) kövesse a Föld, így keringve a Nap körül. Ekkor ugyanis nem kell semmivel sem „húzni/fogva tartani" a Napnak a vákuumban mozgó Földet, ami így folyvást keringhet körülötte. Vagyis Einstein a „kalapácsvető modell" helyett bevetette a **„rulett-tányér" vagy „lavór" modellt**. Ha ezekben kellő sebességgel körbegurítnak egy golyót, akkor az a „merev test pereme által" vezetve kering körbe, amíg a súrlódás le nem fékezi – súrlódás persze a Nap és Föld közötti „vákuumban" (ha az egyáltalán vákuum) nincs, így a keringés szinte vég nélkül folyik. Einstein, aki a görbült (nem euklideszi) matematikai (azaz virtuális) terek elméleteit ismerte, feltételezte, hogy a gravitációs hatás magyarázatára mindenki által elfogadható lesz a tömeg/energia által görbített/torzított tér és annak a környezetében lévő testre való hatása. Azt persze észre kellett volna vennie, hogy amellett, hogy a tér a valóságban nem tud görbülni (csak matematikai modellekben), a „kalapácsvető modell" lecserélése a „rulett-tányér" vagy „lavór" modellre nem oldja meg a gravitáció távolba hatása problémáját. Ugyanis a „kalapácsvető modell"-ben távolható vonzó **F** gravitációs erőt (másképp **F** centripetális erőt) úgy cserélte le a „rulett-tányér" vagy „lavór" modell szerint ható **F** „toló", ámde valójában **F** centripetális erőre, hogy a két eset között csak az a különbség, hogy a „kalapácsvető modell"-ben a gravitációs erő „távolhatását" a „kötél"-szerű éter közvetítő hatása valósítja meg, míg a „rulett-tányér" vagy „lavór" modellben ugyanazt a „merev tányér" avagy a „merev lavór" módjára görbült/torzult tér. Hiszen – feltéve de meg nem engedve –, ha a tömeg/energia miatt meggörbül a tér, és amolyan „merev tányérként" vagy „lavórként" kényszeríti pl. a Holdat keringeni a Föld körül, akkor **semmi különbség nincs** a mozgás okát és eredményét tekintve a kétféle, a newtoni és az einsteini modell között. Viszont mivel a tér nem görbülhet, ezért nem a „tér geometriai változása" a keringés valós oka, hanem csakis valamilyen erőhatás lehet. Ennek ellenkezőjét állítani nem más, mint a „tér" (sőt a „téridő") „görbül" fogalomnak a hiposztazálása[220].

4. A fénysebesség-közeli, vagy „annál nagyobb" sebesség elérésére szolgáló, a tér „zsugorításával", és „nyújtásával" manipuláló ún. „térhajtómű" megvalósítása lehetetlen a $T_{III.6/C}$ tétel szerint – az csak egy a science-fiction körébe tartozó, megvalósíthatatlan vágyálom.

Megjegyzések$_3$:
Jánossy Lajos (1912–1998) Kossuth-díjas fizikus, asztrofizikus, matematikus, a Magyar Tudományos Akadémia tagja, írja a relativitáselmélettel foglalkozó, a nagyközönségnek írott könyvében[221]: Einstein a saját elméletéből „...azt a következtetést vonta le, hogy a tér – akárcsak az idő – »görbe«, szakkifejezéssel élve: nem euklideszi. ... Viszont a görbe térről és a görbe időről szóló elmefuttatás, akárcsak a speciális relativitáselmélet körébe vágó egyes jelenségek interpretációja, véleményünk szerint torz filozófiai nézeteken alapul. Egészen leegyszerűsítve azt kell mondanunk, hogy ha valami görbe, akkor az egy egyeneshez képest görbe. Ilyen összehasonlításra viszont nincs lehetőség. Mi a magunk részéről azt hisszük, hogy a tér nem görbe, de nem is egyenes, mert ezeket a fogalmakat csak anyagi képződményekre alkalmazhatjuk."

---

220 Hiposztazál (görög) = itt: elvont fogalmaknak önálló valóságos létet tulajdonít. (ISZSZ. 338. oldal)
221 Jánossy Lajos, Relativitáselmélet és fizikai valóság; Gondolat Kiadó, 1967., 261. oldal.

Tétel_{III.7}: Térhullám nincs

Bizonyítás:

Az $\boldsymbol{A}_{III.1/E2}$ axióma szerint a tér nem önálló létező, hanem a létezők egyik alapvető tulajdonsága, s mint ilyen a $\boldsymbol{T}_{III.6}$ tétel szerint nem lehet görbült/torzult, de épp emiatt nem is nyújtható és nem is zsugorítható ($\boldsymbol{T}_{III.5/C2}$). Következésképpen nem lehetnek hullámai sem[222], hisz' csak görbíthető és/vagy nyújtható, illetve zsugorítható, anyaggal bíró létező lehet valóban hullámzó – ld. a **4.** kép anyaghullámait ($\text{T}_{III.7}$). Q.e.d. T_P: $\boldsymbol{A}_{III.1/E2}$, $\boldsymbol{T}_{III.5/C2}$, $\boldsymbol{T}_{III.6}$. P_T: $\varnothing$.

4. kép: Nem tér, hanem anyag-lökéshullámok a középen látható pusztuló csillag körül. A NASA Chandra és a Hubble űrtávcsővel készült összetett kép az NGC 6543, ismertebb nevén a Macskaszem ködről.

Definíció_{TI}: A Minkowski-Einstein-féle téridő

A Minkowski-Einstein-féle téridő alatt lényegét tekintve az alábbiakat értjük: jelölje x, y, z a háromdimenziós euklideszi tér koordinátáit, míg t az idő „koordinátáját". Legyen x=a, y=b, z=d

---

222 Anyaghullám viszont van. Ld.: a (III.7) 4. képet.

konstans. Ekkor P(a,b,d) jelöli a P pont „helyét" e térben, t pedig P „helyét" valamely t időpontban. Nyilván hiába változik a t idő értéke, P „helye" a háromdimenziós euklideszi térben nem változik, ha a térkoordinátái változatlanok. Viszont jelölje x_1, x_2, x_3, x_4 a P' pont koordinátáit a „négydimenziós" Minkowski-Einstein-féle „**téridőben**". Itt x_1, x_2, x_3 **a három térkoordinátának**, x_4 pedig **az idő t koordinátáját a fénysebesség értékével (c) és az i=(-1)** $^{1/2}$ **imaginárius egységgel szorozva egy képzetes, negyedik térkoordinátának feleltetik meg.** Ekkor a P'(x_1,x_2,x_3,x_4) pont „helye" mindig más és más a „négydimenziós" Minkowski-Einstein-féle téridőben, amint a koordináták bármelyike – akár csak pl. egyedül az idő t koordinátájából alkotott x_4=ict képzetes időkoordináta értéke – megváltozik. Einstein szerint: „Minkowski világát alakilag négydimenziós euklideszi térnek (képzetes koordinátával) tekinthetjük. A Lorentz-transzformáció a koordinátarendszer «forgatásának» felel meg a négydimenziós «világban»." (D_{TI}).

Tétel $_{III.8}$: **A Minkowski-Einstein-féle téridő nem egy létező, és nem is valóságos létezői tulajdonság.**

A tétel bizonyítása:
Állítsuk a tétel ellenkezőjét!

A Minkowski-Einstein-féle téridő (D_{TI}) egy létező, ha mégsem, akkor legalább valóságos létezői tulajdonság.

Ám ha a téridő (D_{TI}) önálló létező, akkor az olyan valami, aminek van múló ideje/múlékonysága a D_I idődefiníció szerint, és van 3D-s kiterjedése a D_T térdefiníció szerint. Ámde a téridőnek nem lehet „plusz" ideje és „plusz" (3D-s) kiterjedése, mert a téridő maga az idő és a tér (a kiterjedés) együttese a D_{TI} definíciónak megfelelően. Ellentmondásra jutottunk, ergo a téridő nem önálló létező.

Ha viszont a téridő nem önálló létező, de legalább valóságos létezői tulajdonság, akkor bármely létezőnek van téridő tulajdonsága. Ámde a létezőknek nem téridő tulajdonsága van, hanem minden létezőnek van (3D kiterjedése) tér- és van előbbitől

231

merőben különböző (változékonysága/múlékonysága) időtulajdonsága. Ugyanis az idő és a tér két (D_I és D_T szerint) teljesen különböző tulajdonsága a létezőknek: az *idő nem* a létezők D_T szerinti kiterjedéseinek egyike, a *tér pedig nem* a létezők D_I szerinti létezése/múlékonysága – ez igaz akkor is, ha létező nincs sem (jelen)idő, sem tér (3D-s kiterjedés) nélkül $T_{III.1/E1}$ szerint.

Ellentmondásra jutottunk, tehát a tétel igaz ($T_{III.8}$). Q.e.d. T_P: D_I, D_T, D_{TI}, $T_{III.1/E1}$. P_T: $T_{III.8/E}$.

Ekvivalencia $_{III.8/E}$: A téridő nem a tér és az idő „szövete", mert a tér és az idő a létező(k) különálló és merőben különböző, bár azoktól elválaszthatatlan tulajdonsága.

Nyilvánvaló, hogy ez az állítás ekvivalens a *$T_{III.8}$* tétellel. P_T: Ø.

Megjegyzések:

1./ A tér és az idő nem olvadhat (olvadhatott) egybe soha, minthogy mindkettő a létezők merőben különböző bár objektív és immanens sajátossága. A tér a mindenkori jelen időben létezők (létezőhalmazok) háromdimenziójú kiterjedése, az idő viszont a mindenkori jelen időben létezők és létállapotaik változása, múlása, azaz létezése. Egyező jellegzetességük mindössze az, hogy mindkettő a létezők tulajdonsága, és egyik sem önálló létező. (Pl.: a piros szirmú és illatos rózsa piros és illatos tulajdonsága sem „olvadhat/olvadhatott egybe soha", minthogy mindkettő a piros szirmú és illatos rózsa két merőben különböző, bár objektív és immanens sajátossága. E rózsa valós léte nélkül nem léteznek e rózsasajátságok sem együtt – afféle szín-illat „szövetként" – sem külön-külön.)

2./ A Minkowski-Einstein-féle téridő csak egy virtuális 4 dimenziós matematikai-geometriai modell. Ezzel szemben a létező(k) valós ideje, a jelenidő nulladimenziós, míg a létező(k) valós tere pedig 3D-s. Ellentmondásra jutottunk, mert a 4 dimenziósnak beállított Minkowski-Einstein-féle téridő a valóságban csak 3D-s kiterjedésű tér „lehetne" a 0D-s jelenidőpontban. De létező(k) nélkül az sem lehet.

3./ A Minkowski-Einstein-féle téridő matematikai modelljében a képzetes „idő" x_4=ivt mértékszáma bármely v sebesség-szorzóval szorozva is csak virtuális hosszmértéket ad, így az ict esetben is.

Következésképp: *a Minkowski-féle*

$$x^2+y^2+z^2+i^2c^2t^2=x_1^2+x_2^2+x_3^2+x_4^2$$

egyenlettel jelölt matematikai modell csak egy nem valós, azaz fiktív téridőt („világ"-ot) ír le, melyben a tér- és időkoordináták szerepe azonos, noha a valóságban nem az. Mert pl. a térkoordináták értéke a valóságban 0≥x,y,z>0, míg az időkoordináta értéke a valóságban t>0 lehet csak; másrészt az idő a térrel szemben a valóságban egyirányú és nem megfordítható, továbbá a t étéke nem lehet 0, mert idő a valóságban mindig van, azaz nincs kezdete sem. Mindez viszont a Minkowski-Einstein-féle egyenletből nem derül ki – mi több az egyenlet az „egyesített" tér és idő amúgy objektíve különböző „természetének" ellentmond, azt összemossa!

Tétel $_{III.9}$: A létezők mozgásának pályagörbéje abszolút. [223]

Bizonyítás:

Üljek egy csillagos éjjelen a Földön, Budapesten, a családi házam kertjében, a kerti székemen. Ekkor tehát a Földhöz és Budapesthez, valamint a kertemhez és a kerti székemhez képest és mindezekkel együtt mozdulatlan vagyok – azaz a *mozgáspályám/ „pályagörbém" egyetlen jól meghatározott „mozdulatlan" pontja a Föld felszínének.* Ámde ha feltekintek a csillagos égre, és türelmesen várok, azt észlelem, hogy a csillagok körív mentén 24 órás periódusok szerint forognak fölöttem (például a Göncölszekér folyamatosan, azonos körív mentén elmozdul a házam csúcsától, és 24 óra elteltével, másnap, ugyanebben az időpontban megint a háztetőm csúcsa felett van). Viszont

---

223 A létező pályagörbéjének abszolút volta azt jelenti, hogy alakja nem függ a vonatkoztatási test (koordinátarendszer) mozgásállapotától.

tudom, hogy nem a csillagos ég mozog felettem körpályán a Göncölszekérrel együtt, hanem *valójában a* csillagmozgással ellentétes irányban a *Föld... mint létező... a (3D-s) térben és a mindenkor aktuális jelenidőben... forog a saját ... tengelye körül... ($A_{III.3}$), s ezért a Földnek minden pontja* (a tengelypontok kivételével) is *körpályán mozog (azaz a Föld forgástengelye körül kering)* hozzávetőlegesen egyenletes szögsebességgel.

Kivételt képeznek ez alól a Föld tengelyébe eső anyagi részek, melyek érthető okból szintén a Föld tengelyébe eső saját tengelyük körül forognak – nem pedig keringenek. Természetesen mivel ezen anyagi részek 3D-s testek, ezért a forgástengelyükön kívüli részeik szintén tengelykörüli keringő mozgást végeznek. *Ez a mozgásjelleg minden forgó testnél fennáll.* Ennek megfelelően ugyanígy mozog körpályán Budapest, a budapesti kertem, a kertemben lévő székem, és a kerti székemmel együtt ugyanígy mozgok körpályán magam is ($A_{III.3}$). Azonban az obligát kérdés ekkor a következő: *melyik „mozgáspályám"/„pályagörbém" a valódi és miért?* *A)* A Föld ama egyetlen, „mozdulatlan" pontja, mely a budapesti kertemmel, a kertben lévő székemmel meghatározott ülőhelyem éppen most a Földön, vagy *B)* a Földdel együtt való mozgásom miatt a Naprendszer terében leírt kör alakú pályagörbém? A válasz: a *B)* pályagörbe kétséget kizáróan valódi az *A)*-hoz képest, hiszen a Föld forog a tengelye körül az $A_{III.3}$ axióma szerint, ezért minden pontja – a tengelypontok kivételével – (így a felületének azon pontja is, ahol épp most ülök) körpályán mozog ($A_{III.3}$). De akkor az az egyetlen és mozdulatlan pontja a Föld felszínének, ahol éppen ülök, *nem lehet* a *valódi* „mozgáspályám", mert az ottani nyugvásom csak látszólagos, pl. a mellettem lévő ember látja így) másképp, relatíve van csak nyugalomban ($T_{II.9}$). Ugyanis az *A)* „egyhelyben ülés"-em csak akkor tűnhet valós „pályagörbémnek", ha a Naprendszerbeli tényleges környezetemtől és a Föld több ezer éve tapasztalt tengelykörüli forgásától eltekintünk, elvonatkoztatunk, mintha az nem is lenne – különben nem. De minthogy tudom, hogy a Föld forog a tengelye körül ($A_{III.3}$), azt is tudom, hogy nem a csillagok mozognak körpályán felettem, hanem én mozog ellentétes irányban körpályán alattuk a Földdel együtt. Tehát a csillagok Földről látott körmozgása csak látszólagos, de nem valós körmozgás.

Hogy miért van az **A)** és a **B)** eset között e látszólagos különbség? Nyilvánvalóan azért, mert az **A)** esetben elvonatkoztattunk a Föld tengelykörüli forgásától – mintha az nem is lenne –, míg a **B)** esetben nem. Ha a valóságnak megfelelően az **A)** esetben is figyelembe vesszük, hogy a Föld forog a tengelye körül, akkor az **A)** és **B)** esetbeli pályagörbém között semmi különbség nincs, e történést akár a Földről, a kerti székemből nézzük, akár az űrből; a pályagörbém mindkét esetben ugyanaz: körpálya, vagyis *a pályagörbém valójában abszolút* (nem függ a vonatkoztatási test/koordinátarendszer mozgásállapotától), *ha a mozgásösszetevőket/sebességvektorokat (a különböző vonatkoztatási testek/koordinátarendszerek esetében is) mind maradéktalanul figyelembe vesszük.*

Eszerint a tétel igaz $(T_{III.9})$. Q.e.d. T_P: $A_{III.3}$, $T_{II.9}$. P_T: $\emptyset$.

Megjegyzés: Einstein a létezők pályagörbéjének jellegéről Einstein nézete: a létezők pályagöbéje relatív.

A. Einstein álláspontja[224] az, hogy: „Nincs ... «önmagában vett»"[225] pályagörbe, olyan görbe, amelyen a test mozog, hanem csakis meghatározott testhez viszonyított pályagörbéről lehet beszélni." E tényállításának beláttatására a következő esetet hozza fel[226]: „Egyenletes sebességgel haladó vasúti kocsi ablakánál állunk, és követ ejtünk le a vasúti töltésre anélkül, hogy hajítanók. Úgy látjuk (eltekintve a légellenállás hatásától), hogy a kő egyenes vonalban esik a pályatestre. Egy gyalogos, aki ezt a csínyt a gyalogútról nézi, úgy látja, hogy a kő parabolaíven esik a

---

224 A. Einstein: A speciális és általános relativitás elmélete; Gondolat, Budapest, 1978; 20. oldal.

225 Önmagában vett pályagörbe alatt értsük azt, hogy abszolút, azaz a vonatkoztatási testtől független pályagörbe.

226 Ld.: Einstein idézett művének 19. oldalán.

földre. Mármost azt kérdezzük: «ténylegesen» egyenesen avagy parabolán helyezkednek el azok a «helyek», melyeket a leeső kő érint? ... A kő a vasúti kocsihoz rögzített koordinátarendszerhez képest *egyenest* ír le, a Föld felületéhez rögzített rendszerhez viszonyítva pedig *parabolát*. Nincs tehát «önmagában vett» pályagörbe, olyan görbe, amelyen a test mozog, hanem csakis meghatározott testhez viszonyított pályagörbéről lehet beszélni." – állítja Einstein.

Az einsteini felfogás kritikája.

Einstein szerint tehát nincs egyetlen «önmagában vett» (azaz abszolút, a koordinátarendszer(ek)től független) *pályagörbe*, olyan görbe, amelyen a test a valóságban mozog, hanem csakis meghatározott testhez (koordinátarendszerhez) viszonyított, attól függő (azaz relatív) pályagörbéről lehet beszélni.

Nézzük, helyes-e Einstein meglátása, függetlenül az e könyvben előbb levezetett $T_{III.9}$ tételbeli esettől és megállapításától!

Einstein állítása szerint a vonat, melynek ablakából a követ kiejtjük, egyenletes – mondjuk jobb irányba – $v_0 > 0$ sebességgel halad. Mivel a követ a vonat ablakából ejtjük ki, és a mozgását felülről – az elejtése helyéről – figyeljük, ezért a kő g gyorsulással szabadon esni látszik „(eltekintve a légellenállás hatásától)". Mármost, *A)* ha a vonatból nézzük az eső kő „pályagörbéjét", akkor azt függőleges egyenesnek látjuk, ám *B)*, ha a kő hullását a pályatest mellől van szerencsénk (vagy pechünk) nézni, akkor a kő parabola alakú pályagörbe mentén látszik lehullani.

Miért van ez? Tulajdonképpen ez a kő *két sebességkomponenssel* rendelkezett: egy *vízszintes jobb irányú egyenletes* v_0 sebességkomponenssel, melyet a v_0 sebességgel mozgó vonattól és a vonaton az ablaknál álló, a vonattal együtt szintén v_0 sebességgel mozgó és a követ az ablakon kiejtő személytől kap, *és egy függőleges irányú sebességkomponenssel*, melynek pillanatnyi nagysága $g \cdot t$, és amely a Föld gravitációs hatásának a következménye (ld. alább a 13. ábrát).

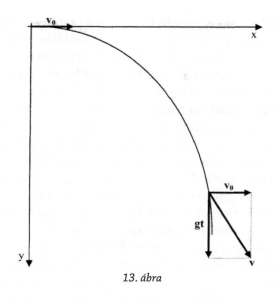

13. ábra

Amikor a v_0 sebességgel mozgó vonat ablakából figyeljük e „csínyt" (a kő leejtését) és a hulló kő pályagörbéjét, akkor azt csakis függőlegesnek láthatjuk. Mégpedig azért, mert mi is, a vonat is, csakúgy, mint a kő, mind vízszintesen jobb irányban v_0 sebességgel mozgunk, azaz a kő vízszintesen jobb irányú v_0.t nagyságú elmozdulását a mi és a vonat szintén vízszintes jobb irányú v_0.t elmozdulása látszólag „eltünteti/kikapcsolja" – hiszen a v_0 sebességgel, vízszintesen jobbra is tartó és hulló kő elől v_0 sebességgel, vízszintesen jobbra mi és a vonat is elmozdulunk (vagyis: v_0-v_0=0, mintha a vonat állana, a kő pedig csak függőlegesen hullana). (Ehhez hasonlóan, ha mintegy „kikapcsolnánk" az elengedett kő függőleges g gyorsulású, gt pillanatnyi sebességű szabadesését, mint sebességkomponenst, akkor a kő vízszintesen mozogna tovább a vonat mozgása irányába egyenletes v_0 sebességgel.)

Viszont ha a gyalogúton állva figyeljük a kő ejtését, akkor a kő mozgásának mindkét, v_0 és g·t sebesség-összetevőjét és a nekik megfelelő vízszintes és függőleges elmozdulások eredőjét (ami parabola pályagörbét ad) is látjuk, mert ekkor a mi (most

237

mint gyalogosok) v_{gy}=0 sebességünk és v_{gy}·t=0 „elmozdulásunk"
nem „takarja el" a vonat és a kő v_0·t elmozdulását sem.
Következésképpen egy észszerűen végrehajtott kísérlettel
bizonyítható, hogy mind az **A)**, mind a **B)** esetben parabolapá-
lyán esik a kő, azaz a pályagörbéje nem relatív, hanem abszolút.
Ez az **experimentum crucis**[227] pl. a következő lehet:
Szúrjunk le a vasúti pálya mellett kb. 10 centiméterenként
60 darab 3 méter hosszú, a színspektrumnak megfelelően kü-
lönböző színű és/vagy sorszámozott rudat. (A leszúrkodás he-
lyett megteszi az is, ha egy kb. 6 méteres lécet a sínnel párhu-
zamosan lerögzítünk, és ennek 10 centiméter távolságra lévő
furataiba szorítjuk bele az előbbi 60 darab rudat.) Balról jobb-
ra haladva az első rúd színe legyen pl. a sötétkék, a felső részén
jól látható sorszáma 1, majd rudanként, a színspektrumnak
megfelelően, legyen minden rúdnak különböző színe és 2-től
növekvő sorszáma. E rúdsor olyan távol legyen a vasúti síntől,
hogy a vonat a rudak ledöntése nélkül elsuhanhasson mellet-
te. A vonat kocsija legyen amolyan a rudak felé nyitott marha-
vagon, és a menetirányának megfelelően az elején a hátsó fa-
lánál helyezzünk el stabil állványon egy másodpercenként 100
képet készítő videó-, filmfelvevő- vagy fényképezőgépet. Egy
ember álljon a vagon nyitott széléhez és tartsa az ejtendő kö-
vet. Egy másik ember pedig a követ ejtő ember jelzése alapján
kezelje a képfelvevő gépet. Ha ez a kísérleti összeállítás kész,
akkor induljon el a vonat, és még az első rúd elérése előtt gyor-
suljon fel kb. 20 km/óra sebességre, melyet egyenletesen tart-
son. Amint a vagon elérte az első, sötétkék rudat, a követ tartó
ember ejtse el azt, és ezzel egyidőben jelezze a másiknak, hogy
az indítsa el a képfelvevőt. A vagon ekkor mindegyik – külön-
böző színű és/vagy sorszámú – rúd előtt elhalad a v_0=20 km/
óra sebességgel, és szintén v_0=20 km/óra sebességgel halad el a
rudak mellett a kő, tartva az elejtéséig a vonattól és az utastól

---

227 Valamely elmélet, hipotézis igazságát vagy helytelenségét bizonyító,
döntő fontosságú kísérlet. (ISZSZ; Kossuth Kiadó, 1984; 242. oldal.

kapott v_0=20 km/óra vízszintes irányú sebességét. Ámde az elejtett kő egyúttal a gravitáció hatására függőlegesen $g \cdot t$ sebességgel szabadon fog esni is a föld felé. Ha a kő leesett a földre, megnézhetjük a kő mozgásáról a vonaton készült képeket. A képekről azt kell lássuk, hogy a kő a színes és/vagy sorszámozott rúd-háttér előtt menetirányban a föld felé hajló parabolapályát ír le mozgása közben – jóllehet a vonaton „állva" (helyesebben, a vonaton egyhelyben állva, de azzal együtt v_0 vízszintes sebességgel előre mozogva) az elejtéstől a kő hullását fölülről figyelve és eltekintve a környezet „mozgásától", egyenes vonalú függőleges esésnek láttuk. E paradoxon[228] oka az, hogy a fotókon a kő-mozgás mindkét sebességkomponensének hatását, azaz a $g \cdot t$ sebességű függőleges esése és a v_0 vízszintes előrehaladása által adott parabolikus pályagörbéjét láthatjuk, mert a vonaton most mindkét vonatkoztatási testhez (a mozgó vagonhoz és a mellette ellentétes irányban elsuhanni látszó, amúgy álló rúdsorhoz) képest fotóztuk a kő mozgását. A gyalogúton állva is az előbbi két sebességkomponens hatásaként jelentkező parabolapályán láttuk a kőmozgást egyszerre mindkét irányban – az álló vasúti pályatestre hullva, valamint a vonat mozgása irányában. Tehát így mind az *A)*, mind a *B)* esetben egyszerre figyelhettük meg a hulló kő vízszintes és függőleges sebességkomponensének hatásaként a sebesség eredőjével adódó valós parabolaívű pályagörbéjét. Q.e.d.

Tétel$_{III.10}$: *A létezők mozgásának pályagörbéje összetett és nem egyenes.*

Bizonyítás:
Minden létező (és/vagy valamely része) **térben** – a saját vagy valamely másik létező/létezők terében – **és a** mindenkori aktuális **jelenidőben mozog,** vagy relatíve nyugalomban van ... ($T_{II.9}$).

---

228 Paradoxon=látszólagos ellentmondás; a valódi ellentmondás=antinómia.

A mikrolétezők[229] és a makrolétezők[230] *mozgása összetett*, azaz *egyrészt* rezegnek és/vagy forognak a saját (testen belüli vagy a testen kívüli) forgástengelyük körül (rotációs mozgás), *másrészt* eközben más létező(k)/test(ek) gravitációs hatására parabola vagy hiperbolapályán is haladnak[231], avagy körszerű pályán is keringenek (transzlációs mozgás), mint pl. a Hold a Föld, a Föld a Nap, a Nap a Tejútrendszer, míg a Tejútrendszert és az Androméda-ködöt is tartalmazó „lokális" galaxis-csoport a csoport tömegközéppontja körül. Utóbbi szintén mozog, halad és forog az univerzumban, és így tovább... A létezők más létezőkkel való kölcsönhatásuk miatti összetett mozgása a teljes pályájukon soha nem lehet geometriai értelemben véve egyenes ($\mathbf{A}_{III.3}$), legfeljebb bizonyos pályagörbe-szakaszain kvázi-egyenes ($T_{III.10}$). Mindez értelemszerűen vonatkozik az élőlényekre is. Q.e.d. T_P: $\mathbf{A}_{III.3}$, $\boldsymbol{T}_{II.9}$. P_T: Ø.

Megjegyzés:
Következzen néhány példa a létezők összetett pályagörbéjű, nem egyenes mozgására!

1) A Föld forog a tengelye körül. De akkor a testének/felszínének minden pontja, így az X pontja is [ld.: a *14. ábrát*] – forgástengelye pontjait kivéve – a forgástengelyre merőleges síkban körpályán mozog a Föld testében/felszínén. Tehát a Föld testében/felszínén lévő rezgő/mozgó atomok, ionok, molekulák és elemi részecskék, valamint más létezők a tengelye körül forgó, és a Nap körül keringő Földdel együtt haladva spirális mozgást is végeznek [ld.: a 14. és a *15.* ábrákat] – eltekintve a Nap haladó mozgásától (mert ha nem tekintünk el a Nap haladásától, akkor a mozgásuk duplán spirális).

---

229 Mikrolétezők pl. az atomok, az elemi részecskék és a sugárzó elemek.
230 Makrolétezők pl. a bolygók, a holdak, (pl. a Föld és a Hold), az üstökösök, aszteroidák, kentaurok, valamint a csillagok (pl. a Nap, az Alfa Centauri hármas stb.) és a galaxisok (pl. a Tejútrendszer, az Androméda-köd stb.).
231 Pl. a hosszúperiódusú üstökösök vagy pl. a fény.

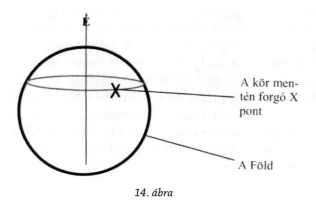

14. *ábra*

2) A Hold kering a Föld körül, a Föld pedig kering a Nap körül, enyhén ellipszis pályán. Következésképpen a Hold a Nap körül nyilvánvalóan spirális pályán mozog, együtt a Földdel – most eltekintve a Nap saját, haladó (transzlációs) mozgásától – különben a Föld és Hold kettőse nem haladhatna együtt; a Hold lemaradna a Földtől 15. ábra).

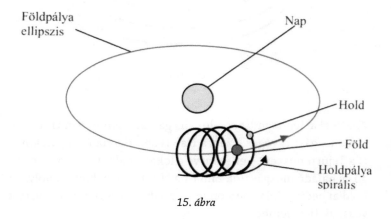

15. *ábra*

3) A Nap körül körszerű – enyhén ellipszis – pályán kering a Föld. Ámde a Nap is kering a Tejútrendszer középpontja körül. Ezért a Föld (a Napnak a Tejúton haladó mozgása miatt) valójában nem körszerű, hanem összetett, spirálvonalú pályán kering a Nap körül, így követve a haladó Napot [Ld.: alább a **16. ábrát**]. Ha nem spirális pályán követné a Napot a Föld, akkor lemaradna a Naptól. Ugyanígy mozognak a Nap körül, a haladó Nappal együtt spirálvonalú pályán a Naprendszer többi bolygói is; a bolygók holdjai pedig dupla spirálon követik a Napot [ld.: a 15. és a 16. ábrákat].

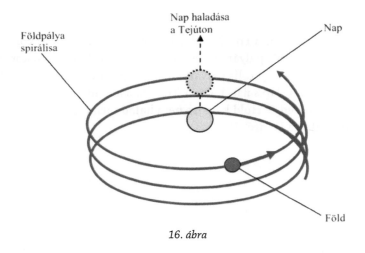

16. ábra

4) Mivel a Tejútrendszer a lokális galaxiscsoportban transzlációs mozgást is végez, ezért a Nap is spirálvonalú pályán követi a Tejútrendszert – eltekintve a lokális galaxiscsoport keringő és haladó mozgásától. Emiatt a Nap bolygói dupla, a bolygók holdjai pedig tripla spirálon mozognak – ha csak a Napkövetést vesszük figyelembe.

5) Az 1–4) pontokból következik, hogy a csillagok és a galaxisok, a bolygók és holdjaik mozgásának valódi pályája többszörösen

is összetett (csavart) spirálgörbe; az aszteroidák, az üstökösök pályája parabola vagy hiperbola és spirális is; a ködök, valamint az egyéb létezők pályája sem egyszerű kör vagy egyenes vonal. E mozgáspályákban az élő létezők is osztoznak.

6) A fény (az elektromágneses hullám) transzverzális hullámként mozog és kettős természetű: pl. gravitációmentes térben hullámként terjed, míg anyagi kölcsönhatásokban, mint részecske/foton viselkedik.

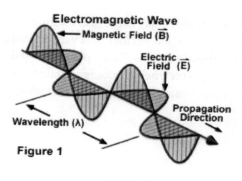

17. ábra

Vagyis ha hullám, akkor egyrészt a haladási irányra merőlegesen rezeg, másrészt halad (ld.: 17. ábra; Propagation direction=-terjedési irány). Ezért hozzánk pl. a Napból érkező fénysugarak pályagörbéje amolyan „dupla szinuszgörbe", melynek a hullámhossza a látható fény esetében mintegy 400 (kék színű fény) és 800 (vörös színű fény) nanométer[232] közé, frekvenciája pedig 800 billió Hz és 400 billió Hz közé esik. A csillagok közötti térben tendenciáját tekintve pályagörbéje látszólag egyenes (fénysugár), noha valójában igen kicsiny amplitúdójú, szinuszgörbe alakú hullám. Ugyanakkor a fény pályája más létezők (pl. a Nap

---

232 400/109–800/109 méter, azaz: 400–800 milliárdod méter közé esik.

és más csillagok stb.) mellett haladva még parabolaszerűen el is hajlik az eredeti terjedési irányától. Ezért például már egy 10-20 fényévnyi távolságra lévő csillag fénye is, míg hozzánk a Földre elérkezik, kvázi szinuszgörbe módjára „kerülgeti" a Föld és a fényforrás közötti csillagokat, amint a közelükben elhalad.

3 A tér nagyságának meghatározása

Valamely létező terének nagysága (mérőszáma) klasszikus méréssel pontosan[233], míg kvázi méréssel vagy különféle elvi megfontolásokon alapuló becslésekkel – plauzibilis jelleggel – határozható csak meg – melynek a valósággal való közelítő egyezése korrekt, tudományosan megalapozott mérésekkel igazolandó.

---

233 De az elmaradhatatlan mérési hibával.

IV AZ UNIVERZUM

5. kép: Az univerzum egy részének űrtávcsöves látképe.[234]

A) MI AZ UNIVERZUM?

---

234 Forrás: https://hu.wikipedia.org/wiki/Vil%C3%A1gegyetem

1 Az univerzum látható,
és egyszersmind beláthatatlan

Az univerzum (másképp a világegyetem, vagy a világmindenség, avagy egyszerűen csak a világ) az összes élő és élettelen létezőt magában foglaló halmaz – maga is létező, a létezők összes lényeges tulajdonságával. Alapvető sajátosságai közül kettő, mint fontos sajátosság máris kiemelhető. Az első az, hogy az univerzum az ember által csak részben látható. Ez annyit tesz, hogy vannak benne – jobbára az éjszakai égbolton – olyan létezők, amelyek az ember által látható fényt bocsátanak ki (pl. csillagok, galaxisok) és olyan létezők, amelyek csak visszaverik (illetve némelyek elnyelik) az előbbiek által kibocsátott látható fényt. Utóbbiak a bolygók, a holdak, a gyűrűrendszerek, némelyek a gyűrűk felett – a mágneses térnek megfelelően forgó – ún. küllőkkel, továbbá az üstökösök, az aszteroidák, a gáz- és porfelhők (globulák) stb. A globulákra példa az alábbi 6. képen látható:

6. kép:[235] Gáz- és porfelhők (globulák)

---

235 Forrás: http://www.konkoly.hu/evkonyv/barnard/barnard.html

Szabad szemmel az ember többnyire csak a „közeli" csillagokat és a naprendszerbeli objektumok egy részét láthatja – az univerzum többi objektumának egy kisebb részét csak a Földre vagy az űrbe telepített, és különböző fényszűrőkkel ellátott optikai távcsövekkel, illetve rádióteleszkópokkal figyelheti meg.

Ezen kívül, ahogy naprendszerünket „kitölti" a napszél anyaga, mely szabad szemmel, illetve optikai távcsővel nem látható, csak alkalmas detektorokkal – illetve közvetetten és részlegesen a Föld északi mágneses pólusán jelentkező „északi fény" alapján hatása szabad szemmel is – érzékelhető, ugyanígy „tölti ki" az univerzumot a csillagok „szele" – bárhol is legyenek azok a csillagok.

Az univerzum ugyanakkor beláthatatlan két értelemben is.

Egyfelől az égi objektumok között akadnak olykor műszeres megfigyelés ellenére is láthatatlanok. Ilyenek például a fekete lyukak, valamint a sötét anyag és a hipotetikus sötét energia. Másfelől az univerzum beláthatatlan abban az értelemben is, hogy az általunk műszeresen (földi és űrtávcsövekkel, illetve rádióteleszkópokkal) látható része – a jelenlegi technikai fejlettségünk mellett – csak mintegy 13,2 milliárd fényévnyi távolságig terjed[236]. (Lásd a 7. képet.) Ez különösen akkor tekintendő az univerzum kicsiny térrészének, ha az univerzum a kiterjedését tekintve végtelen nagyságú.

---

236 Az univerzumban az UDFj-39546284 az eddig legtávolabbi, ténylegesen megfigyelt objektum a Fornax-csillagképben, a Hubble Ultra Deep Fieldben, melyet a Hubble űrtávcső talált meg, a hírt 2011. január 26-án tették közzé. Távolsága a Földtől 13,2 milliárd fényév, kialakulása az Ősrobbanástól számítva 480 millió évre tehető. Nagysága a Tejútrendszer körülbelül 100-ad része lehet.

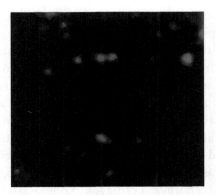

7. *kép:*[237] *Az UDFj-39546284 az eddig legtávolabbi*
ténylegesen megfigyelt objektum

2 Az univerzumról kialakult vallásos és tudományos nézetek

Az univerzumról a civilizált emberiség a történelme folyamán –
tudása fejlődésének, ismeretei gyarapodásának megfelelően –
különböző nézetekkel bírt. Például az alábbi, 8. kép az univer-
zumot egy ókori zsidó vallásos elképzelés szerint ábrázolja:

A tudósok az általuk vélt világrendszert ún. **világmodellek-
ben**[238] írták le, melyek nagyvonalakban az alábbiak:

---

237 Forrás: https://hu.wikipedia.org/wiki/UDFj-39546284
238 Ld.: TTL. 734. oldal; Akadémia kiadó, Budapest, 1968.

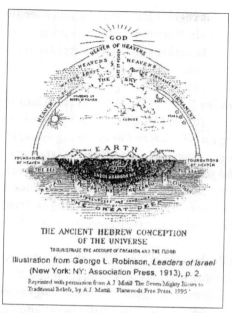

THE ANCIENT HEBREW CONCEPTION
OF THE UNIVERSE

TO ILLUSTRATE THE ACCOUNT OF CREATION AND THE FLOOD

Illustration from George L. Robinson, *Leaders of Israel*
(New York: NY: Association Press, 1913), p. 2.

Reprinted with permission from A. J. Mattill *The Seven Mighty Blows to*
Traditional Beliefs, by A. J. Mattill. Flatwoods Free Press, 1995.

8. *kép: Az univerzum egy ókori zsidó elképzelés szerint*

Az **ókori görögök** alkottak először a világról elméleti modelleket – természetesen akkori ismereteiknek megfelelően.

A knidoszi görög *matematikus és csillagász* **Eudoxosz** (i.e., azaz időszámításunk előtt 408–355.) homocentrikus szférarendszer-elmélete volt az első jelentősebb elmélet a világról. Elméletében a Földet helyezte a „szférák" középpontjába. Ezzel megteremtette a csaknem 2000 évig fennálló **Földközéppontú (geocentrikus) világrendszer** hipotézisét.

Arisztotelész (i.e. 384–322.), görög *tudós, filozófus* világmodellje már tudománytörténeti vonatkozásban nagyobb jelentőségű volt. Ebben **a világmindenség véges, középpontjában a Föld** található. Arisztotelész szerint a világmindenségben háromféle térbeli mozgás van: 1) egyenesvonalú mozgás, 2) körmozgás és 3) e két mozgás kombinációja. Mivel a világmindenség Arisztotelész szerint véges, ezért benne egyenesvonalú mozgás nem lehet vég nélküli. E rendszerben csak a körmozgás nincs korlátozva, következésképp az állócsillagoknak és a planétáknak körpályán kell mozogniuk.

Arisztharkosz (i.e. 310-230.), Szamosz, Alexandria. Ő volt az első *tudós*, aki Athénban, 1800 évvel Kopernikusz előtt, azt tanította, hogy *a Föld a Nap körül kering és saját tengelye körül is forog* – maga a *Nap pedig nem istenség, hanem csak egy izzó kőgolyó.* Tehát ő már *a Napot* helyezte a világmindenség középpontjába. Ez volt az *első heliocentrikus* világmodell. Rendszere *feltételezte a csillagok óriási távolságát is* – mindez azonban mintegy ezerötszáz évre feledésbe merült.

Klaudiosz **Ptolemaiosz** (i.sz. 130.) alexandriai *matematikus, csillagász, geográfus, asztrológus.* Ő alkotta meg a 17. századig meghatározó ptolemaioszi, *geocentrikus világrendszert.*
Az ókor után egészen a 17. századig nem változott a gondolkodók *geocentrikus világképe.*

Először Nikolausz **Kopernikusz** (1473–1543.) lengyel *csillagász* tanai hoztak változást a 17. századra. Nevéhez fűződik – Arisztharkosz ideáiból kiindulva – a *heliocentrikus világkép kidolgozása,* mely szerint a Föld és a többi bolygó a Nap körül kering, a Hold pedig a Föld körül. Noha a bolygópályák meghatározását a matematikára, pontosan az euklideszi geometriára alapozta, modelljének fő hibája az volt, hogy a bolygópályákról makacsul állította, hogy azok kör alakúak, ami pontatlan bolygópozíciókat adott a megfigyelésekhez képest.
Kopernikusz elméletének két fontos következménye is volt.[239] Egyrészt szükségessé vált a *„világmindenség vélt méreteinek jelentős megnövelése",* hiszen az a tény, hogy a csillagok a Föld keringése következtében nem változtatják helyzetüket, azt mu-

---

239 Ld.: TTL. 734. oldal; Akadémia kiadó, Budapest, 1968.

tatja, hogy *a csillagok messze a Naprendszer határán túl fekszenek*. Másrészt ha az éggömb napi mozgását a Föld forgásának tulajdonítjuk, *többé nem szükséges feltételezni, hogy az összes csillag egyenlő távolságra van tőlünk*.

Kopernikusz elméletének publikálásával forradalmasította a világmindenségről alkotott képet, és megalapozta Galilei, Kepler, majd Newton felfedezéseit, ezzel megindította a középkor végét is jelző tudományos forradalmat.

Johannes Kepler (1571–1630) német *matematikus, csillagász és optikus* felfedezte a **bolygómozgás törvényeit**. Kimutatta, hogy a **bolygók pályája nem kör, hanem ellipszis alakú** (I. tv.); továbbá, hogy a bolygók vezérsugara (a bolygót a Nappal összekötő szakasz) azonos idő alatt azonos területet súrol (II. tv.), valamint hogy a bolygók Naptól való átlagos távolságainak (a pálya fél nagytengelyeinek) köbei úgy aránylanak egymáshoz, mint a keringési idejük négyzetei (III. tv.). E szintén **heliocentrikus világképen** alapuló törvényeket a felfedezőről **Keplertörvények**nek nevezik.

I. Newton (1642–1727) angol *fizikus, matematikus, csillagász, filozófus és alkimista*. Az újkori történelem egyik kiemelkedő tudósa. Newton az abszolút idő mellett **a „mozdulatlan", éterrel „kitöltött" abszolút tér** fogalmát vezette be. Mindemellett sem az időt, sem a teret nem definiálta; azokat alapfogalomként kezelte.

I. Kant (1724–1804) német *filozófus nem* definiálta az időt, de a teret sem. **A newtoni abszolút teret** a newtoni fizika sikereit tapasztalva **a priori kategória rangjára emelte**.

F. W. Herschel (1738–1822) német-angol csillagász, az Uránusz bolygó felfedezője, és minden idők egyik legnagyobb megfigyelő csillagásza. Fényesebb csillagok tanulmányozás közben rájött arra, hogy **a Nap sem mozdulatlan**. Megállapította tehát, hogy a **Naprendszer mozog az űrben**. Megállapította azt is, hogy a

Tejútrendszer, melyben a Naprendszer a galaxis középpontja körül mozog, **korong alakú.**

A. Einstein (1879–1955) német *elméleti fizikus*, az általános relativitáselmélet kifejlesztője. Ennek, továbbá a *B. Riemann* többdimenziós görbült (szférikus) térelmélete alapján kidolgozott **relativisztikus világmodelljében véges** (térfogatú)**, de határtalan és statikus világegyetemet tételezett fel**, melyben **a newtoni F gravitációs erővel** ($F = G\dfrac{Mm}{r^2}$

ahol **F** a gravitációs erő, **G**=(6,67408±0,00031)·10^{-11}·m³·kg⁻¹·s⁻¹ a gravitációs állandó, **M** a nagyobb, **m** a kisebb tömeg, **r** a két tömegközéppont távolsága)**, az általános tömegvonzással** (mely szerint az M és m tömegű két test a tömegükkel fordított arányban gyorsulnak egymás felé[240]) **szemben** a gravitációs hatást, a teret „torzító/görbítő" tömegnek/energiának tulajdonította. Einstein általános relativitáselméletében tehát a tér szerkezetének alakulását az Einstein-egyenletek megoldása nyújtja:

Ami: $G_{\mu\nu} + \Lambda g_{\mu\nu} = \dfrac{8\pi G}{c^4} T_{\mu\nu}$

vagy a Ricci-tenzorral kifejezve:

$$R_{\mu\nu} - \dfrac{1}{2} R\, g_{\mu\nu} + \Lambda g_{\mu\nu} = \dfrac{8\pi G}{c^4} T_{\mu\nu}$$

Ahol $G_{\mu\nu}$ az Einstein-tenzor, Λ a kozmológiai állandó, $g_{\mu\nu}$

---

240 Tehát az F=G·(M·m/r²) erő a gravitációs erő, vagy másképp a két, egymást vonzó M és m tömegű (M≥m; anyaggal bíró) létezőt azonos F nagyságú, de ellentétes irányú (F=-F) erővel egymás felé, a tömegükkel fordított arányban gyorsító erő. (Azaz, mivel F=a·m, a=F/m, valamint F=G·(M·m/r²), mindebből az következik, hogy a_m=G·(M·m/r²)/ m≥a_M=G·(M·m/r²)/M.

a metrikus tenzor, G a gravitációs állandó, C a fénysebesség, $T_{\mu\nu}$ az energia-impulzus tenzor, míg $R_{\mu\nu}$ pedig a Ricci-tenzor és R a görbület-skalár.

Az einsteini térgörbületek okozta „gravitációs hatás" az anyag és energia adott térrészbeli eloszlásától függ, és ettől különbözik a newtoni gravitációtól, mely csak az anyag eloszlástól függ. **Az általános relativitáselméletben a gravitáció nem erő** (mint a newtoni elméletben), **hanem a téridő görbületének következménye.** Az einsteini „**szférikus**" világmindenség a „kétdimenziós gömbvilág" háromdimenziós analogonja, a Riemann (1826–1866) német *matematikus „szférikus"* illetve „*elliptikus*" geometriájú tere ún. „*kvázi-szférikus*"[241] világterű változataként vált ismertté. Mindemellett említett könyvében,[242] 1921-ben Einstein maga megjegyzi, hogy: „... a fizikusok és csillagászok számára az a rendkívül érdekes kérdés vetődik fel, hogy **vajon az a világ, amelyben mi élünk, végtelen, vagy pedig a szférikus világ módján véges-e?" Einstein válasza: „Tapasztalásaink a legtávolabbról sem elegendők a kérdés eldöntésére."**

Edwin Hubble amerikai csillagász (1889–1953) nagy tükrös távcsövekkel végzett megfigyelések alapján felfedezte, hogy *a galaxisok nem a Tejútrendszer részei*, valamint *felfedezte a kozmikus vöröseltolódást*. Az elsők között érvelt amellett, hogy *a távoli galaxisok vöröseltolódását a világegyetem tágulása okozza*. A modern idők egyik vezető csillagásza volt, és *ő rakta le a fizikai kozmológia alapjait*. Róla nevezték el a Hubble űrtávcsövet.

241 Einstein, A.: „A speciális és általános relativitás elmélete", 5. magyar kiadás, 108–109. oldal; Gondolat kiadó, Budapest 1978; az eredeti kiadás 1921-ben.
242 Lásd előző lábjegyzetben említett könyv 109. oldalán.

Georges Lemaître (1894–1966.) belga katolikus pap, fizikus, kozmológus és egyetemi tanár az *ősrobbanással kezdődő (expandáló) világmindenség* (ld.: a 9. képi illusztrációt) elméletét (ősrobbanás standard modellje) dolgozta ki 1927-re, amelyet a Hubble-féle univerzumtágulás, és a kozmikus háttérsugárzás felfedezése igazolni látszott.

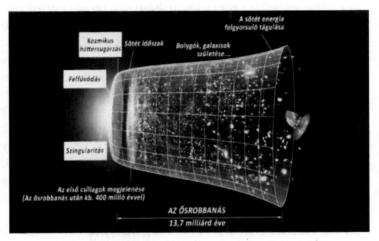

9. kép: Az ősrobbanásnál keletkezett univerzum, tér és idő.
Az univerzum azóta is tágul a megfigyelések szerint.

W. de Sitter (1872–1934) holland asztrofizikus, matematikus, csillagász, kozmológus. Einstein Sitterrel együttműködve dolgozta ki *1932-ben az univerzumképet (Einstein–de Sitter-univerzum)*, amelyet a 20. század nyolcvanas évtizedéig általánosan elfogadtak. Sittert kozmológiai munkássága tette széles körben ismertté. Végül a *hiperbolikus világmodellt* ő alkotta meg. Ez a világmodell *csak hipotézis*!

A. Friedmann (1888–1925) *orosz kozmológus az* **oszcilláló világegyetem** *elméletét dolgozta ki. Ez olyan univerzum, amelyben annak létezése egy ciklikus, vég nélkül ismétlődő folyamatban változik: ... ősrobbanás (Nagy Bumm), majd tágulás a maximumig, ezu-*

tán összehúzódás zérusméretűre (Nagy Reccs), megint Nagy Bumm, majd megint tágulás a maximumig, ezután újra összehúzódás zérusméretűre, Nagy Reccs, majd megint Nagy Bumm... és így tovább, a végtelenségig (ld.: az alábbi 10. képet ennek illusztrálásaként). Ez a világmodell is **csak hipotézis!**

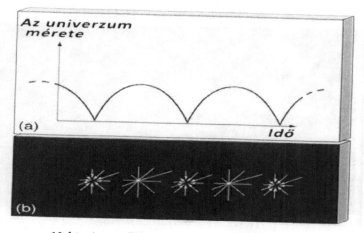

10. kép: Az oszcilláló univerzum vázlatos ábrája (a. és b.)

S. Hawking (1942–2018) vezető angol elméleti fizikus ma már azt feltételezi: Isten nem kellett az ősrobbanáshoz. **A gravitáció törvényei okozták, hogy az univerzum létrehozta önmagát – a semmiből.**[243] Ez is csak hipotézis!

A Multiverzum-elmélet:

A **multiverzum** egy speciális és összetett „elmélet", amely azt feltételezi, hogy a mi univerzumunk mellett számos más univerzum is létezik, s ezek együtt tartalmazzák a létezőket. Az elméletet Andrej Linde orosz fizikus fejtette ki az 1980-as

243 Hawking, S. W. – Mlodinow, Leonard: A nagy terv – Új válaszok az élet nagy kérdéseire; Akkord Kiadó, Budapest, 2011; Hungarian translation: Dr. Both Előd, 2011.

évek elején, azonban a tudományos világ először nem fogadta jól. Napjainkra viszont már szélesebb elfogadottságot nyert. Ezeket a különféle univerzumokat a *multiverzumon* belül **párhuzamos univerzumoknak is nevezzük** (Ld. alábbi 11. képet illusztrációként). Feltételezések szerint ezek közül pl. kettő ütközése eredményezhette a Nagy Bummot.

11. kép: A multiverzum illusztrációja

Ez is csak hipotézis!

Az M „elmélet":[244]

Az univerzum keletkezésének egy új „elmélete"[245] szerint az ősrobbanást (Nagy Bummot) egy őscsobbanás (Nagy Reccs) előzte meg. A Paul Steinhardt, a Princeton University csillagásza és kollégái elmélete (nem igazolt feltételezése) szerint **lehetséges**, hogy az általunk ismert **világegyetem mellett létezik egy láthatatlan, párhuzamos univerzum is**. A még kidolgozás alatt

244 http://pecs-vk.hu/a-nagy-bumm-elott/
245 A tapasztalat által nem igazolt teóriákat a tudományelméletben hipotéziseknek (feltételezéseknek, elgondolásoknak), nem elméletnek nevezik.

lévő elmélet arra keresi a választ, hogy mi történhetett a kb. 14 milliárd évvel ezelőtt bekövetkezett, a világegyetemünket létrehozó ősrobbanást megelőzően. Az elmélet középpontjában az ún. „húr-elmélet" áll, amely szerint az univerzum és az idő alkotóelemei apró, vibráló húrok. Ez az elmélet, bár sok tudósnak felkeltette az érdeklődését az elmúlt években, de **nagyrészt bizonyítatlan maradt**. A **Steinhardt-csoport** elmélete, melyet **ekpyrotikus-modellnek** neveztek el, lényegében a húr-elmélet egy kiterjesztett értelmezésén, az ún. **M-teórián alapul**. Ez az elmélet **nem veti el az ősrobbanás elméletét**, mert a tudományos közvélemény egy jó része is biztos alapként kezeli azt. Ehelyett az M-teória az ősrobbanást megelőző eseményekre koncentrál. Feltételezi, hogy az univerzumnak 11 dimenziója létezik, ezek közül 6 öszszefonódott, amelyeket ezért nem is kell figyelembe venni. A Steinhardt-féle elméletben az univerzum egy szintén **többdimenziós űrben** helyezkedik el. A világegyetem működése 5 dimenzióban folyik. Feltételezik az elmélet alkotói, hogy az univerzum az ősrobbanás előtt két tökéletesen sík, négydimenziós felületből állt. A Nagy Bumm előtt az egyik ilyen „lap" volt a mi világegyetemünk őse, a másik pedig egy láthatatlan párhuzamos univerzum. A Princeton University kutatói azt állítják, hogy a láthatatlan, párhuzamos univerzumban tapasztalható fluktuációk okozták annak torzulását, amely így előidézte, hogy az a mi világegyetemünk felé közeledett. A „közeledő" univerzum összeütközött a mi univerzumunkkal, és az ütközés energiája az univerzumunk anyagává és energiájává vált az ősrobbanásban (Ld.: az alábbi **12.** képi illusztrációt).

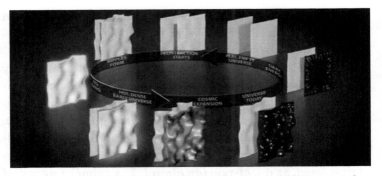

12. kép: Az M-teória két párhuzamos univerzuma, a miénk és egy másik

A 12. kép szerint kezdetben két teljesen sima és üres univerzum létezett (fent, a „két óra" pozícióban látható két „síklap"), egymással *párhuzamosan*. Aztán valamilyen okból ezen univerzumok elkezdtek összehúzódni. Az összehúzódás olyan mértékűvé vált egy ponton, hogy az addig lapos univerzumok – gravitációs hatás következtében – erőteljesen felgyűrődtek, hullámossá, kitüremkedővé váltak. Mikor aztán ezen kitüremkedések valamelyike összeért egy ponton, azaz a két univerzális sík találkozott egymással, létrejött az ősrobbanás (lent, „hat óra" pozícióban látható két összeérő „gyűrt lap"), mely hatalmas volt. Ettől kezdve megindult a folyamatos tágulás és a már ismert folyamat: csillagok, bolygók születése, majd a sötét energia gyors terjedése. Ezen utolsó szakaszba univerzumunk csak sokmilliárd év múlva jut el. Ekkor halnak majd el a csillagok, és idővel sötét anyaggá bomlanak. Természetesen ez csak egy vélekedés. De a feltételezés szerint minden anyag és törmelék ekkor visszabomlik sötét anyaggá, vagy sötét energiává, és visszatér világunk az eredeti állapotba, azaz az univerzum újra kisimul és üressé válik. Ettől kezdve pedig a ciklus újra elkezdődik. **Az M-teória** tehát **szintén azt veti fel, mint az oszcilláló világegyetem teóriája**: a Nagy Bumm nem az első, és nem is az utolsó.

Ez a teória sem bizonyított, csak hipotézis!

***

Megállapítható, hogy az univerzumról máig kialakult kép, minél jobban távolodunk a Naprendszerünktől – az űrtávcsöves, rádióteleszkópos stb., modern eszközös megfigyelések ellenére – eléggé vegyes, és sok esetben alapvetően az üres spekuláció szintjén mozog.

Megállapítható az is, hogy mindegyik világmodellel kapcsolatban (legyen az egy véges univerzum, vagy a multiverzum, vagy az M-teória szerinti világmodell stb.) feltehetők ugyanazok a kérdések, melyek fontosak, ámde amelyekre egyik sem ad választ. Például:

1. A világmindenség végtelen-e vagy véges – térben és időben?
2. Ha a világmindenség véges, akkor hogyan, miből és mikor keletkezett ez a világ?
3. Ha a világmindenség véges a térben, akkor miben van benne?

A Nagy Bummal való foglalkozásuk mellett e világmodellek elkerülik az 1–3. kérdésekre adandó válaszokat. Pedig ez a dolog lényegét érinti.

Akkor lássuk most, mi hozható ki az univerzumról (világmindenségről) a létezőkkel kapcsolatos alap- és definiált fogalmak, továbbá a létaxiómák és a belőlük levezetett tételek felhasználásával!

B) AZ UNIVERZUM AXIOMATIKUS ELMÉLETE

1 Az univerzum elméletének alapjai

1.1 Princípiumok

1.11 Alapfogalmak

E részben a 'létező', a 'halmaz', a 'halmaz eleme', a 'lét', az 'élő létező/élőlény', az 'anyag', a 'tömeg', a 'gyorsuló, lassuló, egyenletes mozgás', a 'rezgés, hullámzás, forgás', a 'relatív nyugalom', a 'tömegközéppont', a 'gravitációs hatás/erőhatás', az 'F erő', az 'erőkar', az 'M forgatónyomaték', a 'forgásállapot', a 'perdület', a 'Hold', a 'Föld', az 'egyenlítő', az 'árapály-jelenség', a 'dagály', az 'apály', a 'súly', az '$F=-F$', az '(első vagy másodfajú) perpetuum mobile', valamint az 'ivartalan/ivaros szaporodás', az 'evolúció' szavak által jelölt fogalmakat nem definiálom, ismertnek tekintem és alapfogalomként használom.

1.12 Definíciók

1.121 Az univerzum/világegyetem/világmindenség fogalma

Az eddigiek alapján az univerzum fogalmát például a következőképpen határozom meg:

Definíció_U: Az univerzum

Az univerzum az összes (élő és élettelen) létező halmaza (D_U).

Megjegyzés:
Az univerzum – az élő és élettelen létezők folytonosan változó halmaza; azaz a mindenkori jelen-időpillanatban meglévő, változó és változatos anyag-összesség megnyilvánulása. Több más fontos tulajdonságaival a későbbiekben részletesen foglalkozom.

1.13 Létaxiómák (IV.1–IV.5)

1. A létezőknek van gravitációs kölcsönhatásuk.

A létezőknek van gravitációs kölcsönhatásuk;[246] amikor is a létezők tömegükkel fordított arányú gyorsulással[247] egymás felé mozognak; amiknek van gravitációs kölcsönhatásuk, azok tömegükkel fordított arányú gyorsulással egymás felé mozgó létezők ($A_{IV.1}$). P_T: $T_{IV.10}$, $T_{IV.23}$.

2. A létezőn forgatónyomaték működik, ha a testében, valamely pontjától vagy a tömegközéppontjától kezdődő erőkaron más létező keltette külső erő hat.

A létezőn forgatónyomaték[248] működik, ha a testében, valamely pontjától vagy a tömegközéppontjától kezdődő erőkaron más létező keltette külső erő hat ($A_{IV.2}$). P_T: $T_{IV.14}$.

---

246 $F_G = -F_G$, (ahol $F_G > 0$ a gravitációs erő).
247 a=F/m (ahol m a tömeg, F>0 az erő és a gyorsulás).
248 M=Fr ;(ahol F>0 az erő, r>0 az erőkar, M>0 a forgatónyomaték).

3. Ha egy létezőn külső erő hatására forgatónyomaték érvényesül, akkor megváltozik a forgásállapota/forgásmennyisége (perdülete).

Ha egy létezőn külső erő hatására forgatónyomaték érvényesül, akkor megváltozik forgásállapota (forgásmennyisége) [perdülete][249] ($A_{IV.3}$). P_T: $T_{IV.14}$.

4. Ha egy létező perdülete állandó, de megváltozik a tehetetlenségi nyomatéka, akkor a szögsebessége fordított arányban változik.

Ha egy létező perdülete (forgásállapota/forgásmennyisége) állandó, de megváltozik a tehetetlenségi nyomatéka, akkor a szögsebessége fordított arányban változik. ($A_{IV.4}$). P_T: $T_{IV.14}$.

5. A létezők gravitációs hatása egymáson – így pl. a Hold (és kisebb mértékben a távolibb Nap) gravitációs hatása a Földön – periodikusan árapály jelenséget okoz, mely a tengelykörüli forgásuknak megfelelő nagyságú kerületi sebességgel mozog.

A létezők gravitációs hatása egymáson – így például a Hold (és kisebb mértékben a távolibb Nap) gravitációs hatása a Földön – periodikusan árapály[250] jelenséget okoz, mely a tengelykörüli forgásuknak megfelelő nagyságú kerületi sebességgel mozog ($A_{IV.5}$). P_T: $T_{IV.11}$.

---

249 $N=\Theta\omega$; (ahol N>0 a perdület, Θ>0 a tehetetlenségi nyomaték, ω>0 a szögsebesség).

250 Az árapály jelenségei a közeli égitestek egymásra gyakorolt tömegvonzása által egymáson létrehozott alakváltozások. Földi értelemben az árapály vagy régies nevén tengerjárás a tenger szintjének periodikus emelkedése (áradat vagy dagály) és süllyedése (apály), melyet a Hold és a Nap vonzásának befolyása okoz. Az árapály jelensége a folyadékon kívül az égitestek szilárd testére, kérgére és képlékeny köpenyére is hat, de a legszembetűnőbb a folyadékok, pl. a földi óceánok napi 8–10 méteres vízszintváltozása.

2 Az univerzum attribútumai

2.1 Az univerzum jellege, keletkezése, működése, megszűnése és terjedelme

Tétel$_{IV.1}$: Az univerzum maga is létező.

Bizonyítás:

Az univerzum az összes létező halmaza (D_U). A létezők halmaza pedig maga is létező a $T_{I.1}$ tétel szerint. Következésképpen az univerzum maga is létező ($T_{IV.1}$). Q.e.d. T_P: D_U, $T_{I.1}$. P_T: $T_{IV.6}$, $T_{IV.8}$, $T_{IV.9}$.

Megjegyzés:

Az élettelen atomok és a belőlük álló molekulák, valamint a molekulákból felépülő élő sejtek mind létezők. Ugyanakkor bármely élőlény (legyen az egy növény, egy állat vagy egy ember) és bármely szerve is ilyen létező atomokból, molekulákból, valamint sejtekből áll – ámde ez az élőlény (növény, állat vagy ember) is nyilvánvalóan önálló entitás, az előbbi elemekből álló összetett létező. De ugyanez áll az összetett élettelen létezőkre is – mint például a Föld, a Nap vagy a Tejútrendszer –, hiszen élettelen atomokból és/vagy molekulákból állnak ezek is. Tehát minden létező egy vagy több elemből (létezőből) álló halmaz, de nyilvánvalóan olyan halmaz, amely önmagát halmazelemként nem tartalmazza. Ez igaz az univerzumra, mint létezőre is.[251]

---

251 Az univerzum, mint az összes létező halmaza létező maga is ($T_{IV.1}$). Mint létező, a létezők minden tulajdonságával rendelkezik ($T_{I.1/C}$) – de csak azzal! Következésképpen az univerzum, mint létezők halmaza nem tartalmazza önmagát, csakúgy, mint egyetlen részhalmaza sem. Vagyis az univerzum ún. nem tartalmazkodó halmaz. Tehát nem tévesztendő össze a naiv halmazelméletben ellentmondást okozó „összes halmazok halmaza" fogalmával.

Tétel$_{IV.2}$: Az univerzumnak, mint létezőnek, van anyaga.

Bizonyítás:

Az univerzum, mint az összes létező halmaza (D_U), maga is létező a $T_{IV.1}$ tétel szerint. Minthogy a létezőknek van anyaga ($A_{I.1}$), ezért az univerzumnak, mint létezőnek is van anyaga ($T_{IV.2}$).

Q.e.d. T_P: D_U, $A_{I.1}$, $T_{IV.1}$. P_T: $T_{IV.2/C1}$, $T_{IV.2/C2}$.

Ekvivalencia$_{IV.2/E}$: Van az univerzumnak „éter"-nek is nevezhető anyaga.

A $T_{IV.2}$ tételből már nyilvánvaló az ekvivalencia igazsága. P_T: Ø.

Megjegyzések:
1) E tekintetben fontos azt látni, hogy *az univerzum anyagát* a kémiai elemek periódusos rendszere szerinti, már ismert és még nem ismert *atomok*, a belőlük felépülő szerves és szervetlen *molekulák*, az előbbiekből álló elkülönült (diszkrét) testek, pl. az élőlények teste és az *égitestek*, melyeknek egy jelentős része látható elektromágnese hullámokat bocsát ki, s ezért látható és/vagy detektálható, valamint olyan égitestek, amelyek többnyire látható fényt nem bocsátanak ki, esetleg csak tükrözik azt (pl. aszteroidák, bolygók, por- és anyagfelhők, „csillagszelek", fekete lyukak stb), valamint az *atomok elemi részecskéiből álló anyagáramok, anyagterek* és *anyagmezők* alkotják. Az anyagnak eme ismert és a még nem ismert fajtái teljesen, hézagmentesen „kitöltik" az univerzumot. Tehát az univerzum ekként maga is az időben változó anyaggal bíró létező; hasonlít hozzá pl. a bolygók testének, vagy pl. az emberi testnek folyvást változó „univerzuma". Nevezzük most ezt az univerzumot „kitöltő" heterogén és az égitesteknél a legsűrűbbnek (vagy más teóriák szerint ellenkezően: ott a legrit-

kábbnak)[252] tűnő anyagot az egyszerűség kedvéért a már ismert és megszokott elnevezéssel „éter"-nek. Eme éterrel kapcsolatban ismert fizikusok: *Newton*, *Einstein* és *Jánossy* felvetéseit közlöm alább. Ezekhez nem fűzök kommentárt.

2) *Newton* a Robert Boyle-hoz *1679-ben* írott levelében[253] előadja egy sejtését: „Még egy további sejtésemet is elmondom, mely csak most ötlött fel bennem, hogy ezt a levelet most írom. S *ez a gravitáció okával kapcsolatos*. Feltételezem, hogy *az éter* egymástól rendkívül kicsiny fokozatokban különböző finomságú részecskékből áll; továbbá azt, hogy a testek pórusaiban inkább a finomabb részecskék, a szabad térben pedig inkább a durvábbak találhatók meg; és hogy következésképpen a Föld hatalmas testében is jóval több a finom részecske, mint a durvább, nem úgy, mint a levegőben, ahol az arány fordított. A levegőben levő durvább éter mindazonáltal behatol a Föld felszíni régióiba, csakúgy, mint a finomabb éter a légkör alsóbb régióiba oly módon, hogy az atmoszféra tetejétől lefelé a Föld felszínéig és a Föld felszínétől annak középpontjáig az éter mind egyre finomabbá és finomabbá válik. Képzeljünk el mármost egy, a levegőben felfüggesztett vagy a földön fekvő testet; a feltevés szerint a test felső részeinek pórusaiban lévő éter durvább, mint az alsó részeiben levő; a durvább éter pedig nem oly alkalmas arra, hogy a pórusokban maradjon, mint az alatta lévő finomabb, s *így arra törekszik, hogy kijusson onnan és helyet adjon a finomabb éternek; mindez azután nem mehet végbe anélkül, hogy a test ne kezdene lefelé mozogni,*

---

252 Egyes elgondolások szerint meglehet, hogy az univerzum «éter» elnevezésű – még ismeretlen – anyaga az égitestekben és más létezőkben nem sűrűbb, hanem épp ott a legritkább. (Gazdag László: A bölcselet vége, 22. oldal; 2007. 11. 12; http://www.mek.oszk.hu/05400/05401/index.phtml)

253 Isaac Newton válogatott írásai, 321–323. oldal; Tipotex Kiadó, 2010; Hungarian translation: Fehér Márta, Heinrich László; Hungarian edition: Rapolyi László, Szegedi Péter 2003.

helyet adva maga fölött a távozó éternek." A könyv e helyén írt szerkesztői jegyzetekből még kiemelem: Newton „Mint írja: nézeteit feltevések formájában adja elő, mivel az éter létezésére vonatkozóan döntő kísérleti bizonyítékot nem sikerült találnia..." Azonban „A levélben kifejtett éterhipotézis segítségével vonzás és taszítás feltételezése nélkül meg lehetett magyarázni a kvalitásokat..." Végül megjegyzik: „A levegő kémiai összetétele Newton korában még nem volt ismeretes. A 17. században még mindenféle légnemű anyagot levegőnek neveztek (a gőzök és gázok között sem tettek éles különbséget.)"

3) **Jánossy** idézi:[254] **Einstein** a **húszas években** megjelent egyik cikkében[255] a manapság kevés figyelemre méltatott következő mondatokat írta: „De ha majd ezek a lehetőségek igazi elméletekké érlelődtek, az elméleti fizikában akkor sem fogjuk tudni **az étert,** azaz a fizikai tulajdonságokkal bíró kontinuumot nélkülözni; az általános relativitáselmélet ugyanis, melynek elvi szempontjaihoz a fizikusok nyilván mindig ragaszkodni fognak, kizár egy közvetlen távolhatást, minden közelhatás-elmélet azonban eleve feltételez folyamatos mezőket, tehát feltételezi egy »éter« létezését."

4) **Jánossy** írja **1967-ben**:[256] „...egy anyagi közeg keménysége és a benne terjedő hullámok sebessége között **összefüggés van**... minél keményebb egy test, annál gyorsabban terjednek benne a hullámok... Minthogy az éter hullámai 300.000 km/mp sebességgel terjednek, a fenti összefüggésből következően az éter keménységének sokkalta jobban felül kell múlnia az acélét, mint amennyire az acél keménysége felülmúlja a levegőét. Ilyen körülmények között hogyan lehetséges – vetik fel a kérdést –, hogy a Naprendszer nagy sebesség-

---

254 Jánossy Lajos: Relativitáselmélet és fizikai valóság című könyve (Gondolat, 1967) 65. oldalán.

255 Dr. Albert Einstein: Űber den Ather. Verhandlungen der Schweitzerischen Physikalischen Gesellschaft. 105. Band. Teil II. (1922) 86–93 lap.

256 Jánossy Lajos: Relativitáselmélet és fizikai valóság című könyve (Gondolat, 1967) 62–63. oldalán.

gel haladó bolygói súrlódásmentesen szelik át az étert? ... A mai fizikai szemlélet alapján azonban ez is könnyen érthető. Ma már az atomokat és az elemi részecskéket nem «tömegpontok»-nak képzeljük, mint a múlt században. **Bebizonyosodott**, hogy az elemi részecskéknek hullámtulajdonságai vannak, és valószínű, hogy ezek a részecskék nem mások, mint az éter különleges hullámzásai. Ily módon az egyes részecskék mozgását az éter bizonyos hullámaiként képzelhetjük el, s ugyanígy az éter másfajta hullámai az elektromágneses jelenségek. Márpedig, ha az éter egyaránt az elemi részecskék és az elektromágneses hullámok hordozója, akkor az a kérdés, hogy a részecskék hogyan tudják az étert átszelni, fel sem merül.

Bizonyos eltérésekkel bár, de lényegében **hasonló elképzelésen alapul Heisenberg** törekvése is egy általános, az összes elemi részecskék mozgását megmagyarázó együttes elmélet felállítására."

Corollárium$_{IV.2/C}$: Az univerzum, mint létező anyaga helyről helyre és jelenpillanatról jelenpillanatra változik az anyagfajták szerinti összetételét, valamint homogenitását, sűrűségét, fényességét stb. tekintve ($T_{IV.2/C2}$).

A $T_{IV.2}$ tételből már nyilvánvaló, hogy e corollárium igaz. P_T: Ø.

Tétel$_{IV.3}$: Az univerzumra is, mint az összes létező halmazára, érvényes a létezés-megmaradás természeti törvénye: eszerint egyetlen eleme sem keletkezhet a semmiből, és nem válhat semmivé sem.

Bizonyítás:
Tegyük fel a tételbeli állítás ellenkezőjét!

Az univerzumra **nem érvényes** a létezés-megmaradás természeti törvénye. De ez az inverz állítás ellentmond a $T_{I.1}$ tételnek, miszerint az univerzum (D_U) is létező, s így rendelkezik a létezők minden tulajdonságával ($T_{I.1/C}$), ezért vonatkozik rá tehát **a létezés-megmaradás törvénye** ($A_{I.7}$)**, azaz** az univerzum minden létezője egy vagy több másik létezőből születik, és minden létezőjéből – legkésőbb elpusztulásával – egy vagy több másik létező keletkezik. Mindez vonatkozik az univerzumra is, mint minden létezőre, mert ha aktuális létállapota elveszíti valamely lényegét[257] ($A_{I.9}$) adó tulajdonságát[258], akkor az a létállapota elpusztul, úgy, hogy az elmúlt létállapota helyébe azonnal új lényegű létállapota lép. *Ellentmondásra jutottunk, tehát a tételbeli állítás igaz* ($T_{IV.3}$). Q.e.d. T_P: D_U, $A_{I.7}$, $A_{I.9}$, $T_{I.1}$, $T_{I.1/C}$. P_T: $T_{IV.3/C1}$, $T_{IV.3/C2}$, $T_{IV.7}$, $T_{IV.20}$.

Corollárium $_{IV.3/C1}$: Az univerzum, mint létező, pillanatról pillanatra változik, akként, hogy az aktuális létállapota (aktuális anyageloszlása, elemei szerinti összetétele, és/vagy elemeinek formája és/vagy struktúrája és/vagy terjedelme, stb.) rendre megszűnik létezni, ámde egyúttal új létállapotban, mint „utóduniverzum", rendre „megszületik". Ekként az univerzum az egyes létállapotait tekintve véges, mint

---

257 Lényeg (filozófia) = A valóság tárgyainak és folyamatainak alapvető, meghatározó tartalma, amely nélkül azok nem létezhetnek. (Ld.: MÉKSZ, Akadémia Kiadó, Budapest,1975; 846. oldal.)

258 Pl.: Ha egy ember meghal, elveszti halála előtti létállapotának ama lényegét, hogy élő ember, és azonnal élettelen létállapotú emberi holttestként (ez az új lényege), mint élettelen létező „megszületik". Vagy pl. a Földbe, mint gazdag élővilággal rendelkező égitestbe, a Yucatán-félszigeten becsapódott hajdan egy aszteroida. Emiatt a Földön kihalt az élővilág nagy része, a dinoszauruszokkal együtt. Így a Föld elvesztette a becsapódás előtti létállapotának egy lényeges vonását: vagyis az élő dinoszauruszokkal, sajátos állatokkal és növényvilággal stb. lakott Föld helyett azonnal élettelen létállapotú dinoszauruszokkal stb. rendelkező kopár Föld lett, azaz előző létállapota elpusztult, ennek helyébe új létállapota „megszületett", ahol megnyílt a tere újabb élővilág kialakulásának, pl. az emlősök fejlődésével (ez lett a Föld új lényege). Vagy pl. az univerzum aktuális létállapota elveszti lényegének egy jelentős részét, amikor majd a Tejút-galaxis és az Androméda-galaxis összeütközik, ezzel e létállapota elmúlik (mert az univerzum többé két nagy galaxissal (a Tejút- és az Androméda-galaxissal) nem fog rendelkezni, viszont az univerzumnak azonnal új lényegű létállapota „születik" a két nagy galaxis még nagyobbá egyesülésével.

minden más létező, ugyanakkor újabb és újabb létállapotú „utóduniverzum"-ként való megszületése folytán – mint „utóduniverzum"-ok áradata – egyszersmind időben végtelen (örök), csakúgy, mint az idő és a tér ($T_{IV.3/C1}$).

A $T_{IV.3}$ tételből már nyilvánvaló, hogy e corollárium igaz. P_T:
$T_{IV.7}$, $T_{IV.13}$, $T_{IV.20}$, $T_{IV.21}$.

Megjegyzés:
Nagy hasonlóság van például az atomok és elemi részecskéik és az univerzum között. Minden atom és elemi részecske véges léttartamú, így véges élettartam után megszűnik létezni, de mindig keletkezik is az univerzumban, azaz mindig van az univerzumban atom és elemi részecske az $A_{I.7}$ axióma szerint – legfeljebb a lokális és mennyiségi eloszlása más és más.

Corollárium$_{IV.3/C2}$: Az univerzumban érvényesülnek a természet különféle megmaradási törvényei ($C_{IV.3/C2}$).

A $T_{IV.3}$ tételből már nyilvánvaló, hogy e corollárium igaz. T_P:.
P_T: $T_{IV.6}$, $T_{IV.12}$.

Tétel$_{IV.4}$: Üres univerzum vagy univerzumrész nincs.

Bizonyítás:
Tegyük fel a tételbeli állítás ellenkezőjét!
    Üres univerzum vagy univerzumrész van.
    De az univerzum az összes létező halmaza (D_U), s mint ilyen maga is létező $T_{IV.1}$ szerint. Ám mert az univerzum is létező, ezért az univerzumnak és az univerzum valamely részének változó összetételű és sűrűségű stb., de mindenkor konkrét anyaga is van $T_{IV.2}$ szerint. Eszerint az univerzum vagy része nem üres. Az inverz feltételezéssel ellentmondásra jutottunk, ergo a tétel igaz. ($T_{IV.4}$). Q.e.d. T_P: D_U, $T_{IV.1}$, $T_{IV.2}$. P_T: $T_{IV.4/C}$, $T_{IV.15}$, $T_{IV.16}$.

Corollárium $_{IV.4/C}$: Az M-teória szerinti üres univerzumok létezése és ütközése lehetetlen, az M-teória tehát merő fikció.

A $T_{IV.4}$ tételből már nyilvánvaló, hogy e corollárium igaz. P_T: Ø.

Tétel $_{IV.5}$: Csak egyetlen univerzum van.

Bizonyítás:

Tegyük fel a tételbeli állítás ellenkezőjét! Több univerzum létezik. Jelölje ezeket U_1, U_2,..., U_i, ..., U_n, és ezek mind létezők maguk is ($T_{IV.1}$). De az univerzum az összes létező halmaza a D_U definíció szerint. Ámde akkor a D_U definíció igaz bármelyik U_i univerzumra (i=1,2,...,n), és üres univerzum pedig nincs ($T_{IV.4}$). Ezért az $U_1 U U_2 U...U U_i U...U U_n = U_H$ egyesített univerzumhalmaz is az összes létezők halmaza, következésképp U_H is létezőhalmaz, azaz nem más, mint maga a létező egyetlen univerzum. Ellentmondásra jutottunk, következésképp csak egyetlen univerzum van ($T_{IV.5}$). Q.e.d. T_P: D_U, $T_{IV.1}$, $T_{IV.4}$. P_T: $T_{IV.5/C1}$, $T_{IV.5/C2}$, $T_{IV.6}$, $T_{IV.21}$.

Corollárium $_{IV.5/C1}$: Nincs multiverzum.

A $T_{IV.5}$ tételből már nyilvánvaló, hogy e corollárium igaz. P_T: $T_{IV.21}$.

Corollárium $_{IV.5/C2}$: Nincs ún. párhuzamos univerzum.

A $T_{IV.5}$ tételből már nyilvánvaló, hogy e corollárium igaz. P_T: Ø.

Tétel $_{IV.6}$: Az univerzum tere (kiterjedése) mindenkor végtelen nagyságú.

Bizonyítás:

Állítsuk a tétel ellenkezőjét!

Az univerzum tere (kiterjedése) mindenkor véges nagyságú. Ám az univerzum – a D_U definíció szerint – az összes létező halmaza, következésképpen a véges nagyságú univerzumon kívül nincs más létező, nincs másik univerzum sem, mert univerzum csak egy van ($T_{IV.5}$), s így a véges nagyságú univerzumon kívül nincs anyag sem ($A_{I.1/E}$ axióma). Viszont akkor a véges nagyságú univerzum a semmiben van („*a semmiben lebeg*"). Ámde a semminek nincs tere (kiterjedése) az $A_{III.1}$ axiómának megfelelően. De ez képtelenség, mert az inverz tételből az következik, hogy az összes 3D-s kiterjedésű létező és anyaga, azaz a 3D-s kiterjedésű univerzum, mint létező ($T_{IV.1}$), mindenkor a kiterjedés nélküli és anyagtalan semmiben van.

Mivel az inverz tétel képtelenségre vezetett, ezért az eredeti tételbeli állítás az igaz ($T_{IV.6}$). Q.e.d. T_P: D_U, $A_{I.1/E}$, $A_{III.1}$, $T_{IV.1}$, $T_{IV.5}$. P.: $T_{IV.7}$.

Tétel$_{IV.7}$: Az univerzum nem keletkezett a nagy bum (az ősrobbanás) során egy atomnál is kisebb 3D-s kiterjedésű, anyaggal bíró létezőből, és nem szűnik meg majd a nagy reccs következtében (a végtelen tágulása miatti semmivé válással).

Bizonyítás:
Állítsuk a tétel ellenkezőjét!

Az univerzum a nagy bumm (az ősrobbanás) során egy atomnál is kisebb, 3D-s kiterjedésű, anyaggal bíró létezőből keletkezett, és megszűnik majd a nagy reccs következtében (a végtelen tágulása miatti semmivé válással).

Ám ha az univerzum (D_U) a nagy bumm során egy atomnál is kisebb, 3D-s kiterjedésű, anyaggal bíró létezőből keletkezett, akkor a tere (kiterjedése) *nem lehetett végtelen nagy* sem az ősrobbanás időpontjában, sem az előtt, *pedig* az igazolt $T_{IV.6}$ tétel szerint az, méghozzá *örökké* ($T_{IV.3/C1}$). Továbbá inverz állításunk szerint az univerzum megszűnik majd a nagy reccsel (a végtelen tágulása miatti semmivé válással). De ez sem lehet az igazolt $T_{IV.3}$ tétel szerint, mert az univerzum nem válhat semmivé. Inverz állításunkkal tehát mindkét tekintetben ellentmondásra jutottunk, következésképpen a tétel igaz ($T_{IV.7}$). Q.e.d. T_P: D_U, $T_{IV.3}$, $T_{IV.3/C1}$, $T_{IV.6}$. P_T: $\varnothing$.

271

Tétel$_{IV.8}$: Az univerzum tere (vagy terének része) euklideszi.

Bizonyítás:

Állítsuk a tétel ellenkezőjét!

Az univerzum tere (vagy terének része) nem-euklideszi. De akkor az univerzumnak ($\boldsymbol{D}_U$), mint létezőnek ($\boldsymbol{T}_{IV.1}$) a tere (vagy terének része) görbült/torzult ($\boldsymbol{D}_G$). Ám a tér (bármely létező tere) vagy része a valóságban nem lehet görbült/torzult a $\boldsymbol{T}_{III.6}$ tétel szerint. Ellentmondásra jutottunk, következésképpen a tétel igaz ($T_{IV.8}$). Q.e.d. T_P: $\boldsymbol{D}_U$, $\boldsymbol{D}_G$, $\boldsymbol{T}_{III.6}$, $\boldsymbol{T}_{IV.1}$. P_T: Ø.

Tétel$_{IV.9}$: univerzum csak a mindenkori jelenben van.

Bizonyítás:

Az univerzum maga is létező ($\boldsymbol{T}_{IV.1}$). A létezők számára mindig csak a jelen van ($\boldsymbol{T}_{II.3}$), következésképpen az univerzum csak a mindenkori jelenben van. Tehát a tétel igaz. ($T_{IV.9}$). Q.e.d. T_P: $\boldsymbol{T}_{II.3}$, $\boldsymbol{T}_{IV.1}$. P_T: Ø.

Tétel$_{IV.10}$: Az univerzumban az „M" illetve „m" (M≥m>0) tömeggel bíró „L$_M$" és „L$_m$" létezők közötti „gravitációs kölcsönhatás", azaz e létezők egymás felé gyorsuló mozgása kölcsönös „vonzóerőnek tűnő" erőhatáson alapul, s nem e létezők tömege által torzított/görbített térrész hatásán.

Bizonyítás:

Állítsuk a tétel ellenkezőjét!

Az univerzumban a „gravitációs kölcsönhatás", azaz az **M≥m>0** tömeggel bíró „L$_M$" és „L$_m$" létezők egymás felé gyorsuló mozgása, az **M,** illetve **m** tömeggel bíró „L$_M$" és „L$_m$" létezők által torzított/görbített térrészek hatása, s **nem** e létezők közötti kölcsönös „vonzóerőnek tűnő"[259] erőhatás következménye. Mivel

---

259 Hogy erő következménye a gravitációs hatás, az bizonyos. Ámde a tudomány jelen állása szerint az nem biztos, hogy milyen hatásme-

„L_M" és „L_m" tömeggel bíró ($A_{I.8}$) létezők, amelyek „gravitációs hatásnak" kitettek ($A_{IV.1}$), ezért az $A_{IV.1}$ axióma szerint egymás felé gyorsulva mozognak... Ámde a $T_{III.5}$ tétel szerint az „M" tömegű L_M létező „térgörbülést/tértorzulást" (D_G) *nem* okozhat,[260] ezért L_m létezőre nézve L_M nem okozhat a tér „görbítése/ torzítása" révén „gravitációs hatást" sem, és ez fordítva is igaz. Ellentmondásra jutottunk, következésképpen a tétel igaz ($T_{IV.10}$). Q.e.d. T_P: D_G, $A_{I.8}$, $A_{IV.1}$, $T_{III.5}$. P_T: $T_{IV.10/C}$, $T_{IV.11}$, $T_{IV.12}$.

Corollárium$_{IV.10/C}$: *A „gravitációs kölcsönhatás" miatt egymás felé gyorsulva mozgó létezők – ha más erő nem hat rájuk – idővel ütköznek, majd létállapotuk és lényegük megváltozik, aza: elpusztulnak, és anyagukból új létező/létezők keletkezik/keletkeznek. ($T_{IV.10/C}$).*

A $T_{IV.10}$ tételből már nyilvánvaló, hogy e corollárium igaz. P_T: $T_{IV.12}$, $T_{IV.23}$.

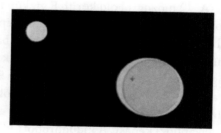

13. kép: (Hold – Föld)

---

chanizmusú ez az erő, és milyen okból ered. Származhat pl. az intergalaktikus „éter"-szerű anyag közvetítésével ható általános tömegvonzásból, vagy pl. a tömeg körüli anyagörvény sodró hatásából stb. Ezért nevezem eme kölcsönhatást „vonzóerőnek tűnő" erőhatásnak, melyet konkretizálni a fizikusok feladata.

260 Mást, pl. anyaggörbülést/torzulást okozhat, de térgörbülést nem, hisz' mint azt bizonyítottuk, a tér nem görbülhet, mert nem önálló létező.

Tétel*$_{IV.11}$: *A létezők – tengelykörüli forgásuk periodikussága szerint – árapály jelenséget (torzulást) okoznak egymás testében/testfelületén, a „vonzóerő" jellegű „gravitációs kölcsönhatás" következtében – ez az egyik tapasztalati bizonyítéka az erő alapú gravitációs hatásnak.

Bizonyítás:

A létezők – tengelykörüli forgásuk periodikussága szerint – a kölcsönös „vonzóerő" alapú „gravitációs kölcsönhatás" ($\mathbf{T}_{IV.10}$) következtében – például a Hold (és kisebb mértékben a távolibb Nap) a Föld testében/testfelületén, de „látványosan" a földi óceánok vízszintjén – ***árapály jelenséget*** idéznek elő (ld.: a ***13. illusztráló képet***). Vagyis pl. a Földön mindig a Hold (és kisebb mértékben a távolibb Nap) felé néző részén (és az ellentétes felületén, bár ott kisebb mértékben) vízkúp emelkedik – ez a dagály. Ez a vízkúp – a Föld tengelykörüli forgásának megfelelően, az egyenlítőn mérve, óránként kb. 1.670 km/óra kerületi sebességgel ($\mathbf{A}_{IV.5}$) mozog a Föld körül. E vízkúp mindig csak a Föld és a Hold (illetve a Föld és a Nap) tömegközéppontját adott időpillanatban összekötő virtuális egyenesnél (bár attól a tengerfenéki súrlódás miatt kis elmaradással) emelkedik maximális magasságúra, másutt – a vízkúp előtt és után 90°-kal – nem (ott van az apály) –, hiszen a Föld gravitációs erőhatása a kidudorodott víztömeget visszahúzza ($\mathbf{T}_{IV.10}$), ahogy a Föld elfordul a Holdhoz (a Naphoz) képest. A kidudorodott víztömeg $\boldsymbol{F}_V$ súlyát a Hold (a Nap) $\boldsymbol{F}_G$ gravitációs vonzereje ellensúlyozza ($\mathbf{T}_{IV.10}$) [$\boldsymbol{F}_V$=-$\boldsymbol{F}_G$]. Ez a Földön óránként és napi periódusokban ***megfigyelhető*** jelenség ***egyik tapasztalati bizonyítéka*** az erő alapú gravitációs kölcsönhatás létének, mert térgörbítésen ($\mathbf{D}_G$) alapuló nincs ($\mathbf{T}_{IV.10}$) – igaz, a tudomány jelenleg a tömegvonzás „távolhatású" mechanizmusát „ismeri" csak; más hatásmechanizmust a tudomány még csak különféle hipotézisek szintjén ismer ($\mathrm{T}_{IV.11}$). Q.e.d. T_P: $\mathbf{D}_G$, $\mathbf{A}_{IV.5}$, $\mathbf{T}_{IV.10}$. P_T: $\mathbf{T}_{IV.16/C1}$.

Tétel*$_{IV.12}$: *Az univerzum (vagy része) új létállapotának, „ezen belül" az univerzumot alkotó létezők keletkezésének, moz-

gásának és létállapotuk változásának, majd pusztulásának/ elmúlásának első vagy eredendő oka a „gravitációs kölcsönhatás", mint erő.

Bizonyítás:

Tegyük fel a tételbeli állítás ellenkezőjét!

Az univerzum (vagy része) új létállapotának, „ezen belül" az univerzumot alkotó létezők keletkezésének, mozgásának, valamint létállapotuk változásának, majd pusztulásának/elmúlásának első vagy eredendő oka **nem** a „gravitációs kölcsönhatás", mint erő. De akkor az $„M"$ tömegű L_M és az $„m"$ tömegű L_m létező $(M \geq m > 0)$ nem mozoghat egymás felé a tömegük által meghatározott gyorsuló mozgásukat okozó erőfajta hatására a $T_{IV.10}$ tétel állítása ellenére. Ha nem mozoghatnak ilyen módon, akkor nem is ütközhetnek; a létállapotuk és lényegük így nem változhat meg, s ezért nem is pusztulhatnak/múlhatnak el a $T_{IV.10/C}$ corolláriumbeli állítással szemben. Továbbá a lényegüket tekintve új létező/létezők sem keletkezhet(nek) belőlük pusztulásuk/elmúlásuk után az igazolt $A_{I.7}$ axióma állítása ellenére.

Ellentmondásra jutottunk, következésképpen a tétel igaz $(T_{IV.12})$. Q.e.d. $T_P: A_{I.7}, T_{IV.10}, T_{IV.10/C}$. $P_T: \emptyset$.

Megjegyzés$_1$:

Az univerzumban általános a „gravitációs kölcsönhatás" $(T_{IV.12})$, hiszen az univerzum a létezők összessége, melyeknek van anyaga $(T_{IV.2})$, és van „gravitációs hatása". A „gravitációs hatás" következménye, hogy az univerzum intergalaktikus (döntően hidrogénből, héliumból és porból álló) anyagfelhői összehúzódnak (egymás felé gyorsulva mozognak/sűrűsödnek), és ezekben az összehúzódó/ sűrűsödő anyagcsomókban az óriási mértékben növekvő nyomás, súrlódás és ütközés $(T_{IV.10/C})$ következtében megnőtt hőmérsékleten beindul a hidrogénatomok magfúziója; ezekből így hélium keletkezik, s a fúzió során felszabaduló energia hatására „kigyúlnak" a csillagok. A „gravitációs hatás" persze nem szűnik meg, ezért a csillagokbeli magfúzió is folytatódik – és a fúzióra hajlamos atomok helyi mennyiségétől függően – évmilliók vagy évmilliárdok alatt, amikorra a hidrogén elfogy, kezdetét veszi előbb a héliumatomok, majd a nagyobb súlyú atomok magfúzióján alapuló még nagyobb súlyú atomok keletkezése. A csillag élete végén szupernóvává alakul, s nagy robbanás közepette szétszórja a csillagközi „térbe" az atomok periódusos rendszerének szinte minden atomját. Ezekből és az univerzumban másutt lévő hidrogénfelhők „gravitációs hatás" miatti összehúzódásából és ütközésekből új csillagok és galaxisok, bennük csillagrendszerek, azaz egy vagy több csillag körül keringő bolygók, holdak keletkeznek ($T_{IV.2/C}$). A bolygók, holdak némelyikén – ahol a feltételek megfelelőek – a periódusos rendszerbeli atomokból, és végső soron a „gravitációs erőhatás" révén mozgó folyadékokban kialakulhat és fejlődhet az élet. Hosszabb idő elteltével azonban e csillagrendszerek és bolygóik is elpusztulnak. A csillagok anyagukat robbanásszerűen szétlövellik. Ez a „gravitációs hatás" ($T_{IV.10}$) miatti keletkezési-pusztulási folyamat soha nem áll meg, hosszabb-rövidebb ciklusokban ismétlődik ($T_{IV.3}$), az univerzumnak mindig más és más „helyén", mert a létező univerzum anyaga ($T_{IV.2}$) mozog (pl.: kevereg, örvénylik) ($A_{I.3}$).

Megjegyzés$_2$:
Üres univerzum, univerzumrész nincs, mint ahogy közismerten nem üres pl. egy olyan földi szoba sem, melynek belseje láthatóan mentes minden élőlénytől, bútortól és berendezési tárgytól. Bár az ilyen szoba beltere látszólag üres, valójában azonban légtere tele van szemmel nem látható atomokkal, molekulákkal, atomok elemi részecskéivel stb. Sőt általában vannak benne szabad szemmel nem látható élő baktériumok, poratkák stb. is.

Tétel$_{IV.13}$: Az univerzumban egyetlen létező sincs soha abszolút nyugalomban, hanem mindig mozog.

Bizonyítás:
Állítsuk a tétel ellenkezőjét!
Az univerzumban van létező abszolút nyugalomban (azaz amely/amelyik nem mozog).

Ez azonban ellentétes ama igaznak elfogadott $A_{I.3}$ axiómával, miszerint minden létező (és/vagy része) térben (a saját és/vagy másik létező/létezőrész terében) mozog, vagy relatíve nyugalomban van és folyamatosan, vagy relatíve szakaszosan változik. (A relatív nyugalom azonban csak egy másik létezőhöz és/vagy egy másik létezőrészhez képest fennálló mozdulatlanság, ám más (pl. egy „harmadik") létezőhöz és/vagy valamely másik létezőrészhez képest mozgás).

Másrészt: az univerzum (D_U) örök, mert, valahányszor, egy adott pillanatbeli létállapota „elpusztul", azon pillanatban mindig „új" létállapota keletkezik „utóduniverzum"-ként ($T_{IV.3/C1}$).

Tehát: az örök univerzumban minden létező mindig mozog, soha nincs abszolút nyugalomban.

Az inverz állítás ellentmondásra vezetett, következésképpen a tétel állítása igaz. ($T_{IV.13}$). Q.e.d. T_P:: D_U, $A_{I.3}$, $T_{IV.3/C1}$. P_T:: $T_{IV.13/C}$.

Corollárium$_{IV.13/C}$: *Az univerzum, mint létező, a saját terében maga is folyamatosan változik/mozog (pl. kavarog és/vagy változik a szerkezete), mert a részei, az univerzumot alkotó létezők maguk is változnak/mozognak (pl. anyaguk összetétele és/vagy struktúrája változik, és/vagy forognak és keringenek és/vagy hullámzanak stb.).*

A $T_{IV.13}$ tételből már nyilvánvaló, hogy e corollárium igaz. P_T:∅.

Tétel$_{IV.14}$: *Az univerzumban bármely L létező forgó (rotációs) mozgását a testében M>0 forgatónyomatékot eredményező, másik létező által keltett külső F>0 erő, míg L forgásállapota (perdülete) megváltozását M>0 forgatónyomaték és/vagy az L létező Θ>0 tehetetlenségi nyomatékának megváltozása okozza.*

Bizonyítás:
Tegyük fel, hogy a tételbeli állítás ellenkezője az igaz!

Az univerzumban (D_U) bármely **L** létező forgó (rotációs) mozgását **nem** a testében **M**>0 forgatónyomatékot eredményező, másik létező által keltett külső $F>0$ erő, míg forgásállapota (perdülete) megváltozását *nem* az $M>0$ forgatónyomaték és/vagy az L tehetetlenségi nyomatékának $(\Theta>0)$ megváltozása okozza. Ámde ez ellentmond az $A_{IV.2}$ és $A_{IV.3}$ axiómáknak, mert az axiómák szerint bármely létező forgását, forgásállapota (perdülete) megváltozását csakis a testében ébredő $M>0$ forgatónyomaték eredményezheti egy másik létezőtől eredő $F>0$ külső erő hatása révén és/vagy tehetetlenségi nyomatékának $(\Theta>0)$ megváltozása $(A_{IV.4})$ – más nem. Tehát az inverz állítás nem, viszont a tétel igaz $(T_{IV.14})$. Q.e.d. T_p: D_U, $A_{IV.2}$, $A_{IV.3}$, $A_{IV.4}$. P_T: $T_{IV.14/C}$.

Corollárium $_{IV.14/C}$: Az univerzumban galaxis/csillag/csillagrendszer/bolygó létező keletkezését a „szülő" gáz- és porfelhőt, illetve a törmelékeket összehúzó/sűrítő gravitációs hatás, míg a gáz- és porfelhő, a törmelékek és az égitestek forgását/forgása változását másik létező által keltett külső $F>0$ erő hatására ébredő $M>0$ forgatónyomaték és/vagy a létező $\Theta>0$ tehetetlenségi nyomatékának megváltozása okozza.

A $T_{IV.14}$ tételből már nyilvánvaló, hogy e corollárium igaz. P_T: $\emptyset$.

Megjegyzés:
A gáz- és porfelhőt, illetve a törmelék létezőket „összehúzó" gravitáció hatásán túl, az $M>0$ forgatónyomatékot keltő, forgásállapotváltozást okozó „külső" $F>0$ erő érheti e létezőket például szupernóvaként felrobbanó csillag(ok) lökéshullámából, és/vagy valamely fekete lyuk/rádiógalaxis/kvazár/blazár jet-ének sugárnyomásából, vagy, ha a létező pl. egy bolygó vagy egy csillag, akkor egy másik égitesttel való ütközésből és/vagy más égitest gravitációs árapályhatása (perturbáció) miatt stb. Vagy például egy szupernóvarobbanás után maradó nagy sűrűségű, de az eredeti csillagnál jóval kisebb átmérőjű „fehér törpe" lényegesen nagyobb $\omega>0$ szögsebességgel forog, mert kisebb lett a $(\Theta>0)$ tehetetlenségi nyomatéka az eredeti csillaghoz képest.

Tétel$_{IV.15}$: Az univerzumban van legkisebb létező.

Bizonyítás:

Csökkentsük az univerzum (**D**$_U$) **L** létezőjének 3D-s kiterjedését (az **a>0** szélességét és/vagy **b>0** hosszúságát és/vagy **c>0** magasságát/vastagságát) valamelyik, vagy valamelyik két, avagy mindhárom dimenziója mentén 0,1,2,...**n**... lépésben (n→∞). A csökkentés lépésenként az **a**, **b**, illetve **c** kiterjedés Δl hosszú részével történjen (Δl$_a$=½·**a**$_m$, Δl$_b$=½·**b**$_m$, Δl$_c$=½·**c**$_m$, ahol **m** az adott dimenzió szerinti kiterjedés maradékát jelenti minden felezés után). Ekkor az **n**-edik lépésben egyetlen ponttá zsugorodik az **L** létező egy vagy két, vagy mindhárom dimenzió szerinti kiterjedése[261]. De akkor az **n**-edik lépésben megszűnik maga az **L** létező, mert az **A**$_{III.1}$ axióma szerint minden létezőnek van háromdimenziós kiterjedése, ámde az **L** létezőnek az **n**-edik lépésben már nincs. Viszont aminek nincs 3D-s kierjedése, az nem egy létező, hanem az a semmi. A semminek pedig nincs kiterjedése/tere szintén az **A**$_{III.1}$ axióma szerint. Viszont akkor az **n**-1-edik lépésben **L** az univerzum legkisebb létezője (T$_{IV.15}$). Q.e.d. T$_P$: **D**$_U$, **A**$_{III.1}$. P$_T$: Ø.

Tétel$_{IV.16}$: Az univerzumbeli fekete lyukak anyaggal bíró létezők.

Bizonyítás:

Az univerzum ama része, ahol **fekete lyuk van, nem lehet az univerzum „üres" része,** mivel nincs sem üres univerzum, sem üres univerzumrész (**T**$_{IV.4}$). Ha viszont a fekete lyuk által elfoglalt univerzumrész nem üres, akkor ott létező van (**T**$_{IV.4}$), ez maga a fekete lyuk. A fekete lyuknak, mint létezőnek pedig van anyaga (**A**$_{I.1}$). Tehát az univerzumbeli fekete lyukak valóban anyaggal bíró létezők. (T$_{IV.16}$). Q.e.d. T$_P$: **A**$_{I.1}$, **T**$_{IV.4}$. P$_T$: C$_{IV.16/C1}$, C$_{IV.16/C2}$, C$_{IV.16/C3}$.

---

261 Emlékezzünk az időnél már említett, a matematikában is alkalmazott összehúzódó zárt intervallumok elvére.

Corollárium$_{IV.16/C1}$: A fekete lyuknak van 3D-s kiterjedése/tere.
A **T**$_{IV.16}$ tételből már nyilvánvaló, hogy e corollárium igaz. P$_T$: Ø.

Corollárium$_{IV.16/C2}$: A fekete lyuk véges élettartamú, ámde elmúlásával nem válhat semmivé.
A **T**$_{IV.16}$ tételből már nyilvánvaló, hogy e corollárium igaz. P$_T$: Ø.

Corollárium$_{IV.16/C3}$: A fekete lyuknak, mint létezőnek van tömege és van gravitációs hatása is.
A **T**$_{IV.16}$ tételből már nyilvánvaló, hogy e corollárium igaz. P$_T$: Ø.

2.2 Az élet és keletkezése az univerzumban

2.21 Létaxiómák (IV.6–IV.12)

6. Az univerzumban bármelyik élő létező csak élettelen létezőből jött/jöhet létre.
Az univerzumban **bármelyik**[262] **élő létező csak élettelen létezőből jött/jöhet létre**, nem a semmiből; ugyanakkor bármely

---

262 Az első élő létező nyilván csak élettelen létezőkből jöhetett/jöhet létre, a semmiből nem. Az viszont már kevésbé nyilvánvaló, hogy a második, a harmadik... és minden további élő létező is csak élettelen létezőkből jöhetett/jöhet létre. Azért van ez így, mert minden élő létező minden sejtjét és az egész kifejlődő, felnövekvő testét is élettelen létezőkből (szerves és szervetlen molekulákból és az azokat alkotó atomokból) építi fel a táplálkozása folyamán – ide értve az ivaros szaporodáshoz szükséges ivarsejteket is... Ha egy létező élve eszi meg a préda-élőlényt, az is elpusztul a tápcsatornájában, s csak mint élettelen anyag, lebomolva molekulákká és atomokká épül be az őt megevő létező szervezetébe. Az ivaros szaporodáshoz valóban kell élő ivarsejteknek egyesülni, azonban ezek is – mint előbb megállapítottuk – csak élettelen létezőkből (atomokból, molekulákból) keletkeznek. Az ivartalan szaporodáshoz ivarsejtre pedig nincs is szükség; a test hasadással, sarjadzással stb. szaporodik, majd újból fejleszti, növeszti testét – élettelen létezők beépítésével.

élő létező elpusztulásával élettelen létezővé vagy élettelen létezők halmazává válik ($A_{IV.6}$). P_T: $T_{IV.17}$, $T_{IV.23}$.

7. Az univerzumban az élő létezők csak ivartalan vagy ivaros úton szaporodnak.

Az univerzumban az élő létezők csak ivartalan vagy ivaros úton szaporodnak ($A_{IV.7}$). P_T: $T_{IV.17}$.

8. Az univerzumban a változatos élővilág evolúció révén alakul(t) ki.

Az univerzum változatos élővilága evolúció révén alakul(t) ki ($A_{IV.8}$). P_T: $T_{IV.17}$, $T_{IV.18}$.

9. Az univerzumban az első ember(ek) élő, nem emberi létezők ivaros szaporodásával születtek.

Az univerzumban az első ember(ek) élő, nem emberi létezők ivaros szaporodásával született/születtek, nem a semmiből ($A_{IV.9}$). P_T: $T_{IV.18}$.

10. Az univerzumban az élő ember, mint létező, intelligenciájával kiemelkedett/kiemelkedik a Föld élőlényei közül.

Az élő ember, mint létező, kiemelkedik a Föld élőlényei közül, mert intelligens, azaz rendelkezik öntudattal, folyton bővülő ön- és környezetismerettel, kreativitással, azonkívül tud az univerzum létéről és több fontos tulajdonságáról, továbbá arról, hogy ő maga is az univerzum része, és, hogy ő is atomokból, illetve elemi részecskékből épül fel csakúgy, mint az univerzum és annak többi létezője ($A_{IV.10}$). P_T: $T_{IV.19}$.

11. Az univerzum ismert létezőinek legmagasabb rendű létformái az élőlények.

Az univerzum ismert létezőinek legmagasabb rendű létformái az élőlények, melyek a környezetük létezőit és hatásait érzékelik és arra életük, illetve utódaik létezésének fenntartása érdekében reagálnak ($A_{IV.11}$). P_T: $T_{IV.19}$.

12. Az univerzum legkisebb létezői kivételével minden létező komplex[263].

Az univerzum legkisebb létezői kivételével minden létező komplex $(A_{IV.12})$. P_T: $T_{IV.24}$, $T_{IV.25}$.

Tétel$_{IV.17}$: Az univerzumban az első élő létező/létezők nem keletkezett/keletkeztek a semmiből; és minden további élőlény csak az élők ivartalan vagy ivaros szaporodásával jött (jöhet) létre – az evolúció révén változatos élővilággá alakulva –, a semmiből nem.

Bizonyítás:
Tegyük fel a tételbeli állítások ellenkezőjét!

Az univerzumban az első élő létező/létezők **a semmiből** keletkezett/keletkeztek; és minden további élőlény **nemcsak** az élők ivaros vagy ivartalan szaporodásával, hanem **a semmiből is** létrejöhet/jöhetett, és a változatos élővilág **sem** az evolúció révén alakul(t).

De az inverz állítás ellentmond az igaznak tekintett $A_{IV.6}$ axiómának, miszerint bármely élő létező csak élettelen létezőből jöhetett/jöhet létre, a semmiből nem, továbbá ellentmond az igaz $A_{IV.7}$ axiómának, mely szerint az elsőt meghaladó további élő létezők csak ivartalan vagy ivaros úton szaporodva jöhetnek/jöttek létre, a semmiből nem, valamint ellentmond az igaz $A_{IV.8}$ axiómának, amelyben azt állítjuk, hogy az univerzumban (D_U) a változatos élővilág evolúció révén alakul(t) ki.

Mivel ellentmondásra jutottunk, ezért a tétel igaz $(T_{IV.17})$.
Q.e.d. T_P: D_U, $A_{IV.6}$, $A_{IV.7}$, $A_{IV.8}$. P_T: $\emptyset$.

Megjegyzések:
A földi élővilág evolúcióját az egyetemes történelemben mutatja az alábbi 14. kép:

---

263 Komplex = itt: összetett

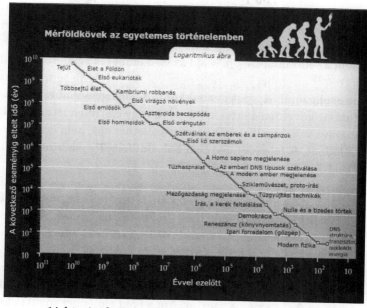

14. kép: Az élő és élettelen világ egy kis részének egyetemes
történelme kb. 4,3 milliárd év alatt.[264] (Becsült értékek!)

**Tétel$_{IV.18}$: Az univerzumban az első ember/emberek az őt/
őket megelőző élő nem-ember létezőkből ivaros szaporo-
dással jött(ek) létre, nem a semmiből. Majd továbbszapo-
rodva létrejött az emberiség, mely nem volt és nem mentes
az evolúciótól. Ugyanakkor minden egyes ember elpusztu-
lását követően élettelen létezővé vagy élettelen létezők hal-
mazává vált illetve válik, és nem születhet újjá, nem rein-
karnálódhat.**

---

264 Szerző: Coutesy of Ray Kurzweil and Kurzweil Technologies, Inc. For-
rás: https://en.wikipedia.org/wiki/File:PPTCanonicalMilestones.jpg

Bizonyítás:

Az univerzumban (D_U) az első ember/emberek ivarosan szaporodva, az őt megelőző élő nem ember létezőkből jött(ek) létre, nem a semmiből ($A_{IV.9}$). Majd az első emberek szaporodásával létrejött az emberiség, mely nem volt és továbbra sem mentes az evolúciótól ($A_{IV.8}$). Ugyanakkor minden egyes ember elpusztulását követően élettelen létezővé vagy élettelen létezők halmazává vált és válik ($A_{I.7}$), és nem születhet újjá, nem is reinkarnálódhat, és fel sem támadhat halottaiból a $T_{II.8}$ szerint ($T_{IV.18}$). Q.e.d. T_P: D_U, $A_{I.7}$, $A_{IV.8}$, $A_{IV.9}$, $T_{II.8}$. P_T: $\emptyset$.

Tétel$_{IV.19}$: Az univerzum ismert élő létezőinek legmagasabb rendű faja az intelligens lény – a Földön az ember.

Bizonyítás:

Az univerzum (D_U) ismert létezőinek legmagasabb rendű létformáját a környezetük hatásait érzékelő és arra reagáló élőlények adják az $A_{IV.11}$ axióma szerint. Ám a Föld élőlényei közül is kiemelkedik az élő ember, mert intelligens lény, azaz rendelkezik öntudattal, folyton bővülő ön- és környezetismerettel, kreativitással, valamint tud az univerzum létéről és több fontos tulajdonságáról, továbbá arról, hogy ő maga is az univerzum része, és hogy a létezése véges, hogy atomok, illetve elemi részecskék alkotják őt is csakúgy, mint az univerzumot és annak többi létezőjét ($A_{IV.10}$ **axióma**). Ezzel szemben más ismert élő és élettelen létezők nem rendelkeznek ilyen tulajdonságokkal – szintén az $A_{IV.10}$ és az $A_{IV.11}$ axiómából következően ($T_{IV.19}$). Q.e.d. T_P: D_U, $A_{IV.10}$, $A_{IV.11}$. P_T: $T_{IV.19/C1}$, $T_{IV.19/C2}$.

Corollárium$_{IV.19/C1}$: Nem kizárható, hogy az univerzumban az emberen kívül volt, vagy van, vagy lesz másik intelligens élőlény is.

A $T_{IV.19}$ tételből már nyilvánvaló, hogy e corollárium igaz. P_T: $\emptyset$.

Corollárium$_{IV.19/C2:}$: Az univerzum szinte „önmagára ismer" a részét képező intelligens élőlény, például az ember által.[265]

A $T_{IV.19}$ tételből már nyilvánvaló, hogy e corollárium igaz. P_T: Ø.

3 Az univerzum és a teológia

3.1 Az univerzum és az Isten

A vallásos emberek, a papok és a teológusok szerint Isten teremtette a világot (az univerzumot) és saját képmására az első embert, valamint nőnemű párját – voltaképpen a semmiből. Az emberpárnak meghagyta, hogy szaporodjon és sokasodjon.

Az *írásból*[266] azt olvashatjuk, hogy az ember Isten kedvére van. A világ(egyetem) pedig az ember kedvére, tehát az emberért van. Mivel a világegyetem az emberért van, így az ember nem egyszerűen a világegyetem része.

E könyvből és sok itt idézett tudós álláspontjából viszont az derül ki, hogy ez nem így van.

Mert tudjuk, amíg nem volt és amikortól nem lesz már emberiség, a világegyetem akkor is mindig volt/lesz. Tehát valóban nem a világegyetem volt/van az emberiségért, bár az is igaz, hogy az ember sincs a világegyetemért. Az emberiség (vagy az

---

265 Valójában az univerzum nem ismerhet önmagára, mert az univerzum nem élőlény. Csak az intelligens élőlények, köztük pl. az ember ismerhet önmagára és arra a tényre, hogy van univerzum (az élő és élettelen létezők összessége), és hogy ő is, mint (élő) létező, az univerzumnak a része. Az ellenkező felfogás alaptalan, s a dolog objektív idealista értelmezése.

266 Az ó- és az újtestamentumból.

élőlények összessége) az örök világegyetemnek „időben és térben" egy kicsiny, de sajátos részét képezi.

Megjegyzés:
A filozófiatörténetben Bertrand Russell (1872–1970), mint angol matematikus, logikatudós, filozófus, szociológus, Kingston III. grófja, Nobel-díjas közéleti személyiség volt Isten első (vagy végső), okként való felfogásának egyik legjelentősebb ellenzője.

Lássunk ezügyben egy szellemes anekdotát Bertrand Russeltől (*Szilágyi András fordításában*):

3.2 A teológus rémálma

(Bertrand Russell)

„Dr. Thaddeus, a kiváló teológus azt álmodta, hogy meghalt, és elindult a mennyország felé vezető úton. Tanulmányai nyomán jól tudta, hogy nem lesz nehéz megtalálnia az utat. Bekopogtatott a mennyország kapuján, de lám, hűvösebb fogadtatásban részesült, mint ahogy elképzelte. – Bebocsátást kérek – mondta –, mert jó ember voltam, és Isten dicsőségének szenteltem az életemet.

– Ember? – kérdezte a kapuőr. – Az micsoda? És egy olyan fura lény, mint te, hogyan tehet bármit is Isten dicsőségének növelésére?

Dr. Thaddeus meglepődött.

– Csak nem akarod azt mondani, hogy még sohasem hallottál az emberről? Tudnod kell, hogy az ember a Teremtő legmagasabb rendű teremtménye.

– Nos – mondta a kapuőr –, sajnálom, hogy meg kell sértenem az érzéseidet, de nekem új, amit mondasz. Kétlem, hogy itt fönn bárki hallott volna már erről az izéről, amit „embernek" nevezel. De mivel elég lehangoltnak látszol, megadom neked azt a lehetőséget, hogy beszélj a könyvtárosunkkal.

A könyvtáros gömb alakú, ezerszemű lény volt, egyetlen szájjal. Néhány szemét Dr. Thaddeusra fordította.

– Ez micsoda? – kérdezte a kapuőrt.

– Ez itt azt mondja – felelte a kapuőr –, hogy ő egy „ember" nevű faj egyik egyede, s ez a faj egy „Föld" nevű helyen él. Az a furcsa elképzelése van, hogy a Teremtő különös figyelmet szentel ennek a helynek és ennek a fajnak. Gondoltam, felvilágosíthatnád.

– Vagy úgy – mondta a könyvtáros kedvesen dr. Thaddeusnak –, hát, talán mondd meg, hol van pontosabban ez a hely, amit „Földnek" nevezel.

– Hát... a Naprendszer egyik bolygója – mondta a teológus.

– És mi az a Naprendszer? – kérdezte a könyvtáros.

– Hát... – mondta a teológus zavartan –, az én területem a teológia volt, és amit kérdezel, az a világi ismeretanyaghoz tartozik. De a csillagász barátaimtól azért tudok annyit, hogy a Naprendszer a Tejúthoz tartozik.

– És mi az a Tejút? – kérdezte a könyvtáros.

– Hát... a Tejút az egy galaxis, amiből több száz millió van az univerzumban... legalábbis nekem ezt mondták.

– Aham – mondta a könyvtáros –, hát, azt mégse várhatod tőlem, hogy emlékezzem erre az egyre, ha ilyen sok van. De azt hiszem, hallottam már a „galaxis" szót. Ha minden igaz, egyik alkönyvtárosunk a galaxisokra szakosodott. Idehívatjuk, és majd meglátjuk, tud-e segíteni. A galaktikus alkönyvtáros nemsokára megjelent. Dodekaéder alakja volt, s látszott rajta, hogy valamikor fényes volt a felülete, mára azonban a könyvespolcok pora némileg elhomályosította. A könyvtáros elmagyarázta neki, hogy dr. Thaddeus megemlítette a galaxisokat, amikor saját származásáról próbált képet adni, és arra gondoltak, hogy a könyvtár galaxisszekciójában talán fellelhető valami bővebb információ.

– Értem – mondta az alkönyvtáros –, gondolom, megoldható a dolog, de mivel százmillió galaxis van, és mindegyikről egy egész kötet szól, időbe telik, míg megtalálom a megfelelő kötetet. Melyik az, amelyikről ez a furcsa molekula beszélt?

– Az, amelyiket Tejútnak hívnak – felelte dr. Thaddeus remegő hangon.

– Rendben van – mondta az alkönyvtáros –, megnézem, mit tehetek.

Három héttel később újra megjelent és elmondta, hogy a könyvtár igen alapos cédulás katalógusa segítségével azonosította a szóban forgó galaxist: a QX 321 762–es galaxisról van szó.

– A galaktikus szekció mind az ötezer alkalmazottja részt vett a keresésben – mondta. Esetleg idehívhatnánk azt az alkalmazottat, aki speciálisan a szóban forgó galaxissal foglalkozik.

Behívatták az alkalmazottat, aki oktaéder alakú volt, minden lapján volt egy szeme, az egyik lapon pedig szája is volt. Meglepettnek látszott, némileg elkápráztatta az itt látható csillogás, távol a könyvespolcok árnyékos rengetegétől. Összeszedte magát, majd félénken megkérdezte:

– Mit óhajtotok tudni a galaxisomról?

Dr. Thaddeus szólalt meg:

– A Naprendszerről szeretnék tájékoztatást kapni, azokról az égitestekről, amelyek a galaxisod egyik csillaga körül keringenek. A csillagot Napnak hívják.

– Hűha! – mondta a Tejút könyvtárosa. – Elég nehéz volt ráakadni a megfelelő galaxisra, de egy adott csillagra rábukkanni a galaxison belül... ez még sokkal nehezebb. Annyit tudok, hogy a galaxisban körülbelül háromszáz milliárd csillag van, de az én tudásom nem terjed ki arra, hogy külön-külön ismerjem mindegyiket. De úgy rémlik, hogy az igazgatóság egyszer bekérette mind a háromszáz milliárd csillag jegyzékét, és a listának még meg kell lennie valahol az alagsorban. Ha gondolod, hogy megéri az ügy, elintézem, hogy a Másik Helyről vegyünk igénybe munkaerőt, és valaki megkeresse azt az egy csillagot.

Megegyeztek abban, hogy mivel felmerült ez a kérdés, és dr. Thaddeus szemlátomást eléggé lehangolt, a leghelyesebben teszik, ha megkeresik a listát, és rajta a Napot. Évekkel később egy kimerült és elfásult tetraéder jelent meg a galaktikus alkönyvtáros előtt.

– Végre rátaláltam arra a csillagra, amely felől érdeklődtetek, de el sem tudom képzelni, miért érdekelhet ez bárkit is. Ez a csillag szinte ugyanolyan, mint majdnem az összes többi abban a galaxisban. Átlagos méretű és hőmérsékletű, és sok kisebb égitest veszi körül, melyeket „bolygóknak" hívnak. Alaposan megvizsgáltam őket és felfedeztem, hogy némelyik bolygón valamiféle élősködők élnek... ez az izé, amelyik érdeklődött felőle, bizonyára közülük való.

Dr. Thaddeus erre szenvedélyes, sértődöttséggel teli panaszára-datban tört ki:

– Miért, ó, miért titkolta el előlünk, szegény földlakók elől a Teremtő, hogy nem mimiattunk teremtette meg a Mennyországot? Hosszú életem során buzgón szolgáltam őt, azt hittem, hogy észre fogja venni szolgálataimat, és örök áldással fog jutalmazni értük. És most kiderül, hogy még csak nem is tudott a létezésemről. Azt mondjátok, hogy én csak egy végtelenül kicsiny kis állatka vagyok egy aprócska égitesten, amely egy háromszáz milliárd csillagból álló csillaghalmaz egyik jelentéktelen tagja körül kering, s a csillaghalmaz maga is csak egy a sok millió hasonló csillaghalmaz közül?! Ezt képtelen vagyok elviselni, és képtelen vagyok továbbra is imádni a Teremtőmet!

– Remek – mondta a kapuőr –, akkor mehetsz a Másik Helyre.

A teológus ekkor felébredt. „Rettenetes hatalma van a Sátánnak álmaink felett" – mormogta maga elé." (Fordította: Szilágyi András)

3.3 Bertrand Russell filozófus és az első (vagy végső ok) kérdése

„A filozófiatörténetben Russell volt Isten első okként való felfogásának egyik legjelentősebb ellenzője. Isten első okként (és önmaga okaként) való felfogása mind a mai napig olyan eszme, amellyel a vallással foglalkozó gondolkodóknak számot kell vetniük. Bertrand Russell 1927-ben tartott előadásában tömören ugyan, de foglalkozik Isten fent említett fogalmával. A filozófus szerint az is elképzelhető, hogy a világ létrejöttének semmilyen oka nem volt. Russell azt állítja, hogy logikailag nem ellentmondásos az sem, ha azt állítjuk, hogy a világ öröktől fogva létezik. Felmerül azonban az a kérdés is, hogy ha Isten a világ létezésének oka, ki teremtette Istent."[267]

---

267 B. Russell: Why I am not a Christian, 4.o. (Religion and Releated Subjects; Routledge, London, 2004.)

3.4 Az antropikus univerzum elve

Az Isten által teremtett világ helyett/mellett, manapság dívik az ún. antropikus univerzum elve.[268]
Erről a Wikipédián pl. az alábbiak olvashatók:

"Az asztrofizikában és a kozmológiában az *antropikus elv* (a görög anthropos után, jelentése „emberi") egy filozófiai gondolat, amely szerint a fizikai univerzum megfigyelhetőségének kompatibilisnek kell lennie egy őt megfigyelő tudatos élet létrejöttével. Az antropikus elv néhány támogatója azzal érvel, hogy ez az elv megmagyarázza, miért pont annyi idős az univerzum és miért rendelkezik pont olyan fizikai paraméterekkel, amelyek épp lehetővé teszik benne a tudatos élet létrejöttét. Ebből következően úgy gondolják, hogy nincs túl nagy jelentősége annak, hogy az univerzum alapvető állandói pont olyan szűk intervallumokba esnek, amelyek épp kedveznek az élet létrejöttének.

Az erős antropikus elv (Barrow és Tipler szerint) azt mondja ki, hogy ennél többről nincs is szó, ugyanis *az antropikus elv szükséges következménye* a tudatos élet létrejötte az univerzumban.

Az erős antropikus elv egyesek szerint feltételezi egy felsőbb hatalom vagy teremtő Isten meglétét, aki beállította az univerzum kezdeti paramétereit."

Előbbiek alapján az univerzum erős antropikus elvét az alábbiak szerint határozom meg.

Definíció $_{AE-E}$

Az univerzum erős antropikus elve alatt az értendő, hogy Isten olyannak teremtette az univerzumot, úgy állította be annak „paramétereit", hogy az univerzum megfeleljen a tudatos (pl. az emberi) élet kialakulásának. $P_T::T_{IV.20}$.

---

268 Lásd: https://hu.wikipedia.org/wiki/Antropikus_elv

Tétel$_{IV.20}$: Az univerzum erős antropikus elve fikció.

Bizonyítás:

Az univerzum (D_U) nem keletkezhet a semmiből, azaz nem teremthető Isten által a bizonyított $T_{IV.3}$ tétel szerint; és ugyanezen tétel szerint nem is válhat semmivé, azaz az univerzum örök ($T_{IV.3/C1}$). Ezért az univerzum erős antropikus elve, azaz az univerzum isteni teremtése, vagy „paramétereinek"[269] kezdeti, Isten általi beállítása (D_{AE-E}) – minthogy az univerzum minden létezői tulajdonsággal rendelkezett/rendelkezik ($T_{I.1/C}$) méghozzá öröktől ($T_{IV.3/C1}$) fogva – valóban fikció ($T_{IV.20}$). Q.e.d. T_P:: D_{AE-E}, D_U, $T_{I.1/C}$, $T_{IV.3}$, $T_{IV.3/C1}$. P_T:: $T_{IV.22}$.

A gyenge antropikus elvet részesítik előnyben Brandon Carter (1942–) ausztrál fizikus nézetéhez hasonlóan az erős antropikus elv bírálói, mely szerint az univerzum látszólagos finomhangoltsága egy szelekciós torzítás eredménye: csak azon univerzumban jöhetnek létre olyan tudatos megfigyelők, amelyek képesek az *univerzum* ama paramétereinek finomhangoltságát megfigyelni, melyek eleve kedvezőek az élet létrejötte szempontjából. Egy olyan univerzumban, amelynek fizikai paraméterei nem kedvezőek, soha nem fognak létrejönni tudatos megfigyelők. **A gyenge antropikus elv feltételezi több univerzum létét (multiverzum).**

A gyenge antropikus elv szerint az univerzum kezdeti paraméterei is lehetnek (univerzumok közötti) természetes szelekció eredményei, és így az élet létrejöttének egyáltalán nem szükséges feltétele egy felsőbb hatalom létezése – bár azt nem is cáfolja.

Definíció$_{AE-GY}$: Az univerzum gyenge antropikus elve alatt az értendő, hogy nem feltétlenül Isten teremtette/teremti olyannak az univerzumot, állította/állítja be úgy annak „paramétereit", hogy az univerzum megfeleljen a tudatos

---

269 Tulajdonságait jellemző mutatószámok értéke.

(pl. az emberi) élet kialakulásának, hanem ez a „finomhangolás" az univerzumunkat is tartalmazó multiverzumbeli „szelekciós" hatás következménye." $P_T : T_{IV.21}$.

Tétel$_{IV.21}$: Az univerzum gyenge antropikus elve fikció.

Bizonyítás:
Állítsuk a tétel ellenkezőjét!
Az univerzum (D_U) gyenge antropikus elve nem fikció. De akkor a gyenge antropikus elv szerint több univerzum van, és ezek „paramétereinek természetes szelekciójával" teremtődött/teremtődik meg a tudatos (pl. emberi) élet feltétele (D_{AE-GY}). Ám a több univerzum létének állítása ellentmond az igazolt $T_{IV.5}$ tételnek, valamint a $T_{IV.5/C1}$ tételeknek, miszerint multiverzum nincs. Továbbá az univerzumot nem teremthette Isten, mert az öröktől fogva létezik ($T_{IV.3/C1}$). Ergo: az inverz állítás hamis, a tétel ellenben igaz ($T_{IV.21}$). Q.e.d. T_P: D_U, $T_{IV.3/C1}$, $T_{IV.5}$, $T_{IV.5/C1}$. P_T: $T_{IV.22}$.

3.5 E. Szabó László: Miért téves az antropikus elv a kozmológiában?

E. Szabó László a „Miért téves az antropikus elv a kozmológiában?" című értekezésében[270] szintén azt a nézetet vallja, hogy az antropikus elv téves. Érvelése megérdemli, hogy cikkét szóról-szóra ide idézzem:

---

270 E. Szabó László: Miért téves az antropikus elv a kozmológiában? MTA-ELTE Elméleti Fizika Kutatócsoport; ELTE, Tudománytörténet és Tudományfilozófia Tanszék

„A design-argumentum

Az antropikus elv nem előzmények nélkül való a teista filozófia történetében. Az angol teológus/filozófus William Paley (1743–1805) Natural Theology (1980) c. munkájában fogalmazta meg – talán nem először – azt az elvet, hogy a természet bonyolult folyamatait átható, az állatokból, növényekből és az éghajlati jelenségekből álló bonyolult rendszerben megfigyelhető **„elképesztő" harmóniából** egy intelligens tervező létezésére, vagyis Isten létezésére kell következtetnünk.[271].

Paley argumentuma lényegét a következő példával világítja meg: «Képzeljük el, hogy egy fenyéren[272] átkeltemben lábam egy kőnek ütközik, s valaki megkérdezi, hogy is került oda ez a kő.

Alkalmasint azt válaszolom, hogy a legjobb tudomásom szerint mindig is ott volt; s úgy tűnik, nem is lenne túlságosan könnyű kimu-

---

271 Érdekes, hogy a Paley által említett bonyolult éghajlati jelenségek „elképesztő harmóniája" helyett Földünkön gyakran az időjárás váratlanul igencsak kaotikus. Továbbá nem a világ „elképesztő harmóniáját" mutatják az emberek, állatok és növények sokaságát pusztító váratlanul lecsapó és kiszámíthatatlan pályán mozgó tornádók, hurrikánok, a váratlan és özönvízszerű áradások, a tájfunok, az előre nem látható, mindent elpusztító tűzhányókitörések, vagy a földrengések nyomán keletkező pusztító cunamik, a kiszámíthatatlan helyeken kipattanó és városokat romba döntő, állatok, növények és emberek tömegeit elpusztító földrengések, a nem várt és rettenetes károkat és halált okozó aszályok, tűztengerek, vagy a fejüket felütő tömeges betegségek, járványok. Pedig ilyen, a világ harmóniáját egyáltalán nem mutató – inkább cáfoló – esetek nagy részéről Paley is tudhatott a maga korában. Szintén nem a világ „elképesztő harmóniáját" mutatják a Földet és/vagy annak élővilágát fenyegető és/vagy pusztító, meglepetésszerűen felbukkanó aszteroidák, a váratlan napkitörések miatt kirobbanó, a földi infrastruktúrát pusztító napszél-viharok stb., hogy csak néhány, a Paley említette világ-„harmóniát" cáfoló és tapasztalt példát említsek – G.I.)

272 A fenyér egy sík, általában mészben szegény, savas talajú olyan hely, amely termő törpecserjékkel ritkásan benőtt.

293

tatni, hogy válaszom képtelenség. De tegyük fel, hogy egy órát találok a földön, s most valaki újfent megkérdezi, miként esett, hogy az óra ott volt. Ekkor aligha gondolnék arra, hogy az előbbi választ adjam – hogy, már amennyit én erről tudok, az óra bizonyára mindig is ott volt. De miért nem válaszolhatom ugyanazt az órával kapcsolatos kérdésre, mint a kővel kapcsolatosra? A következő és nem más okból: amikor megvizsgáljuk az órát, azt találjuk (s ezt nem fedeznénk fel a kőben), hogy számos alkatrészét egy bizonyos cél szolgálatában készítették és rakták össze. Úgy véljük, a következtetés, mely szerint az órát egy órásmester készítette, elkerülhetetlenül adódik; hogy léteznie kellett valamikor, egy vagy más helyen egy (esetleg több) mesterembernek...

Mindaz, amit az órával kapcsolatban megállapítottunk, szó szerint elmondatható a szemre, az állatokra és a növényekre, valójában a természet egész rendjére vonatkozóan.»[273]

Hogy az argumentum episztemológiai[274] szerkezetét tisztábban lássuk, fogalmazzuk meg úgy, ahogyan ezt a kortárs teista filozófiában – legalábbis bizonyos irányzataiban – szokás, a bayesiánus **konfirmációelméletre** alapozva.[275] (Konfirmáció[276] – G.I.)

A bayesiánus konfirmációelmélet a tudományos hipotézisek empirikus evidenciákkal történő megerősítésének a valószínűségi elmélete. Szokásos kifejtése szerint a valószínűségszámítás egyik alapvető összefüggéséből indul ki, a kondicionális valószínűséget definiáló Bayes-szabályból:

---

273 W. Paley, Natural Theology, Chapter 5 (New York: American Tract Society, 1850) [Az idézet, az utolsó bekezdés kivételével, Vassányi Miklós fordítása: R. Swinburne, Van Isten? (Budapest, Kossuth Kiadó, 1998), p. 69.]

274 Episztemológia (filozófia) = ismeretelmélet (ISZSZ)

275 Lásd pl. R. Swinburne, Argument from the fine-tuning of the universe, in: Physical cosmology and philosophy, J. Leslie (ed.) (New York: Collier Macmillan, 1990), továbbá Mezei Balázs, Swinburne és a teizmus filozófiája, in R. Swinburne, Van Isten? (Budapest, Kossuth Kiadó, 1998)

276 Konfirmáció = itt: megerősítés.

$$p\,(A|B) = \frac{p\,(A \wedge B)}{p\,(B)}$$

Nyilván fordítva is igaz, hogy

$$p\,(B|A) = \frac{p\,(A \wedge B)}{p\,(A)}$$

E kettőből, valamint abból, hogy $p(A) = p(A|B)p(B)+p(A|\neg B)$ $p(\neg B)$, azonnal következik, hogy

$$p(A|B) = p(A)\,p(B|A)\quad p(B) = p(A)\,p(B|A)\quad p(A|B)p(B) + p(A|\neg B)p(\neg B) \quad (1)$$

Legyen **H** egy tudományos hipotézis. Jelölje p_{t1} **(H)** annak a t_1 időpontban vett – vagyis a hipotézist konfirmáló evidencia észlelése előtt rendelkezésre álló ismeretek alapján vett – valószínűségét, hogy a hipotézis igaz[277]. Hasonlóan, jelölje p_{t1} **(E)** a hipotézist konfirmáló empirikusan észlelt **E** evidencia valószínűségét a t_1 időpontban. Továbbá, legyen p_{t1} **(E|H)** az **E** evidencia kondicionális valószínűsége a **H** hipotézisre nézve, és p_{t1} **(H|E)** a **H** hipotézis kondicionális valószínűsége az **E** evidenciára nézve a t_1 pillanatban. A bayesiánus konfirmációelmélet alaptézise, hogy az **E** evidenciáról való értesülés hatására a **H** hipotézis valószínűsége a Bayes-szabályból levezetett (1) formulára emlékeztető formula alapján változik meg[278]:

---

277 Hogy milyen értelemben lehet egy hipotézis igaz voltának valószínűségéről beszélni, az súlyos probléma. Általában az ilyen valószínűségeket szubjektív valószínűségként szokás interpretálni.

278 Megjegyzendő, hogy a bayesiánus konfirmációelméletnek ez a tézise – meggyőződésem szerint (E. Szabó L.) – nem helytálló, és itt csupán az argumentum kedvéért javaslom elfogadni. Bővebben: E. Szabó L., A nyitott jövő problémája – véletlen, kauzalitás és determinizmus a fizikában (Budapest: Typotex Kiadó, 2002), 85–86. pont.

$$p_{t2} (H) = p_{t1} (H|E) = p_{t1} (H) \, p_{t1} (E|H) \, p_{t1} (E|H)p_{t1} (H) + p_{t1}$$
$$(E|\neg H)p_{t1} (\neg H) \, (2)$$

A design-argumentum esetében **H** az a hipotézis, hogy Isten létezik, **E** evidencia pedig az élőlények világában tapasztalt komplex harmónia. Paley feltételezése szerint p_{t1} **(E|H)** ≈ **1**, míg p_{t1} **(E|¬H)** ≈ **0**, miáltal tehát p_{t2} **(H)** ≈ **1** – függetlenül attól, hogy mennyire kicsi előzetes valószínűséget tulajdonítottunk a hipotézisnek –, azaz a természetben tapasztalt tervszerű harmónia igen nagy mértékben konfirmálja Isten létezésének hipotézisét. Az argumentum erősségét a p_{t1} **(E|H)** és p_{t1} **(E|¬H)** előzetes valószínűségek értéke határozza meg, s az argumentum kritikusai is többnyire ezek feltételezett értékeit kérdőjelezik meg. Mert nyilvánvaló, hogy a karikaturista Jean Effel legalább annyira abszurdnak találhatta a „p(E|H) ≈ 1" feltételezést, mint a Darwin utáni biológus a „p(E|¬H) ≈ 0"-t.

Az antropikus elv

Ezen a ponton lép színre a kozmológia antropikus elve azzal az ambícióval, hogy egy olyan „design-argumentumot" fogalmazzon meg, amely a fizika által szolgáltatott hiteles valószínűségi adatokra támaszkodik. Az elv lényege a következő: a rendelkezésünkre álló legjobb fizikai elméletek valahogy leírják az univerzum fejlődését.[279] "E leírások az elmélet törvényeit megfogalmazó valamilyen egyenletrendszereknek a megoldása. A lehetséges megoldások serege valahány, mondjuk n paraméterrel jellemezhető. Ezek a paraméterek lehetnek természeti állandók, kezdeti (esetleg perem-) feltételek, de lehetnek olyanok is, melyekhez nem tudunk nyilvánvaló intuitív jelentést társítani. Tegyük fel – hiszen úgy tűnik, hogy ez így van –, hogy a paraméterek **n-dimenziós** sokaságában – jelöljük ezt **M**-mel – létezik egy **m** tartomány, amely olyan, hogy ha a paraméterek érté-

---

279 Az argumentum kedvéért tegyük fel, hogy ez így van, és ne foglalkozzunk azzal, hogy a fizika jelenlegi elméletei milyen mélységig alkalmasak erre a leírásra (E. Sz. L.).

ke ebbe a tartományba esik, akkor az univerzum fejlődéstörténete olyan, hogy abban létezik ember, míg ha a paraméterek értéke ezen a tartományon kívülre esik, akkor nem ... *Az antropikus elv kiinduló megállapítása az, hogy annak a valószínűsége,*[280] *hogy az univerzumban létezik ember*

$$P_{t1\,(E)} = \frac{\text{m mértéke}}{\text{M mértéke}} = \text{nagyon kicsi} \qquad (3)$$

(a) — fent: *m mértéke*, (b) — fent

Ezzel szemben feltesszük[281], hogy

$$p_{t1}(E\,|\,H) \approx 1 \qquad (4)$$

ahol **H** *az Isten létezésére vonatkozó hipotézis. Az (2) összefüggés alkalmazásával tehát arra a konklúzióra jutunk, hogy puszta létezésünk az univerzumban nagymértékben konfirmálja Isten létezésének hipotézisét.*

Az a priori valószínűségek értelmetlensége

Az antropikus elv kiinduló tézisét alkotó (3) **formula azonban teljesen alaptalan**. *Sem az (a) sem a (b) egyenlőségjel nem fejez ki tudományosan megalapozott tényt, pontosabban mindkét egyenlőség értelmetlen. Az (a) egyenlőség ugyanis azt állítja, hogy egy esemény (nevezetesen, hogy az univerzum fejlődése úgy alakult, hogy van benne ember) valószínűsége egyenlő az* **m** *mértéke* **M** *mértéke hányadossal, azaz egy, az univerzum fejlődését/állapotát jellemző fizikai jellemzőkből komponált mennyiséggel. Márpedig – minden ellenkező elképzeléssel szemben – azt, hogy mennyi egy fizikai ese-*

---

280 Megint csak az argumentum kedvéért eltekintünk annak boncolgatásától, milyen értelemben van itt szó „valószínűségről" (E. Sz. L.).
281 Az argumentum kedvéért fogadjuk el ezt a feltevést is, noha (4) alátámasztására a fizikának semmilyen tudományos elmélete nincsen.

mény valószínűsége, nem tudhatjuk a priori. Minden olyan tudásunk, amely arra vonatkozik, hogy egy esemény valószínűsége milyen ösz- szefüggésben áll más fizikai mennyiségekkel, empirikus eredetű. Ez még olyan egyszerű esetekben is így van, amikor a különböző „szim- metria-elvekre alapozott a priori valószínűségek" empirikusan he- lyesnek bizonyulnak. Például amikor azt állítjuk, hogy a „szimmetri- kus" dobókockával történő dobás esetén a hatos-dobás valószínűsége 1/6, az a posteriori kijelentés. Empirikusan szerzett tudásunk alap- ján adunk ugyanis értelmet annak a kifejezésnek, hogy mikor te- kinthető „szimmetrikusnak" egy dobókocka a valószínűségeloszlás szempontjából. Kizárólag empirikus alapon tudjuk, hogy pl. a kocka tömegeloszlása ebből a szempontból releváns, míg például az, hogy a kocka melyik oldala milyen színű, az nem. Nem kevésbé problema- tikus a (b) egyenlőség. Nincs a priori mérték és nincs a priori topo- lógia az M paraméter-téren. Nincs a priori értelme azt mondanunk, hogy a paraméter-tér P és Q pontja egymáshoz „közel" vagy egymás- tól „távol" van. A paraméter-sokaság valamilyen koordinátázása ré- vén generált R^n-topológiának semmiféle fizikai relevanciája nincs. Így például semmit nem jelent az a kifejezés, hogy „ha a gravitáci- ós állandó értéke a tényleges érték helyett annak $(1+10^{-40})$-szerese lenne", mert semmilyen empirikusan megalapozott állítást nem tu- dunk mondani arról, hogy e két érték között a különbség kicsi vagy nagy. A paraméterek terében bármiféle fizikailag releváns mérték, metrika vagy topológia csak empirikusan, tehát az itt-és-most fen- omenológia alapján adható meg. Vagyis az egyetlen, a fizika, mint empirikusan megalapozott tudomány számára értelmes kijelentés, hogy a P és Q pontok közel vannak egymáshoz, ha a P és Q paramé- ter-konfigurációkhoz tartozó univerzumok itt-és-most megfigyelt tulajdonságai kicsit különböznek és távol vannak, ha az itt-és-most fenomenológia szintjén a megfelelő két univerzum közötti különbség nagy. Ha tehát az (a) és (b) egyenlőség egyaránt értelmetlen, annál inkább értelmetlen az antropikus elv alapjául szolgáló, sokak által tudományosnak gondolt állítás, hogy tudniillik „az emberi életre al- kalmas univerzum valószínűsége kicsi".

Tétel$_{IV.22}$: Az univerzum antropikus elvei fikciók.

Bizonyítás:
Állítsuk a tétel ellenkezőjét!
Az univerzum (D_U) antropikus elvei nem fikciók. De ez az állítás ellentmondásban van a $T_{IV.20}$ és a $T_{IV.21}$ tételekkel. Következésképpen a tétel igaz (T$_{IV.22}$). Q.e.d. T$_P$: $T_{IV.20}$, $T_{IV.21}$. P$_T$: Ø.

4 A generatív univerzum elve

4.1 Az élettelenből élőt, az élőből élettelent folyamatosan generáló univerzum – röviden – a generatív univerzum elve

Tétel$_{IV.23}$: Az univerzum generatív, vagyis az élettelenből élőt, az élőből élettelen létezőt/létezőket generál folyamatosan az anyaggal/tömeggel bíró létezők gravitációs kölcsönhatása folytán.

Bizonyítás:
Az univerzum az összes (élő és élettelen) létező halmaza (D_U). Az univerzum létezőinek van anyaguk ($A_{I.1}$), tömegük ($A_{I.8}$) és gravitációs kölcsönhatásuk ($A_{IV.1}$), ezért a létezők folyvást keletkeznek, változnak és pusztulnak ($T_{IV.10/C}$). Ugyanakkor az univerzumban bármely, így az első élő létező is élettelen létező(k)ből keletkezik, nem a semmiből (és minden élő létező teste is élettelen létezőkből épül fel); valamint bármely élő létező elpusztulásával élettelen létezővé vagy élettelen létezők halma-

zává válik ($A_{IV.6}$). A létezés pedig örök[282], mert bármely létező keletkezését megelőzően és elmúlását követően is mindig, folyamatosan volt/van létező – a genezis törvénye ($A_{I.7/E2}$) szerint ($T_{IV.23}$). Q.e.d. T_P: D_U, $A_{I.1}$, $A_{I.7/E2}$, $A_{I.8}$, $A_{IV.1}$, $A_{IV.6}$, $T_{IV.10/C}$. P_T: $\emptyset$.

Megjegyzések:
Mint tudjuk, az első élő létező (élő egysejtű lény) élettelen létezőkből (az élethez szükséges, a DNS-t is alkotó szerves, de élettelen fehérjemolekulákból, azok pedig élettelen atomokból) keletkezett, nem a semmiből. Ámde a „második" és minden további élő sejt is ugyanolyan élettelen alkotórészekből épült/épül fel, mint az első – mind az egysejtű, mind a többsejtű, és a bonyolult, összetettebb élőlények esetében. Az élőlények növekedése, testi és az ivaros szaporodást előmozdító ivarsejteinek kialakulása, növekedése, kifejlődése is mind a környezetükből az anyagcsere folyamatában felvett és a testükbe beépített élettelen anyagok eredménye. Ivartalan szaporodásnál az élettelen létezőkből kialakult élő sejt vagy sejtcsoport osztódik különálló élő részekre, ivaros szaporodásnál pedig, szintén az élettelen létezőkből, az élőlényben kialakult élő női és hímivarsejtek egyesülésével jön létre az új élőlény. Majd mutációk és a természetes kiválogatódás – azaz evolúció – útján kialakul a változatos élővilág. Az elpusztult élőlények pedig újra élettelen alkotórészeikre bomlanak, s e „körforgás" soha nem áll meg.

Az Isten által teremtett és/vagy univerzumok ütközéséből létrejött antropikus univerzummal szemben az e könyvben eddig végigvitt gondolatokból (és tételekből) az következik, hogy az élőlények (köztük az intelligens ember is), csakúgy, mint az élettelen létezők, az univerzum élettelen létezőiből (atomjaiból és molekuláiból) épülnek fel az anyagi létezők gravitációs hatása, mint az anyaggal/tömeggel bíró létezőkhöz tartozó ereden-

---

282 Örök = e könyvben az a létező, vagy valamely létező ama tulajdonsága, melynek a léttartamát tekintve nincs kezdete és nincs vége sem. (Ld. még MÉKSZ., Akadémia Kiadó – Kossuth Kiadó, 1057. old.)

dő vagy első ok miatt. (Atomokból a gravitáció miatt csillagok és más égitestek, a csillagokból és más égitestekből, a gravitáció miatti pusztulásuk kapcsán, atomok keletkeznek – persze kozmikus időtávlatban.)

Olyan tény/tapasztalás és belőle levonható logikus következtetés **nem mutatható ki**, hogy az univerzum azért van és azért olyan, amilyen, hogy „benne" egy tudatos élőlény, például az ember, lehessen. Hiszen a Naprendszerrel és a Tejútrendszerrel stb. együtt az emberiség is, mint létezők halmaza, csak véges léttartamú –, és ennek az időben és térben végtelen univerzumnak (az univerzum különböző, ámde véges állapotváltozatai folytonos, de végtelen áradatának) csak egy csekélyke létező-részhalmaza, mely, ha a dinoszauruszok nem pusztulnak ki a Földön, akkor nem elhanyagolható nagyságú valószínűséggel ki sem alakult volna.

Tehát az egyetlen, empírián is alapuló és értelmes elv: *az élettelenből élőt, az élőből élettelent folyamatosan generáló[283] univerzum elve – amelyben az univerzumnak és elemeinek – az egyedi és csoportos, élő vagy élettelen létezőknek – létezők által végtelenül generált és létezőket végtelenül generáló tulajdonsága fejeződik ki – egyezően az A$_{I.7}$ axióma: a „genezis törvénye" nevű alapelvével. Nevezzük ezt röviden így: a generatív univerzum elve[284].*

Ez a *generatív univerzum* tehát olyan rendszer, hogy benne az anyagi létező a gravitáció okozta „körforgás" miatt folyamatosan és szükségszerűen keletkezik, változik és múlik el újra és újra – az univerzumnak hol ebben, hol abban a „szegletében"; hol a múltjában, hol a jelenében, és feltehetően a jövőjében is; hol „*egyedül*" pl. tegyük fel, most a Földünkön, hol párhuzamosan, több galaktikában vagy csillagrendszerben.

---

283 generáló = itt előállító, keletkeztető, létrehozó értelemben (ld. még: ISZSZ. 294. oldal)

284 generatív = itt létrehozó, nemző értelemben (ld. még: ISZSZ. 294. oldal)

5 Az univerzum és az entrópia[285]

Tétel$_{IV.24}$: Az univerzum legkisebb létezőjéből elpusztulásakor egy, a nagyobb és komplex létezőből elemeire/részeire bomlása révén több különböző (egyszerű és/vagy összetett) másik létező keletkezik.

Bizonyítás:

Az univerzum minden létezőjének élettartama véges ($A_{I.2/E}$). Ha a létező lényege megváltozik, azaz elpusztul ($A_{I.9}$), ekkor sem válhat semmivé ($A_{I.7/E1}$), hanem elpusztulásakor belőle egy vagy több másik (generált) létező... keletkezik ($A_{I.7}$). Mivel az univerzum minden létezője – a legkisebb(ek) kivételével – több különféle létezőből áll, azaz komplex ($A_{IV.12}$), ezért igaz, hogy az univerzum legkisebb létezőjéből elpusztulásakor egy, a nagyobb és komplex létezőből elemeire/részeire bomlása révén több különböző (egyszerű és/vagy összetett) másik létező keletkezik ($T_{IV.24}$). Q.e.d. T_P: **$A_{I.2/E}$, $A_{I.7}$, $A_{I.7/E1}$, $A_{I.9}$, $A_{IV.12}$.** P_T: **$T_{IV.24/C}$, $T_{IV.25}$.**

Corollárium$_{IV.24/C}$: A komplex létezők felbomlásával az univerzumban „lokálisan" és átmenetileg kvázi nő a rendezetlenség/az entrópia.

A **$T_{IV.24}$** tételből már nyilvánvaló, hogy e corollárium igaz. P_T: **$T_{IV.26}$.**

---

285 Az **entrópia** <görög> termodinamikai állapotfüggvény, **az anyagi rendszerek molekuláris rendezetlenségének**, ill. állapotuk termodinamikai valószínűségének a **mértéke, amelyből bizonyos körülmények között következtetni lehet a folyamatok irányára. A tapasztalat szerint, amelyet a termodinamika második főtétele foglal össze,** a Földön szokásos viszonyok között **környezetüktől elszigetelt anyagi rendszerekben** csak olyan **termodinamikai folyamatok mennek önként végbe, amelyek során nő a molekuláris rendezetlenség,** az entrópia.

Tétel$_{IV.25}$: Az univerzum több legkisebb vagy nagyobb, de különböző (egyszerű és/vagy összetett) létezőjéből gravitációs és más erő-kölcsönhatások miatt egy másik komplex/komplexebb létező keletkezik.

Bizonyítás:

Az univerzum minden létezőjének élettartama véges (A$_{I.2/E}$). Az univerzum legkisebb létezőjéből elpusztulásakor egy, a nagyobból egy vagy több különböző (egyszerű és/vagy összetett) másik létező keletkezik a komplex létező szétbomlásával (T$_{IV.24}$), ugyanis az univerzum minden létezője – a legkisebb(ek) kivételével – több különféle létezőből áll, azaz komplex (A$_{IV.12}$). Mivel minden létező ... több másik (generáló) létezőből keletkezik (A$_{I.7}$), ezért igaz, hogy az univerzum több legkisebb vagy nagyobb, de különböző (egyszerű és/vagy összetett) létezőjéből gravitációs és más erő-kölcsönhatások miatt egy vagy több másik komplex/komplexebb létező jön létre (T$_{IV.25}$). Q.e.d. T$_{P}$: **A$_{I.2/E}$, A$_{I.7}$, A$_{IV.12}$, T$_{IV.24}$.** P$_{T}$: **T$_{IV.25/C}$, T$_{IV.26}$.**

Corollárium$_{IV.25/C}$: A létezők egyesülésével/fúziójával az univerzumban „lokálisan" és átmenetileg kvázi csökken a rendezetlenség/az entrópia.

A **T$_{IV.25}$** tételből már nyilvánvaló, hogy e corollárium igaz. P$_{T}$: **T$_{IV.26}$.**
Tétel$_{IV.26}$: Az univerzumban a gravitációs és más erő-kölcsönhatások miatt állandó történés a komplex létezők bomlása, majd eltérő helyen és időben a „bomlástermékekből" egy másik komplex/komplexebb létező keletkezése.

Minden létező egy vagy több másik (generáló) létezőből keletkezik és minden létezőből legkésőbb a létező elpusztulásával/elmúlásával – egy vagy több másik (generált) létező születik/keletkezik (A$_{I.7}$: a létezés-megmaradás vagy genezis törvénye) – ismétlődik eme végtelenségig tartó folyamatban. E végtelen folyamatban az univerzum legkisebb létezőjéből elpusztulásakor egy, a nagyobb és komplex létezőből, elemeire/részeire bomlá-

303

sa révén, egy vagy több különböző (egyszerű és/vagy összetett) másik létező keletkezik ($T_{IV.24}$), s ezáltal nő a rendezetlenség/az entrópia ($T_{IV.24/C}$). Ugyanakkor eltérő helyen vagy időben az univerzum több legkisebb vagy nagyobb, de különböző (egyszerű és/vagy összetett) létezőjéből gravitációs és más erő-kölcsönhatások miatt egy vagy több másik komplex/komplexebb létező keletkezik ($T_{IV.25}$), s ezáltal csökken a rendezetlenség/az entrópia ($T_{IV.25/C}$) – ez is ismétlődik a végtelenségig tartó folyamatban. Következésképp az univerzumban a gravitációs és más erő-kölcsönhatások miatt állandó történés a komplex létezők bomlása, majd eltérő helyen és időben a „bomlástermékekből" egy másik komplex/komplexebb létező keletkezése ($T_{IV.25/C}$) ($T_{IV.26}$). Q.e.d. T_P: $A_{I.7}$, $T_{IV.24}$, $T_{IV.24/C}$, $T_{IV.25}$, $T_{IV.25/C}$. P_T: $T_{IV.26/C}$.

**Corollárium$_{IV.26/C}$: *Az univerzumban állandó történés, hogy az egyik helyen és időpontban „lokálisan" és átmenetileg/kvázi nő, egy másik helyen és időpontban „lokálisan" és átmenetileg/kvázi csökken a rendezetlenség/az entrópia.* A *$T_{IV.26}$* tételből már nyilvánvaló, hogy e corollárium igaz. P_T: Ø.

Megjegyzés:
Pl. amikor az univerzum egy helyén, egy időpontban, felrobban szupernóvaként egy csillag, s „szétszórja" elemi részeit, akkor mondhatjuk, hogy „lokálisan"/kvázi nő az univerzum rendezetlensége, entrópiája. Azonban a szupernóvarobbanás lökéshullámai egy távolabbi helyen, ennek megfelelően egy későbbi időpontban a gravitáció hatására összehúzódó útjába eső gáz- és porfelhőt tovább tömöríthetik és/vagy megforgathatják, minek következtében „kigyúlhat" egy vagy több csillag; vagyis „lokálisan"/kvázi csökken az univerzum rendezetlensége, entrópiája. De ilyen kvázi entrópiacsökkenés-növekedés pár „lokálisan" akkor is előfordulhat, amikor pl. egy anya a Földön megszüli gyermekét, ám a szülésbe belehal. Viszont mivel sem a Föld bolygó, sem maga a végtelen univerzum a környezetétől **nem tekinthető szigorúan véve elszigetelt és termodinamikai rendszernek**, ezért „globálisan" egyikükre sem lehet érvényes az entrópia tétele.

6 Az univerzum természetes perpetuum mobile[286]

Tétel$_{IV.27}$**: Az univerzum természetes perpetuum mobile.**

Bizonyítás:

Az univerzum a létezők összessége (halmaza) a D_U definíció szerint. Az univerzum maga is létező az igazolt $T_{I.1}$ tétel alapján. Az univerzum mint létező, rendelkezik a létezők minden tulajdonságával a $T_{I.1/C}$ szerint, azaz pl. mozog, változik [utóbbi esetben például olykor egyes csillagok felrobbannak – ez az univerzumrész hűl, majd ennek kapcsán máshol és később, más csillagok létrejönnek – az az univerzumrész forrósodik] (A_3). De az univerzum más-más létállapotú/lényegű utóduniverzumok végtelen áradataként időben örök és térben végtelen ($T_{IV.3/C1}$), következésképpen elemeit és részhalmazait tekintve időben örökké és térben mozog/változik (eddig is mindig ilyen volt, most is ilyen, és a jövőben is mindig ilyen lesz, hisz' sem az univerzum, sem annak létező elemei, részei nem keletkezhettek a semmiből, csak létezőkből, és nem válhatnak semmivé csak létezővé).

Tehát az előbbi igaz állításokból egyenesen következik, hogy az univerzum valóban természetes örökmozgó, alias (természetes első- és másodfajú) perpetuum mobile. Q.e.d. T_P: D_U, A_3, $T_{I.1}$, $T_{I.1/C}$, $T_{IV.3/C1}$. P_T: $\emptyset$.

---

286 Perpetuum mobile <latin> = örökmozgó

7 Záró gondolatok

Eredetileg e könyv megírása előtt mindössze az volt a célom, hogy az idő definícióját megadjam – a múlt-, a jelen- és a jövőidő meghatározásával együtt. Ám már e definíciók felvázolásakor kiderült, hogy a létezéssel való szoros kapcsolatukból azonnal következik a létező(k) fogalmának kérdésköre, mi több, a létező(k) és fontosabb tulajdonságaik indirekt, azaz létaxiómákon keresztüli meghatározása. A létaxiómákból viszont rögtön az látszott, hogy egy seregnyi tétel vezethető le velük, és a belőlük fakadó tételek segítségével. Ezek kb. négy hét alatt elkészültek. Ekkor még azt nem gondoltam, hogy a létezők, az idő, valamint a tér összefüggései – noha ezek fennállásával tisztában voltam – már kényszerítő szükséggel vetik fel ezek és az univerzum fogalmának definiálását, sőt involválják még egy sereg más, de velük kapcsolatos kérdés megválaszolását is.

Mire mindezzel elkészültem, akkorra vált világossá előttem, hogy múlhatatlanul szükséges – az olvasók kellő tájékoztatása végett – mind az idő, mind a tér, mind az univerzum fogalmának induktív megalapozása is e könyvben, s ehhez a tudományos világ kapcsolódó nézeteinek vázolása – jóllehet e nézetrendszer eléggé eklektikus képet mutat. Tehát a jelen könyvben már B)-nek jelölt részek elkészülte után kerítettem csak sort arra, hogy A) részekbe szerkesztve a témákban megnyilatkozó releváns gondolkodók nézetét röviden felidézzem és – az olvasó dolgát könnyítendő – induktíve megalapozzam a már kész definíciókat. [Vagyis a B) részekben megfogalmazott axiomatikus elméletrendszer elkészülte előtt – a kereskedelmi áruátvételben szokásos „vakátvétel"[287] mintájára – nem

---

287 A kereskedelemben a leszállított áruk „vakátvétel"-én azt értik, hogy előbb átveszik az árukat fajtánként darabra, és csak ezt követően hasonlítják össze az átvétel eredményét a szállítólevélen szereplő tételek

néztem meg mások álláspontját, azokkal csak utólag hasonlítottam össze a saját elméleti megállapításaimat. Mondhatom, ezek megerősítettek abban, hogy jó úton járok.]

A könyv elkészültekor – noha az nem volt célom – nyilvánvaló lett számomra, hogy az időről, a térről és az univerzumról megfogalmazott tételeim cáfolják Einstein speciális és általános relativitáselméletének legfontosabb tételeit (úgymint az egyidejűség relativitását, ennek folyományaként a „helyi idők" létezését, az idődilatációt, az időutazást, továbbá a térkontrakciót, a mozgás és a mozgó testek pályagörbéjének relativitását, a tér, az idő görbülését/torzulását, a „téridő" és „szövetének" létezését, valamint ennek görbülését/torzulását/hullámzását, mint a „gravitáció mechanizmusának" einsteini interpretációját stb.).

Emiatt indokoltnak láttam könyvemet – kiadása előtt – kiegészíteni az adott témát taglaló einsteini tényállítások és érvelések idézetével, és ellátni olyan kritikával is, amely a könyvemben levezetett tételekre nem hivatkozik, ámde a bevett, a közismert logikai-matematikai-geometriai érveket helyesen használja.

Röviden tehát így nőtt a könyv, mint egy hógolyó. És a két hétből – ámbár többször is hosszan beteg voltam, és gyakran egyébként sem tudtam napi két-három óránál többet dolgozni – így lett 2011. karácsonyától a mai napig (2017. 12. 05-ig), a könyv második kiadásának elkészültéig, mintegy hat év. Mindazonáltal úgy gondolom, hogy megérte, még akkor is, ha tudom, hogy a technika és a szaktudományos ismeretek rohamosan fejlődnek, a tapasztalatok halmozódnak, ezért az új eredmények bizonyos dolgokat és bizonyos mértékben más megvilágításba helyezhetnek. Ennek igyekeztem is teret hagyni, például az erő-ala-

---

adataival. Ennek előnye az, hogy így nem csak a szállítási hiány, hanem a többlet is árufajtánként pontosan megállapítható és tisztázható – fordítva viszont nem feltétlenül, mert a szállítólevélen írottak, különösen, ha fajtánként nagy mennyiségek fordulnak elő, befolyásolhatják a számbavételi megállapítások pontosságát.

pú „gravitációs hatás" tényleges működését, avagy az élet keletkezésének mechanizmusát illetően. Hiszen az emberiség „nem-tudása" e két területen jelenleg nem csekély, hanem inkább tetemes, ezért véleményem szerint a kutatásokat e két jelenség okaira ajánlott összpontosítani.

Végül, a könyvemben felvázolt axiomatikus-deduktív elméletrendszer **bizonyos elemei** *kerettörvényként* funkcionálnak (pl. az univerzumban érvényesülnek a természet különféle megmaradási törvényei $[C_{IV.3}/_{C2}]$); vagy pl. az univerzum generatív, vagyis az élettelenből élőt, az élőből élettelen létezőt/létezőket generál folyamatosan az anyaggal/tömeggel bíró létezők gravitációs kölcsönhatása folytán $[T_{IV.23}]$), míg **más elemei** – például az idő, a tér és az univerzum örök és egymástól elválaszthatatlan, továbbá az idő egyirányú és az időutazás lehetetlen; vagy hogy minden jelenségnek az első (az eredendő) oka az anyaggal/tömeggel bíró létezők gravitációs hatása; avagy, hogy az univerzum generatív, és hogy az univerzum valóban örökmozgó, alias (első- és másodfajú) perpetuum mobile stb. – *felfogásom szerint abszolútok*, csakúgy, mint a létezők egyidejűsége, valamint a mozgásuk és a mozgásuk pályagörbéje.

Az itt bemutatott elméletrendszerem az olvasó által jól láthatóan, a maga teljes egészében materialista felfogású – meglátásom szerint másmilyen nem is lehetne, ha a létező világról szeretnénk hiteles képet alkotni. Ezért véleményem szerint e könyvemből kiderül: nehéz – úgyszólván lehetetlen – az ismert köznapi és tudományos tények, valamint észérvek alapján az idő, a tér és az univerzum örök voltát cáfolni, az élettelen létezők és az élőlények, köztük az ember isteni teremtését pedig tényként értelmezni.

Budapest, 2018.06.30
Gulyás István

Fontosabb jelölések

$\overline{AB}$ az **A** és **B** pontot is tartalmazó szakasz

[a,b] zárt intervallum (az a és b pont része az intervallumnak)

(a,b) nyílt intervallum (az a és b pont nem része az intervallumnak)

(a,b] balról nyílt intervallum (az a pont nem része az intervallumnak)

[a,b) jobbról nyílt intervallum (a b pont nem része az intervallumnak)

~ közelítő érték; más esetben függvény jele

≅ közelítően egyenlő

> kisebb

< nagyobb

≤ kisebb vagy egyenlő

Δ kicsiny különbség

dx kicsiny x hossz

∫ integrál jele

∞ végtelen (nagy vagy kicsi) érték

f függvény, leképezési szabály vagy hozzárendelési utasítás

φ függvény, leképezési szabály vagy hozzárendelési utasítás; vagy szög jele

→ leképezés, hozzárendelés vagy irány

± pozitív vagy negatív

≠ nem egyenlő

≡ ekvivalens (másképp: azonos)

≈ közelítően azonos

... folytatódás az előzőek szerint

| feltétel következik

∪ halmazok uniója (vagy egyesítése)

⊄ halmaznak nem része

⊂ halmaznak valódi része

⊆ része vagy egyenlő

∈ halmaznak eleme

∉ nem eleme

Σ összegzés (summa)

U az U halmaz jele

TÁRGYMUTATÓ

IRODALOMJEGYZÉK

Arisztotelész, Metafizika. Felsőoktatási Jegyzetellátó
Vállalat, Budapest 1957.

Bakos Ferenc (szerk.): Idegen szavak és kifejezések szótára
(ISZSZ); Akadémia Kiadó, 2015.

Baló József: Logika c. főiskolai tankönyve (Tankönyvkiadó,
Budapest, 1974, harmadik kiadás).

Einstein, A.: „A speciális és általános relativitás elmélete";
5. magyar kiadás, Gondolat kiadó, Budapest 1978;
fordította: Vámos Ferenc; a bevezetőt és a jegyzeteket írta:
dr. Novobátzky Károly; az eredeti könyv német kiadása
1921-ben jelent meg.

Einstein, A.; Annalen der Physik IV. Folge. 17.:
Zur Elektrodynamik bewegter Körper; (Eingegangen 30.
Juni 1905.).

E. Szabó László: A nyitott jövő problémája – Véletlen,
kauzalitás és determinizmus a fizikában
(Digitális kiadás); TYPOTEX Kiadó; Budapest, 2004.

E. Szabó László: Miért téves az antropikus elv a
kozmológiában? MTA–ELTE Elméleti Fizika
Kutatócsoport; ELTE, Tudománytörténet és
Tudományfilozófia Tanszék

Gazdag László: A bölcselet vége, 22. oldal, 2007. 11. 12; http://
www.mek.oszk.hu/05400/05401/index.phtml

Hársing László: Bevezetés a tudományelméletbe; Bíbor Kiadó,
Miskolc, 1999.

Hartmann, N.: Philosophic der Natur., W. Gruyter, Berlin,
1950. (Egyes részei magyarul: Simonovits Istvánné
(szerk.): A tér és az idő; Tankönyvkiadó, Budapest,
1966; 139–154 és 198–253. oldal.)

Hawking, S. W.: Az idő rövid története; Maecenas Könyvek, Budapest – Talentum Kft.,1998; Hungarian translation: Molnár István, 1989, 1993, 1995, 1998.

Hawking, S. W. – Penrose, Roger: A tér és az idő természete; Talentum Kiadó, Budapest, 1999; Hungarian translation: dr. Both Előd, 1999.

Hawking, S. W.: A világegyetem dióhéjban – Az idő rövid történetének folytatása; Akkord Kiadó, Budapest; Hungarian translation: dr. Both Előd, 2002.

Hawking, S. W. – Mlodinow, Leonard: A nagy terv – Új válaszok az élet nagy kérdéseire; Akkord Kiadó, Budapest, 2011; Hungarian translation: dr. Both Előd, 2011.

Jánossy Lajos: Relativitáselmélet és fizikai valóság, Budapest, Gondolat, 1967.

Jánossy, L. (1973): Relativitáselmélet a fizikai valóság alapján, Akadémiai Kiadó, Budapest.

Jánossy Lajos, Elek Tibor: A relativitáselmélet filozófiai problémái, Budapest, Akadémia, 1963.

Kant, I.: A tiszta ész kritikája; Filozófiai írók tára; Akadémia Kiadó, Budapest, 1981; Franklin-társulat, Budapest, 1913.

Mach, E.: Die Mechanik in ihrer Entwicklung historisch-kritisch dargestellt. Brockhaus, Leipzig 1933. 229. oldal.

Madarász Tiborné – Pólos László – Ruzsa Imre: A logika elemei, Osiris Kiadó, Budapest, 1999.

McTaggart, J. M. E. (1908): The Unreality of Time, Mind 17.

McTaggart, J. M. E. (1993): The Unreality of Time, in: The Philosophy of Time (Oxford Readings in Philosophy), R. Le Poidevin, M. MacBeath (eds.), Oxford University Press, Oxford. (Eredetileg: The Nature of Existence, 33. fejezet, Cambridge University Press, Cambridge 1927.)

Magyar Értelmező Kéziszótár (MÉKSZ), Akadémia Kiadó, Budapest, 1975.

Newton, I.: Isaac Newton válogatott írásai és a Principia Philosophiae Naturalis. (Tankönyvkiadó, Budapest, 1963., második, javított kiadás.)

Newton, I.: Principia Philosophiae Naturalis, Isaac Newton válogatott írásai. Hungarian translation: Fehér Márta, Heinrich László jogutódja. Hungarian edition: Ropolyi László, Szegedi Péter. (Typotex, Budapest, 2003 és 2010.)

Novobátzky Károly: A relativitás elmélete. (Typotex, Budapest, 2010., második, javított kiadás.)

Russell Bertrand, (1976): Miszticizmus és logika és egyéb tanulmányok, Magyar Helikon, Budapest.

Russell Bertrand (Szilágyi András fordításában, 1997), A teológus rémálma; http://www.szabadgondolkodo.hu/ateizmushonlap/nightmar.html

Sain Márton: „Nincs királyi út!"; http://mek.oszk.hu/05000/05052/pdf/index.html.

Sir Isaac Newton: Principia; Definitions, Scholium, 1687; Fordította: Andrew Motte: 1729;

Schilpp, P. A.: Albert Einstein als Philosoph und Naturforscher Kohlhammer (Stuttgart, 1955.).

Szent Ágoston vallomásai [magyarra fordította Vass József] Budapest: Szent István Társulat; 1995; http://mek.niif.hu/04100/04187/.

Szép Jenő: Analízis; Közgazdasági és Jogi Könyvkiadó, Budapest 1972; 52. oldal.

Természettudományi lexikon (TTL), Akadémia Kiadó, Budapest, 1968.

Turay Alfréd: Lételmélet; Katolikus Hittudományi Főiskolai Jegyzetek, 1984; javított kiadás.

Wang, Hao.: Time in philosophy and physics: from Kant and Einstein to Gödel, Synthese 102, 215, 221.; 1995.

A szerző

Gulyás István 1948. 10. 17-én született Budapesten. Az iskolai tanulmányait kivéve mindig autodidakta volt. Folyékonyan olvasni is (évvesztesként) 5–6 évesen maga tanult meg. 1981-ben szerezett egyetemi diplomát. Főbb tantárgyai a közgazdaságtan, a matematika és a filozófia voltak. 1983-tól a Magyar Hajó-, és Darugyár vezérigazgatóságán volt szervező közgazdász, majd 1993-tól közgazdász és adószakértő vállalkozó. Közben alaposan kiképezte magát az axiomatikus módszerből Szász Gábor illetve Hársing László tudományelméleti könyvei, és az euklideszi Elemek valamint Newton Principiája tanulmányozásával. 2003-tól önálló tudományos kutatással, monográfiák, szépirodalmi művek (versek, novellák) írásával foglalkozik.

2009–2011 között öt közgazdasági, 2017–2018-ban egy filozófiai tárgyú monográfiája jelent meg. Előbbiekre a tudomány egyes művelői pozitívan hivatkoznak is. Megjelent még negyven vers és néhány novella is a neve alatt.

A kiadó

Aki feladja,
hogy jobbá váljon,
feladta,
hogy jobb legyen!

E mottó alapján a novum publishing kiadó célja
az új kéziratok felkutatása, megjelentetése,
és szerzőik hosszútávú segítése. Az 1997-ben
alapított, többszörösen kitüntetett kiadó az egyik
legjelentősebb, újdonsült szerzőkre specializálódott
kiadónak számít többek között Ausztriában,
Németországban és Svájcban.

**Valamennyi új kézirat rövid időn belül egy
ingyenes, kötelezettségek nélküli kiadói
véleményezésen esik át.**

További információkat a kiadóról és
a könyvekről az alábbi oldalon talál:

www . n o v u m p u b l i s h i n g . h u